应用写作教程

邹莉 主编

国家开放大学出版社 · 北京

图书在版编目（CIP）数据

应用写作教程 / 邹莉主编. — 北京：中央广播电视

大学出版社，2014.2（2022.7重印）

ISBN 978-7-304-06450-1

Ⅰ. ①应… Ⅱ. ①邹… Ⅲ. ①汉语—应用文—

写作—教材 Ⅳ. ①H152.3

中国版本图书馆CIP数据核字（2014）第022035号

应用写作教程

YINGYONG XIEZUO JIAOCHENG

邹莉 主编

出版·发行：国家开放大学出版社（原中央广播电视大学出版社）

电话：营销中心 010-68180820　　　总编室 010-68182524

网址：http://www.crtvup.com.cn

地址：北京市海淀区西四环中路45号　　邮编：100039

经销：新华书店北京发行所

策划编辑：马建利　　　　　　　　版式设计：赵 洋

责任编辑：宋 莹　　　　　　　　责任校对：黄秀明

责任印制：武 鹏 马 严

印刷：北京银祥印刷有限公司　　　印数：24501~27500

版本：2014年2月第1版　　　　　2022年7月第11次印刷

开本：185 mm×230 mm　　　　　印张：17　字数：366千字

书号：ISBN 978-7-304-06450-1

定价：30.50 元

《应用写作教程》编委会

序

　　应用文作为信息载体和交际工具，已日益渗透到现代社会各领域及其各个层面，成为政党、政府、企事业、社团等组织和个人生存、发展须臾不可离开的"必需品"。所以，在走上工作岗位的大学毕业生中，流传着这样两句顺口溜："大学课程三件宝：应用写作、英语和电脑"；"就业谋生三把刀，应用写作、英语和电脑"。应用写作的重要性可见一斑。

　　其实，在西方发达国家，应用文早已从"必需品"上升到"必备品"了！以哈佛大学为首的美国常春藤高校联盟，早在 2006 年就把应用写作从必修通识课上升为核心课程，无论是文还是理、工、农、法、医、艺等专业的学生，都必须学习应用写作。为了适应国家发展的需要，美国还开办了各类不同层次的专业应用写作业余学校。目前，不少公司不仅聘请常年法律顾问，还聘请常年应用写作顾问。可以说，应用写作水平的高低已经成为检验一个国家文明、发达与否的重要指标之一——普及应用写作，使每一个社会成员都能熟练地运用应用文谋职，开拓事业，保护自身利益，可以维护国家的安全和公众的福利，促进社会有序和谐发展。

　　说实在话，由于职业的原因，我阅读自发编写的写作知识之类教材的兴趣逐年递减，很难提起精神，产生激情，因此，在翻阅主编邹莉老师交给我的厚厚的《应用写作教程》打印稿时，开始亦是漫不经心的。然而，使我始料未及的是，读过之后，我就被编者重实用、讲实效的风格所吸引。尤其是与邹莉老师当面交流之后，我了解到本教材的参编者多有在政府或企事业机关多年从事应用写作实践的经历，因此本教材最鲜明的亮点是打破了一般同类教材的编写体例，真正做到了活泼而不呆板，单纯而不单薄，明白而不浅陋，实用、管用而不空洞说教，更没有摆出"理论架势"。

　　本教材的主要特色有以下几个方面：

一、体例新颖

　　翻阅本教材，仅在编写体例上就给人耳目一新的感觉。市场上的应用写作教材，按章节编写的居多，且所收文种比较齐全，注重知识体系的完整性。而本教材突破传统的编写体例，不求全而求实用。如公文部分，中共中央办公厅、国务院办公厅 2012 年 4 月 16 日颁发的《党政机关公文处理工作条例》中，共有 15 个文种，而本教材依据"够用、管用、实用"

的原则，只选择其中日常用得最多、最广的6个文种。尤其值得肯定的是，本教材的体例紧紧围绕学生的职业能力和职业活动进行整体设计，形成了"三对接"的优势，即使课程内容与职业岗位相对接，与各专业对本课程的要求相对接，与学生职业生涯和可持续发展相对接。据邹莉老师介绍，他们前后花了近半年的时间进行市场和学习者学习需求的调查，了解企事业单位不同岗位对应用写作能力的共性和个性要求，在充分咨询应用写作学专家和政府、企事业单位应用写作资深人员的基础上，形成了本教材的编写框架。即按照工学结合、职岗提高型人才培养的要求，以职场工作活动为背景，以岗位工作项目为导向，以典型工作任务为驱动，以完成职场写作任务所需文种为重点来构建内容体系，形成求职创业、公文沟通、事务管理、调查研究等10个与学生专业、职业密切相关的项目。每一个项目下选取2～6个常见应用文种。全书共设计了39个任务，从而构筑了基于行动导向的项目化课程。每个项目前设有"项目导言"与"学习目标"，后设有"项目实训"；每个"任务"按照"情景导入""知识聚焦""范文借鉴""病文诊断""相关链接""智慧分享"的逻辑顺序展开。这种新颖的编写体例，不仅惠学子，而且利教改，确实值得肯定。

二、颇具操作性

多年来，应用写作教学中存在一个普遍的问题：一听就懂，一看就会，一写就错。为什么会一写就错？错在哪里？怎么纠错呢？国际汉语应用写作学会、中国应用写作研究会的一大批学者进行过专题研究，尽管研究结果仁者见仁，智者见智，但有一点达成了共识——所用的现有教材缺乏可操作性。读完邹莉老师主编的《应用写作教程》之后，我感到其第二个亮点就是颇具操作性。

客观而论，一本规范性的应用写作教材，应讲解基本理论、基础知识，以及写作的规范性、程式性，这些不仅是重要的内容，也是必要的内容。但这样的编写体例往往使学生产生一种错觉，误认为应用写作好懂好学，不必花很多时间和精力，待到用时"照葫芦画瓢"即可，结果常常是"看花容易绣花难"。而本教材按照"三个对接"的原则，精选常用文种，精心编排"项目"，精心设计"任务"，并将"任务"分解成具有特别标识的"知识聚焦"等板块，既将每一个文种的基础知识、写作格式等内容简明扼要地穿插其间，又尽可能地将书面知识还原为工作情景及其实施过程，既有知识性，又有实践性，更具有操作性。尤其要肯定的是，本教材不仅就每一文种提供了有质量的范文，而且提供了典型的病文，使学习者不仅能从范文中明白"应用文应该怎么写"，还能从病文中知晓"应用文不能这样写"。"相关链接"这一板块，链接的内容不仅延伸到一般同类教材中没有的知识点，而且拓宽了学习者关注现实生活的视野；不仅将应用写作知识的学习与写作能力的训练有机结合在一起，而且让学习者明白"学力"比"学历"更重要。例如，项目三中的任务五"条据"，其"相关链接"以案例来提示、告诫学习者，借条写作中有"六个陷阱"，读来既让人警醒，更让人警惕。这"六个陷阱"中所包含的知识点，除了应用写作知识外，还有法学知识、伦理道德知识，使学习者不仅有章法、技法可循，而且有"法"可依。

操作性还体现在"知识聚焦"和"相关链接"板块中穿插了不少的"文种辨析"内容。这在"公文沟通"这一项目体现得最明显。比如,学习者容易混淆的通知、通报与通告,请示与报告,请示与函,请示与申请书等,教材中都有颇具操作性的分析。据邹莉老师介绍,全书"文种辨析"有23处,涉及38个文种,这在同类教材中还真不多见。对于不知怎样准确选用文种的困惑者,我觉得本教材就是一个很好的选择。

三、富有人文情怀

本教材主要面向职业人士,强调对应用写作这一职业核心能力的培养,但全书字里行间还浸透着对学习者的人文关怀,寄托着提高学习者人文素养的期待,这既是本教材鲜明的特色之一,亦是令我备感欣慰的地方。2011年在香港召开的国际应用文写作学术研讨会上,我指出应用写作者不仅要掌握好"文道",还要关注"人道",遵循"天道",获得国内外专家、学者的一致认同。我一直认为,不论何种类型的教育,都不能成为只关注技术的工具教育。教育的基本要义是培养人,要培养既拥有知识、技术,又闪烁人性光泽的、充满人文情怀的完整的"人"。邹莉老师对我说,她把编写教材作为与学习者交流的一种方式,自始至终,心存学习者,站在学习者的角度去设计、编排教材体例,以求可读、可用、管用。这是值得高等院校教材编写者学习的地方。

编写者心中有"人"的人文表现,还体现在精心选择的范文和"智慧分享"中。如"欢送词"范文选用了华中科技大学校长李培根在2013届本科毕业典礼上的致词《告别》,该文浸透着强烈的人文精神,充满了终极关怀的意味。全书正文部分选用范文56篇,不仅规范,而且典范;不仅符合前述"三对接"原则,而且其传递的信息多是"正能量"。"智慧分享"板块则主要是关于职业态度、职业情感、社会责任等方面的名人名言,以"润物细无声"的方式培养学习者的职业人文素养,为学习者的整个职业生涯提供持续发展的动力。

最后,引用美国康奈尔大学门口悬挂的一句话送给阅读《应用写作教程》的广大读者:"走进这里,你会更加博学和智慧;而走出这里,你会对社会和人类更有价值和意义。"可以预期,《应用写作教程》的出版发行,不仅将在教学实践中发挥很好的作用,而且将会给需要和爱好应用写作的职业人士以有效的指导、指引和帮助。

愿再版时广泛听取读者的意见和建议,以便于修订得更加完善。

洪威雷

2013 年冬于武昌

(洪威雷教授,中国应用写作研究会会长,中国写作学会副会长,国际应用写作学会常务副会长,湖北大学公文写作研究所所长)

目 录

项目综述　总览应用写作

PROJECT

项目导言

　　著名作家、教育家叶圣陶先生说过："大学毕业生不一定要能写小说、诗歌，但一定要能写工作和生活中实用的文章，而且非写得既通顺又扎实不可。"①美国未来学家阿尔温·托夫勒指出，信息时代家庭工作的任务是编制电脑程序、写作、远距离监测生产过程。在信息化特征日益显著的当代社会，作为信息载体和交际工具的应用文，正日益渗透到现代社会生活的各个层面；作为体现"与人交流"这一职业核心能力的应用写作能力，也正日益获得广泛的认可。

　　只要置身人类社会，就必然要与人交流，交流不外乎口头与书面两种形式。今天，信息时代，身在职场，更多时候我们可能需要借助某种书面表达形式，比如找工作，就要投递简历；要加入某个组织，就要使用申请书；缺席某项活动，就要写请假条；要传播各类信息，就要通过新闻、广告等；要维护公共关系，就要使用邀请函、贺词等；要维持机构运作，就要有公文往来；要处理法律事务，就要运用法律文书等。因此，不管是机构还是个人，要在社会生活中维持正常的运转、从事正常的活动，都需要使用应用文这一重要的、必不可少的工具作为载体去完成各自相应的任务。

　　提高你与人交流的能力，就从应用写作开始吧！

学习目标

　　1. 能从不同角度分析应用写作的含义。

　　2. 能从与其他写作活动的比较中，把握应用写作的特征，体会应用文与文学作品的不同之处。

　　3. 初步形成应用写作基本知识的理论框架，为进一步强化应用写作训练，提高应用写作能力奠定基础。

---

　　① 叶圣陶：《作文要道——同〈写作〉杂志编辑人员的谈话》，载《中学语文》，1981（6），31页。

一、应用写作的含义

应用写作是什么？从不同的角度进行分析，我们可以有不同的阐释。

（一）从信息交流的角度看，应用写作是人类社会以文字为媒介的交往工具

人类的信息交流起初是通过手势、体态等肢体语言和口头语言实现的；但是，随着生产活动的发展，个体难以完成社会化分工协作的生产任务，面对面的口耳相传已经满足不了人类的交流需求了，人类需要更为复杂的信息交流方式。先是"结绳记事"，而后发明了文字，于是就有了用于记录、传达、沟通、协调等需要的应用写作行为。《易·系辞下》中说："上古结绳而治，后世圣人易之以书契，百官以治，万民以察，盖取诸夬。"[①]斯大林在《马克思主义与语言学问题》中说："生产的继续发展，阶级的出现，文字的出现，国家的产生，国家的管理，都需要有比较有条理的文书。"[②]这表示，人类的社会结构越发达、越复杂，应用写作活动就越重要、越丰富。一方面，各级各类组织需要使用应用文维持正常运作；另一方面，组织和个人以及个人和个人之间也需要使用应用文实现事务性交往和信息沟通。这样，应用写作便成为人类社会不可或缺的交往工具或者说交往方式了。

在人类社会发展到 21 世纪的今天，应用写作活动已渗透到社会生活的各个领域、各个层面，它与每个社会组织的运作和每个人的社会生活都息息相关，已成为人类社会交往的必要手段和工具。可以说，人类只要有社会活动、社会交往，就离不开应用写作。

（二）从写作功能的角度看，应用写作是以应用为目的写作活动

写作是人类一项广泛的社会活动，其产品——文章一般被分为两大类：一类是主审美的"文艺文"——它是文学写作活动的成果；另一类是主实用的"应用文"——它是应用写作活动的成果。

文学作品通过形象塑造反映社会生活，向读者传达作者的人生志趣、情怀和社会体验、感受，以满足人类的精神享受，其主要功能是审美。可以说，文学写作活动是物质水平达到一定程度后人类对精神生活追求的产物。

相对于文学写作，应用写作则是以应用为目的的一种写作活动类型，是人类适应社会生活和生产活动需要的产物。从"结绳记事"开始，一直到文字发明后，应用写作一直伴随并服务于人类社会生活和生产活动。可以说，人类最早的写作活动是应用写作，而应用写作的本质就是应"用"而生、应"用"而用。

（三）从写作文体的角度看，应用写作是按照应用文体的要求进行的写作活动

应用写作活动是为人类的社会生活和生产活动等服务的，而其实现形式是"应用文"文本，也就是说，其最终成果由"应用文"这一文体类型体现。由于人们处理公务、社会事务

---

① 宋祚胤校注：《周易》，374 页，长沙，岳麓书社，2011。
② 中共中央马克思恩格斯列宁斯大林著作编译局编：《斯大林选集》，下卷，518 页，北京，人民出版社，1979。

的目的、要求和作用各有不同，因而产生了种类丰富的应用文体，应用写作逐步具有了规范的格式和相应的内容要求。因此，进行应用写作，就需要遵照应用文体。我们学习应用写作，就是学习如何按照应用文体进行写作。从这个意义上看，应用写作就是按照应用文体的要求来进行的写作。简言之，应用写作就是应用文写作。

应用文是各级各类组织或个人在处理公共事务或私人事务所使用的具有直接实用价值和惯用格式的文章。它是组织之间、组织与个人之间以及个人之间实现信息交流和事务沟通的必要工具。

二、应用写作的特点

与其他写作活动相比，应用写作具有如下特点。

（一）写作目的任务化

写作目的也称为写作动机或写作意图。与文学写作主动的"有感而发"不同，应用写作则是被动的"有事而发"。也就是说，触发应用写作动机的，并不是撰写者的主观情感，而是任务，是客观需要。进行应用写作，是为了解决工作、生活中的具体问题。因此，我们说应用写作是一种任务驱动型的写作活动。譬如，某公司要举办技能大赛，申请专项经费，要写请示；告知员工参与，要写通知；聘请专家评委，要写邀请函；表彰先进，要写通报；报道赛事，要写消息；等等。举办赛事本身并不是这些文章的写作目的，而是任务。为完成这项任务，就要与不同的人交流并借助相应的文书来实现。

写作目的任务化决定了应用文的作者是特定的。文艺文的作者可以是任意的，也就是说，任何一个人，只要有表达思想感情的需要，只要愿意写作，就可以成为文艺文的作者。但是应用文的作者是特定的，不是任何人——哪怕是撰写者（具体的文书撰稿者）——都能成为应用文的作者。因为写作任务有些来自领导的授意，有些来自工作要求，等等，撰写者受命写作，充当的是代言人。譬如行政公文，其作者甚至是法定的，并且不能是自然人，而是机构；而撰写者，只是法定机构的"代言人"，而不能称为"作者"。

写作目的任务化决定了应用文的读者是特定的。譬如书信的阅读对象是受信人，机密文件有严格的阅读范围限定。书信涉及个人隐私权，受法律保护，窃取或泄露重要文件机密者要受到纪律和法律的严惩。而文学写作则不同，它的读者对象是广泛的、自由的，而且不受时空限制。

写作目的任务化还决定了应用写作在操作上的被动性。比如，应用文的主旨具有某种既定性，所以，大多数应用文在写作上要求主题先行、意在笔先；再如，在写作内容上必须服从应用文在格式、表达等方面的规范要求。当然，这种操作上的被动性并不意味着撰写者在写作过程中不需要发挥主观能动作用。事实上，每一篇应用文都会带上撰写者的个性化痕迹，只是撰写者的个性化因素必须有度，必须适应特定的写作目的。

（二）写作功能工具化

应用文是一种工具，应用写作的目的就是解决工作、生活中的各种问题，实现人们的有序交往，建构合理、有效的管理，维护和推动社会的和谐与进步。例如，要维持组织运作，就要有公文往来；要传播各类信息，就要通过新闻、广告等；要加入某个组织，就要使用申请书；要缺席某项活动，就要写请假条；要处理法律事务，就要运用法律文书等。总之，不管是机构还是个人，要在社会生活中维持正常的运转、从事正常的活动，都需要使用应用文这一重要的、必不可少的工具作为载体去完成相应的任务。

（三）写作文本模式化

应用写作还是一种模式化写作活动。所谓模式化写作，主要体现为应用文的文本具有明显的类型特征，也就是说，不同类型的应用文具有不同的格式规范。这种模式特征的形成主要有两方面原因：一是法定使然；一是约定俗成。例如，我国现行公文有 15 种，是由中共中央办公厅、国务院办公厅以《党政机关公文处理工作条例》的法规形式重新修改颁发的。这 15 种公文在文本、结构上的规范都是政府统一规定的，不能混用，不能出"格"。又如书信，有特定的书面形式，开头、结尾有约定俗成的惯用语和相应的规定。不过，模式不是僵化固定的东西。随着时代的发展，按照生活的实际需要，应用文某些文种的模式也会发展、变化，所以模式化思维也应随之发展、变化。

文本的模式化，要求应用文的撰写者对文种的选择必须具备足够的判断力。不同的文种有不同的用途和适用范围，例如，在行政公文体系中，表彰先进既可以使用命令、决定等文种，也可以使用通报这一文种，究竟选择什么文种行文，还需根据被表彰的人物和事件的性质、影响范围等多方面因素加以综合考虑。

（四）写作过程程式化

应用写作也是一种程式化写作活动，一般情况下，应用写作的思维启动于明确的指令，有意无意地接受某种文体规范的制约，往往先按照某种模式去构思，然后再按照某种模式去遣词造句，从而形成文本格式的规范化。除了文本格式外，一些应用文在处理上还有规范的程序，例如，公文在拟制、办理、立卷、归档等方面有一系列衔接有序的过程，这个过程也是一种程式。

应用写作虽然是一种程式化的写作，但并不意味着应用写作就是刻板的、僵化的、缺乏创造性的"八股"写作。事实上，应用写作和其他写作一样，同样需要和离不开创造性。可以说，形式只是外在的。写好应用文的关键还在于撰写者具备深刻的思想、敏捷的思维，具备分析事物、解决问题的能力以及驾驭文字的表达能力，等等。

三、应用文的种类

从甲骨卜辞算起，应用文已经有几千年的历史了。随着历史的发展，人类社会结构越来越复杂，社会分工越来越细化，应用文家族已经涉及社会各个领域，也越来越庞大。应用文的分类尚难统一，目前通用的分法如下：

按照处理事务的性质，可以把应用文分为公务和私务两大类。公务类应用文是指为处理公共事务而使用的应用文，即通常所说的公务文书（广义公文）。私务类应用文是指为处理个人的事务而使用的应用文，即通常所说的私务文书。

按照使用功能，可以把应用文分为通用和专用两大类。通用类应用文指人们在办公或办事中普遍使用的应用文。它又可分为三类：一是机关公文类（狭义公文），指的是《党政机关公文处理工作条例》中规定的文种，包括决议、决定、命令（令）、公报、公告、通告、意见、通知、通报、报告、请示、批复、议案、函、纪要，共15种；二是通用事务类，如计划、总结、调查报告、述职报告、规章制度等；三是个人事务类，如书信、条据、启事等。专用类应用文指某种特定行业使用的专业性较强的应用文，如财经文书、法律文书、科研文书、外交文书、军事文书等。

四、应用文的写作过程

应用写作是一种任务驱动型的写作活动，从最初的客观需要到最后形成"写作成品"，其间蕴涵着撰写者的艰辛劳动。这个过程即写作过程。这是一个由"意"到"文"的过程。这个过程中，客观需要是起因，调查研究是前提，谋篇布局是基础，正确表达是关键，修改定稿是终结。

（一）起因：客观需要以"言之有理"

应用写作，总是先产生具体问题，而后产生写作的需求。正如前述，触发应用写作动机的，并不是撰写者的主观情感，而是任务，是客观需要，如行政管理的需要、处理事务的需要、礼仪往来的需要，等等。应用写作必须首先明确这种"需要"。明确需要的过程，就是领会写作意图、确立文章主旨的过程。只有领会了意图，明晰了主旨，应用写作才可能"言之有理"。此外，客观需要还规定了文种选择。应用文文种个性鲜明，区分度高，根据某一需要往往只能选择一个文种。作者选择什么结构模式、运用什么表达方法、用什么风格的语体表达内容，往往要根据需要来定。

> **请你思考**
>
> 体会顾城诗作《一代人》的主题："黑夜给了我黑色的眼睛／我却用它寻找光明。"对比我们日常工作生活中常见的请假条、申请书、通知等，说说文艺文与应用文写作动机与主题表现有何区别。

（二）前提：调查研究以"言之有物"

常言说得好："巧妇难为无米之炊。"在明确行文目的的要求，选定合适的文种之后，就应进行深入的调查研究，收集和占有翔实的材料。材料主要包括事实材料和政策材料。对于调查得来的材料，要加以整理和分析才能运用。撰写者在撰稿前，一方面，必须根据相关性、典型性、可靠性的原则对材料进行梳理，以分辨材料的价值和效用；另一方面，要运用分析的方法对材料进行研究。这样的应用写作才会"言之有物"。

（三）基础：谋篇布局以"言之有序"

进入具体的执笔阶段，谋篇布局的任务就是要使文章"言之有序"。如何"言之有序"？一是要选定文种；二是要选定文本模式。

1．选定文种

选择文种的具体方法如下：

（1）写作意图分析法。意图，是写作目的性的体现。文种的选择，主要根据写作意图来进行，尤其是遵命写作，更需要弄清领导的发文旨意。通过分析写作意图，先从大类上把文种区别开来。

（2）文种特性辨别法。应用文中容易混淆的文种较多，但每一文种都有其自身的特性。现实中这种混淆误用的情况很多，例如，该用告示或启事的事项却不恰当地使用公告行文处理。撰写者只有对每一文种的概念把握准确，对文种之间的细微差别了然于胸，才能选准文种。

（3）行文方向参照法。这在机关公文文种的确定上更有意义。比如，同样是申请经费，若是向上级机关行文，则用请示；若是向不相隶属机关行文，则用请批函。

2．选定文本模式

所谓模式，是指大致相同或相似的布局和写法，大体统一的文面要求等。文本模式是一个相对固定的、可供人效仿的范本。应用文的文本模式由"凭"、"事"、"断"、"析"等要素组成。"凭"是行文的"根据"或述事的"缘由"；"事"是报告、公布、陈述的"事项"或"事实"；"断"是某种"要求"或"结论"；"析"是对"事"和"断"的分析和解释。常用的文本模式有以下几种：

（1）凭—事—断式，主要用于机关公文、事务文书等文体。

（2）断—事—析式，常用于诉状文书。

（3）事—析—断式，用于调查报告、经济活动分析报告等文体。

（四）关键：正确表达以"言之有文"

选定文种、选定文本模式之后，要写成适合需要的应用文，还必须靠正确的表达。表达正确，文章才会"言之有文"。应用文具有独特的语体特色，即平实性、得体性、模式化。

1．平实性

由于应用文应事而作，注重实用，所以它的语言也讲究务实。应用文的语言不能含混笼统，也不能使人产生歧义，

请你思考

推销员发了一个电报："有机可乘，可否？"经理以为是成交之机已到，便立即回电："可乘就乘。"这个推销员回来报销差旅费时，经理以不够级别、乘坐飞机不予报销的规定条款，不同意报销飞机票价。推销员拿出经理回电，经理目瞪口呆。请问，为什么会发生这种情况？

要简洁、朴实、明白、准确、规范，便于读者理解和执行。

2．得体性

应用文文种丰富，各种文种的风格也有明显的区别。例如，规章制度讲求严谨、确切、无歧义，计划性文书必须实在、周密、可行，欢迎词要真诚，祝贺信要热烈，等等。不同文种的语言，应有与文体风格相协调的基调。应用文有特定的受文对象，应用文的语言运用要考虑其接受心理。上行文的语言，应尊重而不阿谀奉承；下行文的语言，应谦和但不失其度；与不相隶属机关往来函件的语言，则应平等相待，多商量，互相尊重。

3．模式化

应用文中有相当一部分语言是沿用旧语、套语的。模式化语言，对于文学作品来说可能是失败的语言，而对应用文来说却是必需的、正常的，如用于应用文开头的"鉴于"、"兹有"等，用于承上启下的"现将有关事项通知如下"、"经……研究，答复如下"等，用于引述来文作为依据的"电悉"、"欣悉"等，用于结尾的"此据"（用于条据）和"请研究函复"、"特此函复"（用于函），等等。

（五）终结：修改定稿以"言之有用"

修改是应用写作必不可少的工序，是提高文章质量、使应用文"言之有用"的有效措施。

1．明确修改对象

修改应用文的内容，应注意"五查"：

（1）查写作目的，是否准确体现；

（2）查事实、依据、数据，是否准确、精当；

（3）查结构模式，是否符合文体规范；

（4）查语言，是否得体、准确；

（5）查文面，行款标点是否正确，书写是否清楚，格式是否规范，排版是否整齐，总之，是否方便阅读。

2．善用修改方式

修改应用文，主要有以下几种方式：主动征求领导、专家意见；召开小型会议讨论；撰写者自己反复修改。

五、应用写作的学习方法

如何学好应用写作，提高自己的应用写作能力？我们可以从以下几个方面入手：

请你思考

下列句子是否得体？

①邹老师，我很赏识你的教学态度和教学方法。

②中国政府历来主张，地区间的矛盾应以和平方式加以解决，不能两句话说不到一起，就动刀动枪的。

③以上请示，请速批复，切切。

请你思考

某厂实习秘书小谢拟写了这样一份电函："三季度快到了，我们厂还缺一万支显像管，希望尽快调拨给我们，好用来满足紧急需要。可以不可以，等待着你们迅速来信答复。"

你会使用应用文专用语言修改吗？

（一）多思

"写"，实际上并不是写作活动的第一个阶段。很多人不了解这一点，所以一到需要写作的时候就感觉非常痛苦。不会思考就不会写作，提高写作能力的关键是提高思维能力。文章是思考的结果，而不是文字的堆砌。要提高写作能力，首先应该提高思维能力。

提高思维能力，首先应该了解应用写作的思维特点。与文学写作需要形象思维、感性思维不同，大多数情况下，应用写作更需要理性思维能力，亦即抽象思维或逻辑思维能力。因此，要培养分析、归纳、抽象、概括能力，要具备对事物做出准确认识和判断的能力，要善于透过事物的表象去发现、发掘事物的本质。

提高思维能力还要熟悉应用写作的思维方式，由于应用写作一般主题先行，撰写者在领受写作任务或者有写作需要后，就应该在平时积累材料的基础上，根据写作意图和主旨定向收集材料，围绕主旨合理选择材料，并且根据既定主旨和相关文种的结构模式、表达模式、语言模式去组织和制作应用文书。

（二）多学

应用写作与人们的生活、工作、学习等社会生活的各个层面密切相关，其内容也涉及政治、经济、文化、军事、法律等各个方面。写作应用文，就必须了解、熟悉乃至精通有关方面的基本理论知识，使自己成为这些方面的行家里手。

应用文书中有不少政治性、政策性很强的文种，很多文书的重要任务就在于宣传、贯彻、落实有关方针政策。作为撰写者，要写好这些文书，就必须深刻领会和掌握党和国家有关的方针政策。

应用写作学习，需要经历模仿、熟悉、自如三个阶段，尤其是对各类文种的体式训练：阅读例文、模仿例文写作，是第一步；熟悉应用文的格式，领悟各类文种的写作思路，是第二步；反复练习，最终达到写作自如，是第三步。因此，对例文进行分析和模仿，是学习应用写作的重要途径。要善于从正、反例文分析中发现具体的写作规律。

（三）多写

学习写作最终还是要落实到"写"上，从写作中学会写作，是写作的根本规律和学习写作的最佳方法。写作训练可以从模仿开始，在模仿的过程中掌握诸如格式等的外在形式。经过一定的过程，自然会在模仿和借鉴中逐渐揣摩出写作规律乃至思想方法等，逐渐学会认识、分析问题的方法，逐渐把别人的长处吸收进来，形成自己的风格特色，从而在写作内容和思想的深刻性方面出现飞跃式进步。

智慧分享

博学之，审问之，慎思之，明辨之，笃行之。——《中庸》

项 目 实 训

一、自选你喜欢的散文与感兴趣的公文各一篇，体会应用文与文艺文的写作特点

二、阅读下文，讨论完成文后问题

真纳斯·曹（ZENAS CAO），1987年出生于美国。从7岁起，他每年暑假都来中国，了解中国文化。下面是他关于中国农村粮食问题的一个调查报告：

谁在解决中国粮食问题

[美]真纳斯·曹（文）　张群（译）

最近，国际上不少报纸又开始研讨填补中国粮食缺口的问题。有人预测，"今后15年，中国粮食的净进口量将是现在的3倍以上"。其实，他们正在误导那些渴望将谷物出口给中国的人。

我建议美国的农场主到中国的农民家里去看看。我刚从那里回来。当我在2003年第一次读到《谁来养活中国》这本书时，觉得作者布朗的分析很有道理。当时我正在中国，我同朋友们谈起布朗的观点，他们都笑了，只说了一句话："你自己去农民家看看吧。"

为进行这项研究，今年暑假我专门去了中国山东、河南两省的农村。我找到和我一样大的中国农村孩子陪我去了许多农民家。我们挑选了生活条件一般的家庭，希望看到尽可能多的生产模式。

中国农民实际上不缺粮食，中国不会出现粮食危机

我在中国农村所做的调查，使我感受最深的第一点是：对于绝大多数农民来说，生活的唯一依靠就是那一亩左右的土地。我把这个想法告诉同行的中国朋友，他们笑了："不靠这，还能靠什么？"可见，这是司空见惯的事实。村里有人在城里找到了长期或临时的工作，但是，能这么幸运的毕竟是少数，从10亿人中减去这些人，剩下的仍然是日本、韩国和中国台湾地区人口总和的很多倍。这些人不得不把自己全家所有的劳动和心血都投到这么一块小小的土地上。在山东和河南两省，农民一般都能将一亩地的平均收获提高到：小麦400～500千克和玉米450～600千克。此外，他们还套种蔬菜、大豆和芝麻等。他们告诉我，家里平均每人一年要吃120～150千克小麦。玉米同小麦的价格差不多，可作为工业和饲养业的原料卖掉。家里存的小麦够吃一两年。虽然，最愁的是没有钱，但是存了粮食毕竟让全家心里很踏实。在山东和河南，不计算玉米，农民留够自己吃的小麦后，每亩地可以卖掉250～350千克小麦，也就是说，一个农村人口可以供给1～2个城里人全年的口粮。而

项目一　求职创业

PROJECT

当我们怀揣知识，凭借能力，满怀希望地走出校门，迈向社会，进入职业世界，面临着人生的一次重要抉择时，是求职应聘，还是自主创业？在这个充满竞争和挑战的社会中，择业的困难与创业的艰辛可能给初出茅庐的我们以或大或小的压力。是的，择业需要智慧，创业需要勇气，但无论择业还是创业，迈向成功职业人生的机遇只"垂青那些有准备的头脑"。要"准备"的事项很多，包括你的知识能力水平、你的身体心理素质、你的人脉钱脉，等等，不能缺少的还有一项：求职创业文书准备。

本项目选取了求职创业文书中常见的三种来学习：求职简历、竞聘辞和创业计划书。

学习目标

1. 了解求职简历的含义和特点，掌握求职简历的写作格式和技巧，能够熟练制作有针对性的、个性化的求职简历，培养严谨、细致的工作作风，提高就业能力。

2. 了解竞聘辞的含义，掌握竞聘辞的写法，能够自信地竞聘演说。

3. 了解创业计划书的含义、作用、特点，掌握编制创业计划书的基本内容和要求，培养创业意识和创业能力。

任务一　求职简历

情景导入

李某是 A 市某私营企业的会计，她高职毕业后在该企业工作了两年，工作能力得到了一定的提升，也积累了一些工作经验。因身体原因，她请了两年的假在家休养。在此期间，她参加了 A 市电大会计本科的学习，并顺利毕业。身体康复后，她到心仪的某合资企业应聘会计。该企业用人要求较高，竞争比较激烈。尽管如此，她还是准备尽最大努力去试试身手。按照该公司的竞聘程序，她要闯的第一关就是"简历"。

如果你是李某，你如何制作一份符合公司要求的求职简历，以赢得面试机会，为最终获得这份理想的工作打通这求职"第一关"？

知识聚焦

一、求职简历的含义

求职简历，是求职者将自己与所申请职位紧密相关的个人信息经过分析整理并简要清晰地表述出来的书面求职资料。

二、求职简历的特点

（1）真实性。写简历时一定要客观理性地总结自己的经历，做到真实、准确、不夸大、不缩小、不编造，这样才能取信于人。

（2）正面性。正面性指简历的内容应当是正面的材料。它应当告诉人们真相，但没有必要告诉全部真相；虽然不能说谎，但要回避负面的内容。

（3）精练性。在大多数情况下，简历一两页就足够了，因此内容必须精练。

三、求职简历的写作格式

一般来说，求职简历必须包括个人基本情况、求职意向、教育经历（培训经历）、工作经历（实践经验）等内容，所获荣誉、兴趣特长、自我评价等其他信息则可根据是否有利于应聘职位而定。

（一）个人基本情况

1．简历标题

虽然也可用"简历"做标题，但不如直接用你的名字"×××"更突出。

2．姓名、性别、出生年月（或年龄）

姓名、性别、出生年月（或年龄）一定要按实际情况填写，并与身份证上的信息相符。

3．学历、专业

这是招聘方首轮筛选简历的关键信息之一，须如实填写，其中专业名称的表述务必规范。如果你毕业于名校，可补充毕业院校的名称；如果你已经参加工作并取得专业技术职称，可填写相应的职称、职务。

4．联系方式

联系方式包括手机号码、固定电话号码、自己最常用的私人电子邮箱，以及自己固定的联系地址和邮政编码。联系方式要求准确、详细、可靠。

温馨提示

上述 2～4 项是简历个人基本情况必备项目，下面几项则视情况而定。

①户籍或籍贯。如果是本地生源，务必写上。有些单位可能指定只要本地生源；如果招聘方根本不关心户籍问题，则可省略。

②身份证号码。如果招聘方没有要求此项，切忌主动提供。

③政治面貌。若自己是党员，应聘的是国企或政府机关单位，请写上这一项，会得到加分；如果是外企，则视情况而定。

④体重、身高。若非应聘模特、公关这样对外形有较高要求的职位，没有必要写。

⑤期望年薪和现有年薪。一般不要写上任何具体数字，期望年薪写"面议"即可。

⑥照片。除非你对自己的相貌非常自信，而且应聘方有明确要求，否则没有必要贴。

温馨提示

如果是针对某招聘启事的简历，其求职意向一定按照招聘启事上的要求来写。如果有职位编码，也不要忘了填写。

（二）求职意向

求职意向也就是求职者愿意从事的职业，一定要写，且要明确到岗位，所求岗位最好是一个（最多两个），切不可太宽泛、太模糊。

（三）教育经历（培训经历）

1．顺序

教育经历（培训经历）按照时间倒序排列，最近的学历排在最前，如此类推，最远追溯到高中即可。大学和研究生阶段要写明专业。

2．成绩与课程

有工作经验的求职者，只需要将自己的教育经历按顺序写出来就行了。应届生，如果在校期间的成绩超过85分，可以写出来，否则不要写；课程也只需写与应聘职位要求有关的几门。职场人士可以把自己的培训经历写上，如知名企业的认证培训，毕业生则应着重写出自己所参加的校内外职业技术操作课程、技能培训等。

3. 学位证、技能证与奖励

大学期间学习的外语（外语水平要注明等级），以及取得的双学位、技能证书，要突出描述。如果获得过优秀干部表彰或奖励，也要写出来。署名公开发表的文章和署名的科研项目，都可以写出来。

（四）工作经历（实践经验）

工作经历（实践经验）是招聘主管最关注的信息，他们第一眼几乎都是在这个地方进行搜索。这一项写得好与坏，直接决定他们是否有兴趣把简历继续读下去。

> **温馨提示**
>
> 职场人士可将"工作经历"排在"教育经历"之前，以显重要。

1. 职场人士的写法

工作经历要按照"单位—职位—负责的内容—取得了何种效果"的顺序来写。要如实说明，关键业绩最好能用数据表明。与教育经历一样，工作经历应按时间倒序来排序。从你最近的工作开始，写到大学毕业为止。有两年以上工作经验的，在校实习的经验就不必再提了。

> **温馨提示**
>
> 工作时间必须连贯，不能有没有原因的空白期；不管是什么情况，都不要主动填写"辞职原由"这一栏。

2. 应届毕业生的写法

应届毕业生没有什么工作经验，应该将自己组织或参加过的各种有益的社会活动、实习经历及相关的打工经历都写上去。

没有名校背景和较好专业背景的学生，必须把实践经验详尽而突出地描述出来，有在著名企业实践的经历最好。如果能得到用人单位的推荐信和人事证明，就更有说服力了。

（五）其他相关信息

（1）如果有多项比较突出的获奖荣誉，可单列出来。

（2）如果有与应征岗位素质要求相关的兴趣或特长，可以填写，但要具体。比如，你可以将马拉松的爱好写上（而不是泛泛地说"爱好运动"），因为这一点可以告诉公司，你有坚强的意志力和严格的纪律性。

（3）自我评价，可写可不写。如果要写，尽量三言两语说清楚，不要自我主观发挥，更不要写成抒情散文；忌盲目照搬照抄、千人一面。要准确描述自己区别于别人的特征，且这种特征应是工作岗位所欢迎的。

四、求职简历的写作要领

第一，量身定做。每个求职者，都必须为特定的目标单位、目标职位，量身定做、量职打造简历。前提是在写简历之前，你要先决定自己的求职方向，分析出自己的优势及弱点，

请你思考

你可能在简历原稿中写出自己掌握了 C++、Java 等编程工具。如果你应聘的是程序员，那么这条信息就是必不可少的。但如果你应聘的是护肤品的营销人员，这条信息是否需要？

然后再选择目标单位及职位，并且要对目标单位及职位的需求情况有所了解。

第二，简单有力。简历最好不要超过两页。如果你能够用一页纸清晰地表达自己，千万不要用两页纸。当然，对简历的压缩是个痛苦的过程，你必须反复掂量，删除一些不太相关的信息，或者换用更简练的方式来表达原有的信息。

第三，方便阅读。招聘主管初选简历的平均时间是一份20 秒，再审简历的时间也只有 60 秒。唯有条理清晰、重点突出、编排合理的简历才能让招聘主管们在最短的时间内找到他们感兴趣的内容，并对你的

请你思考

比较下面两种表述，哪种更好？

①作为一位工程经理，我负责帮助组织新客户。在我工作的第一个三个月里，我招募了 250 位客户，并且在工作的第二个、第三个月里招募另外 200 位客户，这些客户最终使组织获得 32 万元的收入，从而提高了员工士气。

②在 6 个月内招募 450 位新客户，使组织总收入增加 32 万元。

资历做出正面的评价。

第四，精益求精。在你正式寄出一份简历之前，一定要进行修改。方法有：

（1）可以用 Word 软件中的"拼写和语法自动检查"功能查找并修改拼写和语法上的错误。

（2）再次确认简历中的信息都是"与职位相关的信息"，在用词上进行再次润色，确保以最精练的语言最优良地传达出相关信息。

温馨提示

写作简历时，要时刻记住你是在一个商业环境中推销自己。有针对性的内容和规范专业的格式都是你的简历必须具备的。

（3）将自己的简历传给亲朋好友或者专业人士看看，听取别人的意见。听取他们的意见时，你要特别留心：他们看不明白，需要你进一步解释的信息；你刻意突出而他们没有注意到的信息；他们一眼就注意到的地方；关于排版的意见；等等。

（4）在简历打印出来后，你最好再看一遍，因为你可能会对着纸张找出一些小小的瑕疵，然后改正它们，保证正式打印的简历不会再有这些问题。

范文借鉴

王晓娜

北京语言文化大学838信箱，100083

86-10-826007490　86-138×××××××

resume@HiAll.com.cn

目标工作　市场营销

工作经验

> 市场调查能力

中国银河证券投资银行部　实习生　　　　　　　　　　2004.10

- 银河证券是中国最大的综合性证券公司
- 投资银行部15个实习生唯一一名本科生
- 协助分析中国银行上市（IPO）项目的市场背景，涵盖了64个上市公司的资料
- 为亚洲发展银行调研了国内债券市场的情况，并翻译了其四套项目建设书
- 学习到了大量有关会计、投资银行、信息搜集以及与人协作的能力

至现在
北京

> 沟通能力

中央电视台（CCTV-4）"快乐中国"栏目组　业务助理　　2003-09

- 负责在校园内物色联系潜在外籍演员并进行初级遴选
- 作为嘉宾参加其中一期"快乐中国"节目（北京）
- 锻炼了自己与人沟通的能力，尤其是与外国朋友们的有效交流

2003-10

> 良好的
> 综合
> 素质

新思路口语培训中心　口语教师　　　　　　　　　　2003-07

- 独创一种新型教学法，融舞蹈、音乐、演讲以及表演于一体
- 获得新思路口语培训中心"优秀教师"奖
- 获得了做好一名教员的丰富经验以及以一颗爱心、耐心对待每一个人

2003-08
重庆

教育背景

北京语言文化大学　金融系（全英文教学环境）　　　　　2001-2005

将于2005年7月获金融专业学士学位　　　　　平均成绩：3.6/4　　北京

重庆市巫山高级中学　　　　　　　　　　　　　　　　1999-2001

高中连续三年均为该校学生会主席　　　　　学习成绩排名：7/128　　重庆

奖励情况

北京语言文化大学综合奖学金　　　　　（奖励全校前0.5%的学生）
北京语言文化大学数学学科单项奖学金　（全系58人中最高分）
北京语言文化大学金融系社会工作奖学金　（全系58人中唯一获奖者）
北京语言文化大学优秀学生干部　　　　（奖励全校前0.05%的学生）

英语及IT技能

英语专业四级考试　　　　　　　　　（TEM 4）　　　　　　　　　　优秀
大学英语六级考试　　　　　　　　　（CET 6）　　　　　　　　　　通过
金融英语证书　　　　　　　　　　　（银行综合类）　　　　　　　　A级
职业英语考试　　　　　　　　　　　（ETS-TOPE）　　阅读和口语部分最高分
熟练掌握MS Word、Excel、PowerPoint、MS Project软件

素质技能

熟练掌握会计和投资银行的相关知识，英语听说读写能力俱佳，有较强的领导能力，信息搜集能力强，写作能力强，与人沟通能力强，有爱心、耐心

兴趣爱好

心理学、教育学、音乐、舞蹈、文学、象棋等

（北京纽哈斯国际教育咨询有限公司：《HiAll 求职快车·简历篇》，85页，北京，群言出版社，2005，略有改动）

【评析】这是一份能够体现职业精神与成熟干练的优秀简历。值得借鉴的地方有：（1）版面简洁大方，非常便于"浏览"，特别是"工作经验"中项目符号、标注的选用，不仅让版面更清晰，而且让重点更突出；（2）内容针对性强，紧紧围绕应征岗位的能力素质要求来展示、强调自己的竞聘优势，比如作为一个应届毕业生，求职简历通常是将教育背景置于工作经验的前面，但她将有说服力的工作经验置于前面，既避所学专业与应征岗位并不一致之短，又扬其能力素质相符之长；（3）表述有力，关于教育背景、奖励等情况，对数字，尤其是相对数字的运用非常巧妙，能充分体现其优秀。

病文诊断

个 人 简 历

姓名：陈××

联系地址：广州市中山三路×××号

联系电话：（略）

求职目标：经营部、营销部、广告部、管理部

资格能力：1998年7月毕业于××商学院商业管理系，获商业管理学学士学位。所修课程主要有商业经济、商业管理、市场营销、商业传播、广告学、公共关系学等；选修课程有零售企业管理、消费者行为和计算机原理与应用等。在校期间学习成绩一直优秀，撰写的毕业论文曾受到奖励，并在全国多家报刊上发表。

工作经历：1998年6月至现在皆在××市百货公司负责市场营销及有关管理工作。

社会活动：求学期间曾担任××协会主席，曾在××市营销管理论坛上代表协会发表演讲，并在该论坛1997年5月举行的会议上当选为年度"明日之星"。

其他情况：1975年出生，未婚；能熟练运用各种现代办公设备；英语会话能力强，书写能力略逊；爱好旅游、打网球、摄影。

【评析】如果笔者是招聘主管，这份简历不超过五秒钟就会被淘汰。主要问题有：（1）求职目标不明，只说部门，没指明具体的岗位；（2）求职目标不明确，造成内容缺乏针对性，优势不突出；（3）栏目名称与内容不相符，如"资格能力"之后谈的主要是教育背景，而"其他情况"中涉及办公与语言能力；（4）语言表述也缺乏说服力；（5）版面编排也不够合理。

相关链接

求 职 信

求职信是向用人单位自荐谋求职位的书信，分为自荐信和应聘信两种。求职信正文的基

本结构与一般书信相同，但一般书信没有标题，求职信应有标题。一般来说，求职信的写作包括四个要素：（1）求职目标，即你要求到什么单位工作，你想干什么工作，这两点必须明确，决不能模棱两可。（2）求职缘由，即你想获得那份工作的原因是什么。尽可能表现出你对目标单位的熟悉和热爱，表明自己渴望为其效力的决心。（3）求职条件，这是求职信的重点。写作时，要善于扬长避短，突出自我优势，针对求职目标，展示自己的能力和业绩，在陈述自己求职条件的时候，一定要实事求是，恰如其分。（4）联系方式，这也是必不可少的。

求职信通常可附上个人简历及其他可起证明或介绍作用的有关材料。

文种辨析

求职信与简历

①求职信和简历的风貌截然不同，求职信是商业信函，和你向"客户"发出的合作邀请一样，要求规范、专业，足以吸引他的目光，说服他去看你的简历以获得更多信息；而简历属于推销个人的广告文稿，就像产品介绍一样，要能激起"客户"的购买欲望，说服他给你面试机会。

②求职信是针对特定的个人而写的，而简历则是针对特定的工作岗位来写的。

③简历主要是叙述求职者的客观情况，而求职信主要是表述求职者的主观愿望与特长。

④相对简历来说，求职信更要集中地突出个人的特征与求职意向，打动招聘人的心，是对简历的简洁概述与补充。

智慧分享

立志是事业的大门，工作是登门入室的旅途。——（法）巴斯德

任务二　竞　聘　辞

情景导入

也许你业务能力很强，但在竞聘演讲中的发挥大失水准；

也许你自身优势突出，却不知在竞聘演讲中如何完美呈现；

也许你深受领导赏识，但竞聘演讲内容跳不出"千人一面"的套路；

……

在竞聘这条"千军万马过独木桥"的路上，写好竞聘辞和高水平的演讲是竞聘成功的关键。

如果你成功入围面试竞聘，你知道如何准备竞聘演讲吗？

知识聚焦

一、竞聘辞的含义

竞聘辞，又叫竞聘演讲稿，是竞聘者为了实现竞争上岗，针对特定的职位、职务所写，展示自己具有足够竞聘条件的演讲稿。

二、竞聘辞的写作格式

请你思考

竞聘演讲现场，如果自报演讲题目，哪种更吸引人？

（一）标题

竞聘辞的标题通常有两种写法：

（1）单标题，可以直接由文种构成，也可以采用"竞聘人＋文种"或"竞聘职务＋文种"的格式，如《竞聘××公司经理的演讲辞》。

（2）双标题，即"主题＋副题"形式，如《态度决定一切——电信客户经理竞聘演讲辞》。

（二）称谓

称谓即对评委或听众的称呼，一般用"各位评委""各位朋友"即可，用来表示对与会者的尊重，提请与会者注意。

（三）正文

1．开头

竞聘演讲时间有限制，开头必须简洁精彩，引起听众的注意。常见开头方式有三种：

（1）感谢式，用诚挚的心情表达给予这次竞聘机会的谢意。

（2）概述式，概括叙述自己应聘的岗位以及竞聘演讲的主要内容。

（3）简介式，简要介绍自己的经历、性格特征，让听众对自己有初步的了解。

2．主体

主体部分是竞聘演讲稿的重点，也是写作的难点所在，一般包括以下几方面内容：

（1）竞聘优势。突出与竞聘岗位相关的经历和业务能力，以积极的态度去描述，让听众认为你确实适合这份工作并具备不断发展的潜力。力求精要，切忌面面俱到。

（2）对应聘岗位职责的认识。竞聘前，要充分了解招聘单位和应聘岗位的情况，只有明确岗位职责，才能有的放矢地提出该岗位的工作目标、施政设想和打算。

（3）任职后的打算。只有提出切实可行的目标、措施，才能有效地提高竞聘的成功率。

3．结尾

结尾要画龙点睛，加深评选者对竞聘者的良好印象。常见结尾方式有三种：

（1）表达愿望式。表示加盟的热切愿望，展望单位的美好前景，期望被接纳。

（2）表明态度式。坦诚地表达自己参与这次竞聘的感受。

（3）祈请支持式。表达自己对竞聘上岗的信心，恳请得到大家的支持和帮助。

三、竞聘辞的写作要领

第一，有气势。竞聘演讲的一个重要特征就是具有竞争性，而竞争就要争取听众的响应和支持。做到这一点的有效方法之一，就是有气势，"气盛宜言"。

第二，有真诚。竞聘演讲其实就是"毛遂自荐"。但要注意的是，在"展示"时，态度要真诚老实，有一分能耐说一分能耐，不能为了自荐成功而说大话、说谎话。

第三，有力量。这里指语言简练有力。

第四，有自信。自信必须建立在丰富的知识和经验的基础上。这样的自信，才会成为你竞聘的力量，变成你工作的动力。

👍 **范文借鉴**

保险公司营业部主任竞聘演讲稿

尊敬的各位领导、评委们：

大家好！今天有机会来参加这次公司营业部主任的竞聘，我的心情非常激动，因为这从一定意义上说就是公司领导对我的一种肯定，加上同事们的鼓励和支持，我一定会努力把握好这次机会，不让大家失望。用一句话来形容今天的竞聘再贴切不过了，那就是机遇与挑战并存。今天不管我们是否有机会站在这里，公司这次人才选拔就是一次机遇，同时也是一次挑战，是对我们保险公司广大员工的一次综合素质的考量与选拔，我们要做好准备，迎接公司领导对我们的检阅。

首先请允许我做简要介绍。本人×××，现年35岁，大专学历，2001年大学毕业，曾在地方电视台和报社做广告文案策划；2003年在家电城任总经理秘书、办公室主任；同年12月参加省公司第三期组训培训；2005年4月在公司领导的全力支持下筹建本级营销六分部，本人的角色由公司内勤转为业务外勤，开始了近四年的主管生涯，个人累计增员20余人，团队人力顶峰时达70人；2008年四分部与六分部合并，我回到营销部任企划并承担部分早会经营；2009年任中介业务部销售管理岗，承担公司银保业务培训及客户经理的增员与育成；2011年调营销部任营业部组训一职直至今日。

弹指一挥间，八年国寿情怀！其间有过失落、迷茫、徘徊，但更多的是一份坚持、执着、期待。今天我来竞聘营业部主任这一岗位，我认为自己有四大优势：

第一，较好的学习力与执行力。我读的是秘书专业，毕业后从事了办公室、广告企划以及市场营销等工作，为了很好地适应环境，我每年都会订阅专门的杂志，多年来养成了自我学习的习惯。作为职业人士，学习是为了能适应市场，更好地生存，而执行是职业经理人的天职。在国寿的这几年，我更加明白了一点：唯有执行力才是企业发展的原动力。

第二，较强的沟通与激励能力。主管的首要特质就是能够与伙伴进行有效的沟通，并无时无刻给伙伴以全方位的激励。就营销来讲，营业部主任就等同于大的营销主管，好的主管似"水"，能润湿、改变周围环境，给团队带来生机与活力。四年的团队生涯，以及三年多的企划与组训工作，我几乎每天都在职场度过，与伙伴一起奔波于市场，一方面积累了销售、增员、育成等实战经验，另一方面也培养了自身的沟通与激励能力。沟通与激励的前提是建立在与伙伴的信任之上的，而伙伴的信任是基于我能为他们提供帮助。非常庆幸的是我服务过的三个岗位，至少95%的伙伴对我是充分信任的。

第三，一定的人脉及经营基础。（略）

第四，持续的激情与斗志。（略）

如果我能竞聘成功，不仅是我人生追求、自我提高的体现，也使我有机会进一步奉献寿险事业，服务他人。

第一，明确部门规划，谋求发展。青山营业部地处临安东大门，所辖3个乡镇，人口5万左右，区域经济发展在全市居中游，居民存款余额占全市12%左右，从国寿情况来看，保费的贡献度大致占9%，寿险发展潜力较大，这也注定未来几年区域寿险竞争会加剧。临安新一届党委政府提出了我市的发展规划是短期内实现与杭州大都市的无缝对接，作为临安国寿的前哨营——青山营业部更有责任做强做实，以全方位的保障为经济的高速发展保驾护航。今年对于国寿来讲是希望之年，青山营业部根据公司的整体规划，以省、市公司"农网"创建精神为指引，力求更上台阶。2007年具体目标力争实现市公司一星农村网点。

第二，做好角色转换，融入团队。（略）

第三，有效整合资源，整装再发。（略）

不管今天竞聘的结果如何，我都会把今天这个机会作为以后自勉的激励。在以后的工作中，我将一如既往地发扬自己的奉献精神，并且带动身边的同事努力把我们保险公司的保险业务做好。

谢谢大家！

（中国演讲网：http://www.yanjiang.com.cn/jingzhengsg/14/2013/0510/9186.html，略有改动）

【评析】这是一篇比较精彩的竞聘辞，竞聘优势介绍得比较饱满，每一条都有比较详尽的事实做依托；工作思路非常清晰，从理念到实际，从全局到个人，阐述得非常有条理。

病文诊断

竞聘院学生会主席的演讲辞

各位老师，各位同学：

大家好！

参加竞聘之前，我一直在想：我应不应该参加这次竞聘？我靠什么来参加这次竞聘？思索再三，我想，我愿意把这次竞聘当成争取尽自己一份责任的机遇，更愿意把这个竞聘过程当作我向各位同学学习、接受各位批评的一个难得的机会。因为我是鼓着十二分的勇气来参加竞聘的。

我知道，成为一名合格的院学生会主席很不容易。我之所以鼓起勇气参加院学生会主席的竞聘，首先源于我对同学们的热爱和对学生工作的执着。我相信，一个人，只要执着地热爱自己的事业，就一定能把他的事业做好。当然，我也有过一些学生工作的经历，我曾经在高中时当过班长，对组织管理工作并不陌生。有人说，经历是一笔财富，而我更愿意把自己的经历当作一种资源，一种在我今后工作中可以利用、可以共享、可以整合的资源。

当然，我更清楚，成绩也好，经验也罢，它只能说明过去，并不能证明未来。

假如我能竞聘成功，我将认真做好以下四项工作：一是以身作则，当好院学生工作的"领头雁"；二是立足本职，当好学院学生处领导决策的"参谋"；三是脚踏实地，当好广大学生的"服务员"；四是甘为人梯，当好广大学生的"辅导员"。

说到这里，我想起了阿基米德的一句名言："给我一个支点，我可以撬起整个地球。"但在这里，我不敢高喊这类豪言壮语，我只想表达一个愿望。请投我一票，我会尽自己有限的能力给大家回报！

谢谢大家！

×××

××××年×月×日

【评析】这篇竞聘演讲辞的不足之处主要有两个方面：一是竞选信心不足，缺乏竞选志在必得的信心和勇气；二是假如竞选成功，当选后的施政方略较空泛。

相关链接

竞聘演讲的三种语言

竞聘演讲是三种语言的有机组合。第一种是书面语言，即讲稿。第二种是有声语言，即声音，演讲就是要开口讲。第三种是态势语言，即演讲者的表情、动作、眼神、手势等。

在竞聘演讲中，讲稿只占7%，有声语言占38%，态势语言占55%。这是目前演讲界比较通行的划分方法。对于演讲来说，"内容为王"是毋庸置疑的。但是，如果稿子内容非常好而演讲者讲得不好，那演讲的效果也不会太好。上述这组数字非常直观、形象地告诉我们：要想竞聘演讲成功，光有一篇好稿子还远远不够，还要练声音、练态势语。

智慧分享

唯一能持久的竞争优势是胜过竞争对手的学习能力。——（美）盖亚斯

任务三　创业计划书

情景导入

张华毕业于某名牌大学，经过多年的业余研究，他在室内环境污染治理方面取得了一项重要突破，这项技术如果在实际中得到应用，前景将非常广阔。于是张华辞去原来的工作，准备自己创业。但由于多年的积蓄都用在了室内环境污染治理的研究上，在七拼八凑注册了一家公司后，他已经无力再招聘员工、购买实验材料了。无奈之下，张华想到了风险投资基金，希望通过引入合作伙伴的方式解决困境。为此，他多次与一些风险投资机构或个人投资者接洽商谈。虽然张华反复强调他的技术多么先进，应用前景多么好，并拍着胸脯保证投资他的公司回报绝对低不了，但总是难以令对方相信，而且他对于投资人问到的多数数据也没有办法提供，如市场需求量具体有多少？一年可以有多大的销售量？投资后年回报率有多高？就连招聘一些技术骨干也比较困难，这些人也总是对公司的前景缺乏信心。这时，一位做管理咨询的朋友一句话点醒了他，"你的那些技术有几个投资者搞得懂？你连一份像样的创业计划书都没有，别人凭什么相信你？"于是，在向相关专家请教咨询后，张华又查阅了大量的资料，然后静下心来，从公司的经营宗旨、战略目标出发，对公司的技术、产品、市场、销售、资金需求、财务指标、投资收益、投资者的退出等方面进行了分析和论证。当然，在这个过程中，他还得不时搞一些市场方面的调查。一个月后，他就拿出了一份创业计划书初稿，经过几位相关专家的指点，又再次进行了修改和完善。凭着这份创业计划书，张华不久就与一家风险投资公司达成了投资协议。有了风险投资的支持，员工招聘问题也迎刃而解。现在，张华的公司经营得红红火火，年销售利润已达到 500 万元。回想往事，张华感慨地说："创业计划书的编制与我搞环境污染治理的材料准备要求差不多，绝不是随便写一篇文章的事。编制计划书的过程就是我不断厘清自己思路的过程。只有自己思路清楚了，才有可能让投资人、员工相信你。"

（中华品牌管理网：http://www.cnbm.net.cn/member/do89 146899.html）

　　为什么张华开始时拍着胸脯的保证无法令投资者相信，甚至连招聘技术骨干都很困难？创业计划书对张华的创业成功起到了什么作用？

🔎 知识聚焦

一、创业计划书的含义

创业计划书又称商业计划书，是创业者在初创企业成立之前就某一项具有市场前景的新产品或服务而制定的，向潜在投资者、风险投资公司、合作伙伴等游说以取得合作支持或风险投资的可行性商业报告，主要描述公司的创业机会，阐述创立公司、把握这一机会的进程，说明所需要的资源，揭示风险和预期回报，并提出行动建议。

一份科学的创业计划书，不仅有助于创业者理清思路，明确目标，增强信心，而且有助于吸引人才，获得融资，增强风险投资家、合作伙伴、员工对创业者的信心。而这些信心，正是企业走向创业成功的基础。

二、创业计划书的特点

（1）计划性。创业计划书是创业者拟定的企业的项目规划，要对公司、市场、项目管理、运营策略、风险管理和资金使用等做出全面的、合理的计划。

（2）市场性。创业计划书要给投资者提供企业对目标市场的深入分析和理解。

（3）可行性。制订计划书要实事求是，让投资者觉得创业计划切实可行，以增强信心。

（4）可读性。创业计划书要能够吸引投资者，把深奥的专业、行业知识或项目的有关情况深入浅出地表述出来，让投资者明白易懂。

三、创业计划书的写作格式

创业计划书一般是按照相对标准的文本格式进行编写的，主要包括如下内容：

（一）摘要（执行总结）

摘要列在创业计划书的最前面，它是创业计划书的精华。摘要涵盖了计划的要点，要求一目了然，以便读者能在最短的时间内评审计划并做出判断。摘要通常包括：项目（产品或服务）的机会、商业价值、目标市场、竞争优势、核心的管理手段、资金需求、盈利能力预测、团队情况、预期回报等。

（二）公司介绍

介绍创业公司，重点是公司理念和战略目标。描述应该生动，但不能太长。

（三）产品（服务）概述

在进行投资项目评估时，投资人最关心的问题之一就是创业者提出的产品或服务能否以及能在多大程度上解决现实生活中的问题，或者能否帮助顾客节约开支，增加收入。因此，产品介绍是创业计划书中必不可少的一项内容。

通常，产品介绍应包括以下内容：产品的概念、性能及特性，主要产品介绍，产品的市场竞争力，产品的研究和开发过程，发展新产品的计划和成本分析，产品的市场前景预测，产品的品牌和专利。一般来说，产品介绍都要附上产品原型、照片或其他介绍。

（四）行业、市场分析

在进行行业分析时，应该正确评价所选行业的基本特点、竞争状况及未来的发展趋势等内容。在行业分析的基础上，应对市场进行预测，主要包括：市场需求预测，市场现状，竞争厂商概览，目标顾客和目标市场，本企业产品的市场地位等。

> **温馨提示**
>
> 虽然夸赞自己的产品是推销所必需的，但应该注意，企业所做的每一项承诺都是一笔"债"，都要努力去兑现。否则企业的信誉必然受损。

> **温馨提示**
>
> 市场预测应建立在严密、科学的市场调查基础上，绝不能凭空想象出来，对市场认识错误是企业经营失败的最主要原因之一。

（五）人员和组织

有了产品之后，创业者第二步要做的就是结成一支有战斗力的管理队伍。企业管理的好坏，直接决定了企业经营风险的大小。而高素质的管理人员和良好的组织结构则是管理好企业的重要保证。因此，投资者会特别注重对管理队伍的评估。

企业的管理人员应该是互补型的，而且要具有团队精神。一个企业必须具备负责产品设计与开发、市场营销、生产作业管理、企业理财等方面的专门人才。在创业计划书中，必须对主要管理人员加以介绍，阐明他们所具有的能力，他们在本企业中的职务和责任，他们过去的详细经历及背景。此外，还应对公司结构做简要介绍，包括：公司的组织机图，各部门的功能与责任，各部门的负责人及主要成员等。

（六）营销策略

营销是企业经营中最富挑战性的环节，在创业计划书中，营销策略应包括营销队伍和管理，广告与推广策略，价格策略，销售与分销渠道，竞争策略，公共关系，售后服务等。

（七）生产计划

生产计划应包括以下内容：产品制造和技术设备现状；原材料、工艺、人员安排等，新产品投产计划，技术提升和设备更新的要求，质量控制和质量改进计划。

（八）财务分析与融资计划

财务分析与融资计划，是指对公司未来三至五年的财务状况进行科学预测，包括收入、成本、利润、现金流等，并在此基础上进行盈亏平衡分析、不确定性分析、财务指标分析等，形成规范、合理、专业的财务预测体系。还要分析项目的投资总额、资金需求、资金筹措来源、出资方式、资金使用安排、利润的预测、投资者回报方式、资金的退出等。

（九）风险因素

风险因素通常包括分析公司在市场、竞争和技术方面有哪些基本风险，如何应对这些风险，以及在现有资本基础上如何进行扩展等。

四、创业计划书的写作要领

第一，选好产品或服务。关于产品或服务，要在深入了解行业和市场的基础上，选取具有科技含量、市场需求和发展前景的项目。如果产品和服务选择不好，创业计划书写得再好，也缺乏竞争力。

第二，展现优势和实力。从专业、团队、经历、经验、地理位置、人缘关系等方面充分展现创业者的实力，凸显"只有我们的企业最适合"的竞争优势，增强创业者和投资者的信心。

第三，讲透风险和策略。投资是有风险的，要透彻地分析风险，并提出应对策略，要向风险投资者说明如何规避风险、如何退出。

第四，注重格式与细节。一份好的创业计划书首先要做到格式正确、美观，摘要应能够吸引读者，思维缜密连贯，语言规范流畅，数据准确科学，做到内容与形式的完美结合。

🔊 范文借鉴

子午流注养生保健有限责任公司创业计划书

一、执行总结

（一）创业背景

根据世界卫生组织（World Health Organization，WHO）对健康的定义，健康是指生理、心理及社会适应三个方面全部良好的一种状况，而不仅仅是指没有生病或者体质健壮。国内外研究人员经过调查，发现在一般人群中真正患病和完全健康者不足1/3，有2/3以上人群处于"亚健康"状态。"亚健康"这种被认为是发达社会的社会病，正困扰我们越来越多的国民。当前，我国经济迅速发展，人民生活水平大幅提高，但与此同时，关注个人健康并与之相关的产业在我国并不成熟，甚至是空白。当前，相关服务行业需要尽快发展，以适应人民生活水平的提高，但现状是，相关行业不仅十分缺乏而且缺乏专业性，亟须规范。所以，我们创业团队利用中医药在养生保健方面的优势，成立子午流注养生保健有限责任公司。依托湖南中医药大学的优势，以质量求生存，以服务求发展。发掘祖国传统中医的理论精华，应用于现代人体健康服务。

（二）公司介绍

子午流注养生保健有限责任公司是一个以服务为主的公司。她以中医学子午流注理论的应用为最大特色，提倡"以人为本"的绿色健康新理念，为人类提供尽善尽美的和谐生活，解决日益受社会重视的"亚健康"问题。

（三）服务介绍

我公司将以社会中高层收入者为重点服务对象，同时面向全社会营业。公司以中华民族传统的中医药为依托，不断创新、发展，重点研发推广子午流注的市场应用。公司通过开设养生保健服务店的形式，以咨询为开始，在中医子午流注时间医学理论的指导下，采用类似家庭医生模式，通过制定养生保健方案，提供点对点服务，包括针灸、推拿、按摩、服药、膳食指导、养生知识学习等，同时针对大众对养生知识的渴求，开设子午流注养生保健培训班等多种服务内容。

（四）市场分析

据《韩国经济》最新的调查报道，如今，中国已成为全球工作时间最长的国家之一，人均劳动时间已超过日本和韩国，加班现象蔓延，每年60万人"过劳死"！"我国有七成知识分子正处于'过劳死'的边缘，激烈的市场竞争使人们不断地透支健康，'白骨精'（白领、骨干和精英）是'过劳死'频繁光顾的对象。"2004年11月7日，均瑶集团董事长王均瑶，因患肠癌医治无效，在上海逝世，年仅38岁；2004年4月8日，爱立信中国有限公司总裁杨迈，由于心跳骤停在京突然辞世，终年54岁；2005年9月18日，国内三大门户网站之一的网易代理首席执行官（Chief Executive Officer，CEO）孙德棣，因为过度劳累永远地离开了他为之奋斗的工作，年仅38岁……这些都是大名鼎鼎的企业家，他们都创立了或者带领着令人尊敬的企业，他们同样拥有财富和名声，但他们都在超负荷的运转中让自己付出了健康甚至生命的代价。此文中还指出，中国企业家和创业者平均每天要工作13.8个小时左右，他们平均每年只有8天至11天休假，低于全球平均的15.5天。43%的企业主感觉2006年的压力比2005年更大，33.5%的受访者表示因忧虑企业的发展安全而感到压力，29%的受访者认为商业谈判令他们感到压力。

作为保障人们生命安全的医疗体系，在整个社会中起着重要的作用，但是随着人与大自然协调发展观念的进一步深化，人们越来越重视与自然的和谐，开始逐步转向生活保健，而不是等到生病了才去医院就诊。况且人们对药物的巨大不良反应也越来越注意。因此提倡"天人相应"、"按时治疗"的子午流注养生保健事业具有极大的拓展空间。

古老的中医药文化是一个取之不尽、用之不竭的宝库，而子午流注的神"气"疗效也得到了国际社会的广泛认可。我们根据这个情况，利用湖南中医药大学在理论和实践方面的强有力支持，成立了子午流注养生保健有限责任公司。应用子午流注理论指导养生保健，在全球范围内具有领先性，对于促进我国医疗事业的发展、提高人们的健康水平、减轻国家财政负担等方面，都具有长远的经济效益和社会效益。

以长沙市为例，据《潇湘晨报》2008年4月2日报道，长沙市主动申报2007年个税的高收入者（年收入超过12万）有31 907人（实际人数应该更多）。因此，保守估计，即使其中只有 10% 的人接受我们公司的服务，以每人每月平均消费 500 元计，即可预计每年有 1 914 万元的市场潜力，而且，在中国经济飞速发展的背景下，这一比例在以后还将不断扩大。

（五）公司战略

本公司战略包括发展战略、竞争战略和研发战略。

1. 发展战略

注重短中期目标与长期目标的结合。

短中期目标是在以长沙市为中心的整个湖南地区的主要城市形成一定的规模，扩大我公司的影响力，打造出本公司的品牌形象（五年计划）。

长期目标是逐步拓宽我公司服务的领域，同时将我公司的服务以连锁加盟的形式在整个中南地区推广，继而向全国和部分国外地区推广（十年计划），形成以我国湖南省为中心的跨国经营集团公司。

2. 竞争战略

通过提高服务质量、节约服务成本、创新服务内容三大途径，不断提高公司的竞争力。

3. 研发战略

通过利用资源优势、紧跟市场需求、保证研发投入的三大原则，保证公司的生命力。

（六）团队及管理

本公司的创业团队成员和技术顾问目前主要是由湖南中医药大学不同专业的优秀学生和老师组成的，无论在技术开发、企业管理，还是在营销策略方面，都拥有扎实的专业知识和比较丰富的实践经验。本公司通过董事会进行重大事情的决策，下面设有总经理 1 名，副总经理 3 名，以及市场策划部、财务部、培训部、调度部等部门。创造适合本公司发展的管理特色，建立完善的激励和约束机制，塑造"创新·团结·诚信"的公司文化。

（七）营销策略

公司的经营好坏，将绝大部分由市场情况决定，我们的市场情况就是顾客光临的次数、对服务的满意程度以及能否引起多次光顾的惯性消费，故公司怎样制定针对顾客的营销策略会对公司的发展扩大起到至关重要的作用。为此，我们准备了三大策略：

1. 创立品牌

打造"子午流注"品牌，积极扩大品牌知名度和影响力。

2. 精心宣传

通过报纸、传单、上门推销、电台、电视等多渠道进行全方位的广告宣传，务求迅速打响知名度，产生品牌效应，使广大消费者认识到我们公司服务的优势、信任我们的服务。

3. 对象明确

在公司成立的初期，以服务的免费试用为主要市场突破口，为有影响力、社交关系广泛的数位顾客提供一个月免费服务，以求迅速达到积累口碑、锁定相关客户群的目的，并在整个长沙市范围内打响知名度。同时，积极为以后开设连锁加盟店积累资本，扩大知名度，并进一步不断加大广告的投入，为进军全国市场打下基础，同时通过我们的反馈体系，通过消费者反馈的意见和建议，不断研发、改进服务内容。

在全国市场拓展期间，在基本占领长沙市及湖南市场的基础上，我们将不断扩大经营范围，这包括：第一，经营地点的对外辐射——以长沙市为中心，逐渐扩大到整个中南地区，并继而向全国辐射；第二，经营项目的不断扩大，在保持子午流注理论、技术领先的同时，以中国传统的中医药文化为核心，以市场和当地特殊环境为反馈，调整、增设多种保健服务。

（八）财务管理

本公司创业需要融资 400 万元，其中风险投资 150 万元，湖南中医药大学投资 60 万元，团队成员自筹 90 万元，以及银行贷款 100 万元。具体为前期一次性投入 170 万元，工资 140 万元，公司日常支出 90 万元，通过对公司五年内的财务情况的预计进行分析（三大报表），可知公司的偿债能力、营运能力以及盈利能力都十分强，公司投资方案可行。

公司第二年估计盈利 249.03 万元；第二年经营利润率为 11.35%，以后每年呈递增趋势；第二年投资回报率为 56.33%；第二年资产增长率为 283.01%；总资产报酬率为 208.02%，投资回收期为 2.30 年；分红为净利润的 40%，其中预计第四年分红金额为 428.30 万元，第五年分红金额为 1 196.66 万元，分别为投资股本的 142.77%、398.87%。

风险资金最好在第三年到第五年之间采用收购方式撤出。

（九）技术支持

技术是打造企业核心竞争力的关键因素，也是企业立于不败之地的重要源泉。我们公司的创业团队成员都是湖南中医药大学的学生，他们在拥有扎实的中医药基础理论知识的同时，又学习、掌握了现代市场分析、投资管理、财务管理的知识。此外，我们聘请了中医药领域、财务管理、创业指导方面的相关专家作为公司顾问，包括老百姓大药房谢子龙董事长，湖南省子午流注理论的权威——湖南中医药大学的彭楚湘教授，创业指导专家——罗跃龙副教授，经济管理学的刘平良副教授等专业人士，因此能真正做到以技术谋发展。

（十）风险分析

公司第一年投入较大，预计在 400 万元左右，但在第三年即可全部回收，在中期和后期由于运转的良性循环，可保持一定时期的加速发展。虽存在一定风险，但总体而言风险较小，适合实施。

竞争是残酷的，机遇中不乏挑战。我们相信我们公司的服务一定能在保健服务行业创出一片天！

二、公司描述（略）

三、服务描述（略）

四、市场分析（略）

五、营销策略（略）

六、经营管理（略）

七、投资分析（略）

八、财务分析（略）

九、机遇和风险（略）

十、创业团队（略）

【评析】这是2008年"挑战杯"第三届湖南省大学生创业计划大赛金奖作品，全文3万多字，限于篇幅，此处只提供了"执行总结"即摘要原文，其余部分只提供了标题。作为浓缩了的创业计划书的精华，该执行总结简明、扼要，具有鲜明的特色，从中可看到该创业项目有一个新颖的产品，有具体的市场分析和竞争分析，有现实的财务预测，有明确的投资回收方式，有精干的管理队伍，值得投资。

◉ 病文诊断

西南风味烙锅餐饮店创业计划书

创业项目：西南风味烙锅餐饮店

创业类别：食品餐饮类

一、产品介绍

所谓的烙锅，是一种符合大众口味、具有西南特色的小吃店，它可以称为"无汤火锅"。它的硬件组件简单，需要一个平底锅，一张中间有如锅口一般大圆孔的洞，一个液化灶和液化气。接下来就是菜了，把顾客需要的菜配好，配菜时要用到很多佐料，然后往锅里刷上菜油，这个时候就可以把菜放上去烙来吃了！最后，桌上放上辣椒、味精、盐。个人根据自己的口味，往小碟子里加上辣椒、味精、盐配好，一顿特色美食就此大功告成。

二、创业的可行性

第一，市场上，在我们学校外面开一个这样风味独特，关键是填补市场空白的这样的一个特色餐饮店，先从一个点做起，然后再把它做大。

第二，地点上，店面的选择地点首选是各个高校外面的商业小吃街，大学生消费者是我们的第一消费者。

第三，装修上，餐饮店的店面按照大学生的品位精装修，时尚化。

第四，着装上，服务员要统一着装，要塑造良好的品牌形象。

第五，营销策略上，可以提前预订，办理会员卡，适当举办促销、积分活动等。

第六，前景上，西南特色烙锅填补了大学生周边餐饮市场的空白，潜在的消费群很大，有足够的消费者优势。根据实地观察及近几年的消费调查显示，各高校外的小吃店，都是稳赚不赔的。

三、创业风险

第一，市场风险。高校外的餐饮店特别多，很多店都有固定的消费群，而且现在的消费者，大多会习惯性地选择自己熟悉的、知道的去选择性消费，我们的餐饮店上市会受到一定程度的阻碍。

第二，定价风险。现在的农产品的价格都在上升，而且受周边一些小吃店的低价格的影响，我们也许会无法保证最大的利润空间。

第三，产品风险。由于农产品的一些不稳定因素，我们会出现断货的状况。

第四，管理风险。由于是合伙制，恐怕会在以后的经营管理中出现矛盾而导致涣散。

四、创业准备

但是我们相信我们可以克服这些风险。除了我们创业的一腔热血外，原因如下：

第一，我们的店面装修是独一无二的，我们的特色让我们有站稳市场的信心。

第二，作为跟消费者一样的大学生，我们更了解他们的需求，可以不断地进行营销调整。

第三，在管理方面，我们先把以后可能出现的问题以协议的方式例出来，并提出解决办法，然后使之产生法律效益，以避免以后的矛盾。

第四，定价上，保证一定的利润空间，尽量让利于消费者。

五、资金来源

我们采取融资的方式，具体为：把我们的创业点子介绍给投资人，拿出优越的条件及创意的可行性与投资人洽谈，并且签下合同。协议上具体说明：资金在多少时间内还清，在还清的这两年内，根据投资人的投资的资金量的多少，进行年底的分红。

六、配套服务

我们在配合烙锅特色的前提下，在店里搭售一些附属产品。比如饮料、酒水，还有就是独具西南特色的冰粉、冰浆等。

七、资金需求及财政计划

创业资金约为 15 万元。

财政管理方面进行全天候的透明管理，做到天天有账、月月有账、季季有账、年终总账。在明确利润的同时也可以给我们的投资者一个更有力的、更确切的数据说明。

八、创业目标

创业目标分近期目标和远期目标。

近期目标是：先在大学城开创我们的第一家特色餐饮烙锅店。为以后创造加盟连锁的模式做好经济基础及基本宣传。

远期目标是：在站稳先期目标的情况下，向其他省市的各高校市场进军，实现我们的连锁加盟店形式，最终做成真正的餐饮企业。

在通过以上的具体分析阐述，我们有很充分的理由相信我们的创业会成功；我们有很大信心相信我们的西南特色餐饮店会做成企业。

（大学生创业网：http://www.studentboss.com/html/news/2011-09-30/90650.htm，略有改动）

【评析】上文表达了一个创业的想法，但还不是一份规范的创业计划书。仅从内容格式上看就不完整，结构安排也不够合理；虽然介绍了产品，但没有突出特色；项目的市场分析没有数据支撑；商业模式不够清晰，对于如何经营、是否可盈利、投资回收期多长、风险是否可控等投资者关心的诸多问题，没有具体的阐述，不能令人信服。

相关链接

你适合自己创业吗？

这里有四个问题。如果你对所有问题的回答都是肯定的，那么你就丢掉内心的矛盾，大胆地行动吧。因为，你已经具备了自己创业的全部条件。

第一，你是否有一个竞争对手无法匹敌的可以增强产品或服务吸引力的超级创意？

第二，你是否能够在经受一次次拒绝之后仍然保持脸上的笑容？

第三，你能接受前途未卜的境况吗？

第四，你的性格是否能吸引优秀的人才和你一起追逐梦想？

[（美）杰克·韦尔奇、苏茜·韦尔奇：《赢的答案》，扈喜林译，151~152页，北京，中信出版社，2007，略有改动]

智慧分享

创业路上需要激情、执着和谦虚，激情和执着是油门，谦虚是刹车，一个都不能缺少。——马云

项 目 实 训

一、阅读思考

根据所学知识，找出下则简历的错误与不妥之处并修改。

我的简历

姓名：王 ×

性别：男

身体：好

婚姻：未婚（有女朋友）

民族：汉

联系地址：成都市高新区西源大道 × 号 邮编：610011

政治面目：群众

学历（学位）：学士

专业：工程造价

联系座机：028-×××××××

手机：×××××××××

伊妹儿：××××××@sohu.com；××××××@163.com

QQ：××××××（随时在线）

教育背景

毕业院校：××大学工程造价专业

主修课程：大学英语、高等数学、应用文写作、画法几何与工程制图、工程制图与CAD、管理学原理、工程力学、工程造价管理、电工学、流体力学、建筑电气与施工、安装工程计价与计量、C++程序设计、邓小平理论、毛泽东思想等课程

培训及证书情况：参与了建设工程造价员（预算员）的培训课程，造价员证书，四川华西集团有限公司华西集团优秀实习生，英语通过国家四级考试，能熟练阅读和翻译英文文献

实践经历：大学四年担任班长，任学校学生会副主席，任学校篮球社副社长，在四川华西集团有限公司实习一年，做过"惠普"笔记本促销员

本人爱好特长：打魔兽（70级）、打篮球（校篮球队中锋）、游泳（校游泳比赛自由泳第二名）、写作、善于与人沟通交流

本人性格：开朗、乐观、谦虚、自律、自信

二、情景写作

1. 寻找一则你所需要的招聘信息，对照岗位要求，拟写一则求职信并附上求职简历。假设你投递的简历被选中，将于近期面试，要求你做一个五分钟左右的竞聘演讲，请完成竞聘辞的写作。

2. "挑战杯"中国大学生创业计划竞赛是由中国共产主义青年团中央委员会、中国科学技术协会、教育部和中华全国学生联合会共同主办的全国性赛事，每两年举办一次。假设你一直有创业的梦想，最近刚刚发现了一个好项目，并做了深入的市场调查，获得了几个志同道合的朋友的支持，想以此项目参赛，请撰写一份创业计划书。（参赛格式要求可参见该赛事官方网站http://www.tiaozhanbei.net）

项目二　公文沟通

PROJECT

公文即公务文书，有广义和狭义之分。广义的公文是党政机关、企事业单位、社会团体及其他社会组织为处理公务而形成的文字材料，有别于用于处理个人事务的私务文书。狭义的公文则特指中共中央办公厅、国务院办公厅制定，自2012年7月1日起施行的《党政机关公文处理工作条例》中规定的公务文书，主要包括15种，即决议、决定、命令（令）、公报、公告、通告、意见、通知、通报、报告、请示、批复、议案、函、纪要，也称法定公文。本项目所指的公务文书都是狭义的公文概念。

公文是党政机关、企事业单位、社会团体实施领导、履行职能、处理公务的具有特定效力和规范体式的文书，具有作者的法定性、法定的权威性、体式的规范性和严格的实效性。公文是传达贯彻党和国家方针政策，公布法规和规章，指导、布置和商洽工作，请示和答复问题，报告、通报和交流情况等的重要工具，无论我们在什么单位、什么岗位工作，都需要使用相关文种，因此，需要认真学习，掌握其写作技巧。

本项目选取了公文沟通中最常用的六种文书来学习：通知、通报、报告、请示、函、纪要。

学习目标

1. 准确理解通知、通报、报告、请示、函、纪要等常用公文的含义、特点，能够区别不同文种的适用范围，掌握其格式要求，能够根据工作或学习需要草拟这六种公文，并做到格式规范、内容合理、语言得体。

2. 养成严谨务实、高效简洁的公文写作习惯，培养工作中的责任意识、规则意识、质量意识，提升运用公文处理事务、沟通交流的能力。

任务一　通　　知

✿ 情景导入

马玉茗毕业于湖北一所"211工程"院校汉语言文学专业，在武汉市一家电子股份有限公司任总经理办公室文秘。一天上午，公司突发意外事件，总经理决定下午紧急召开职工会议，通报有关情况，要求当天未外出的公司全体员工参加。根据总经理的部署，马玉茗起草了这一会议通知，并通过公司网上办公系统发给各部门负责人。很快，总经理办公室的电话成了热线，各部门纷纷来电询问：到底哪些人下午参会？原来，马玉茗起草的通知里有这样一句话："请在家的所有职工参加会议。"获悉事情原委后，总经理批评马玉茗粗心大意，办事不力。可马玉茗一脸委屈：公司不是一直努力营造家的氛围，号召员工视之如家吗？我响应公司号召，以"家"来代指公司有何不妥？

马玉茗的委屈合理吗？你如何看待马玉茗以"家"代指公司？如果是你，你将如何起草这则通知？

✿ 知识聚焦

一、通知的含义

通知是适用于发布、传达要求下级机关执行和有关单位周知或者执行的事项，批转、转发公文的公文。在公文这个"大家庭"中，通知使用频率最高，适用范围最广。

二、通知的特点

（1）功能的多样性。通知可以用来发布规章，批转和转发文件，传达指示，布置工作，任免干部，晓谕事项等。下行文的主要功能，通知几乎都具备，但通知的文种级别和行文郑重程度要低于命令（令）、决议、决定等文种。

（2）运用的广泛性。通知的使用不受发文机关级别的限制，内容方面可大可小，无论是最高国家机关还是基层企事业单位，无论国家大事还是单位内部的具体事务，都可使用通知。

（3）对象的确指性。大多数通知，都是针对特定的机关和人员发的，专指性明显，不像通告、公告具有泛指性。

三、通知的种类

根据通知的适用范围和作用，一般将其划分为三类：

（1）颁转性通知，用于印发本机关行政法规和规章，批转下级机关、转发上级机关或不相隶属机关的公文。如《中共中央办公厅　国务院办公厅关于印发〈党政机关公文处理工作条例〉的通知》《国务院关于批转交通运输部等部门重大节假日免收小型客车通行费实施方案的通知》《广东省人民政府办公厅转发国务院办公厅关于继续做好房地产市场调控工作的通知》。

（2）指示性通知，用于向下级机关布置工作任务、安排活动，或就某项工作、某些问题做出指示。指示性通知具有权威性，受文单位必须贯彻执行。如《湖北省人民政府办公厅关于做好 2013 年湖北省普通高等学校毕业生就业工作的通知》。

（3）知照性通知，即要求受文单位知晓或办理某一事项的通知，如干部任免，召开会议，启用或更换印章，设立、调整、撤销机构，告知或布置某项具体工作等。如《武汉市人民政府关于举办第十届中国武汉国际杂技艺术节的通知》。

四、通知的写作格式

（一）标题

通知标题由发文机关、事由、文种构成，视具体场合和内容，文种前可加"补充"、"紧急"等字样，如《四川省人民政府办公厅关于加快推进煤矿整顿关闭工作的紧急通知》。

（二）主送机关

主送机关是公文的主要受理机关，又称受文机关，采用全称或规范化简称，在标题之下另起一行顶格书写。通知主送机关可以是一个，也可以是多个。

（三）正文

正文一般交代通知的缘由、具体事项、执行要求。但不同类型的通知，正文内容各有侧重。

1．颁转性通知

这类通知的正文比较简短，一般写明两点：

（1）明确告知所发布、批准或转发的是什么法规、规章或文件，其施行或生效日期及相关事项；

（2）提出贯彻执行的希望或要求。如果是十分重要的法规，还要强调它的重大意义。

2．指示性通知

这类通知的正文一般包括：

（1）行文的依据或目的意义；

（2）上级指示的精神及其具体化，如政策规定、工作任务及安排；

（3）执行要求及注意事项，如方法、步骤、时间要求、政策界限、报告执行情况的方式与期限等。后两部分内容常采用分条列项的方式表达，每条的开端一般以中心句概括主旨，其后再进行阐述。

3．知照性通知

这类通知的正文主要包括：

（1）形成该事项的原因、根据、过程；

（2）事项的具体内容（性质、状态）等。如会议通知正文一般包括会议名称，召开会议的原因与目的，会议议题，会议时间与地点，报到时间与地点，与会人员，与会者需准备的材料，差旅费报销办法，联系单位，联系人与联系方式等。

（四）落款

签署发文机关名称，并注明发文时间，加盖印章。

五、通知的写作要领

第一，发文的针对性。通知的受文对象具有专指性，其内容应有较强的针对性。在传达指示、部署工作、提出要求时，都要从通知对象的实际情况出发。

第二，内容的明确性。撰写通知，无论是做出指示、部署工作，还是告知事项、职务任免，都要具体明确，有条有理，使之切实可行。

第三，语言的规范性。通知的语言既要体现出发文机关的权威性和严肃性，又要突出协调性与尊重性；既要严谨精练，又要通俗易懂。

📢 范文借鉴

中共中央办公厅 国务院办公厅 关于印发《党政机关公文处理工作条例》的通知

各省、自治区、直辖市党委和人民政府，中央和国家机关各部委，解放军各总部、各大单位，各人民团体：

《党政机关公文处理工作条例》已经党中央、国务院同意，现印发给你们，请遵照执行。

中共中央办公厅

国务院办公厅

2012 年 4 月 16 日

（长沙县人民政府网：http://www.csx.gov.cn/zwgk/xzfbmxxgk/qtzkjsydw/xscyjdglwyh/fggw_ 3416/gfxwj_3419 /201301/ t20130124_207086.html）

38

【评析】这是一则印发行政法规的颁转性通知，选用时省略了附在其后的《党政机关公文处理工作条例》全文。此文格式非常规范，标题事由清晰，受文机关按类别排序，正文直陈其事，仅用一句话告知发布文件的名称及同意发文的机构，并提出执行要求，省略了不必赘述的发布文件的背景、依据、目的和承启语，简洁明快，庄重有力。

<h3 style="text-align:center">国家开放大学关于召开教育信息化推进工作会议的通知</h3>

各省级广播电视大学、开放大学：

为发挥系统优势，加快推进国家开放大学教育信息化建设工作，经研究，现决定在内蒙古呼和浩特市召开国家开放大学教育信息化推进工作会议。现将有关事宜通知如下：

一、会议内容

1. 报告国家开放大学信息化进展。

2. 报告国家开放大学平台建设及部署情况。

3. 报告国家开放大学云教室建设情况及平台数据标准。

4. 研讨国家开放大学信息化建设相关问题。

二、与会人员

国家开放大学各分部主管信息化建设工作的校领导、部门负责人各1人。

三、会议时间

2013年7月23日至24日。

四、会务安排

1. 报到时间：2013年7月22日。

2. 报到地点：内蒙古呼和浩特市维力斯大酒店（呼和浩特市新城区新华东街89号）。

3. 与会人员交通费及食宿费自理，会务费每人700元（含资料费）。

4. 与会人员请填写回执（见附件），于7月16日前传真至内蒙古电大。

五、联系方式

1. 国家开放大学信息管理处

联系人：××

联系电话：010-×××××××× 传真：010-××××××××

电子邮件：××××@crtvu.edu.cn

2. 内蒙古电大远程教育技术中心（略）

附件：国家开放大学教育信息化推进工作会议回执（略）

国家开放大学
2013年7月9日

（国家开放大学网站：http://ouchn.edu.cn/Portal/NotificationDetail.aspx? NotificationId =63f421ce-36ab-4b63-9630-8e2f1fc62989，略有改动）

【评析】这是一则典型的知照性会议通知。正文首先写明会议目的，点名会议地点及会议名称，然后用承启语"现将有关事宜通知如下"引出下文，主体部分则逐条告知了会议内容、与会人员、会议时间、会务安排、联系方式等，要素齐全，条理清晰，言简意赅，使人一目了然。

◉ 病文诊断

××市公共汽车总公司关于开展职业道德教育的通知

各部门：

今年1月以来，公司开展了一系列以职业道德教育为主题的活动，各部门纷纷行动起来，在公司上下掀起了"我爱岗位，全心全意为乘客服务"的热潮。通过学习，许多干部职工明确了职责，服务质量不断提高，受到了乘客的普遍好评。但是仍然存在不少问题，有的乘务员对乘客态度冷漠，对他们的询问不理不睬；有的不按规定线路行车，给乘客带来许多不便，最近还发生了111号车乘务员王某殴打乘客的恶性事件，造成了极其恶劣的影响。这说明，在当前进一步深入开展职业道德教育十分必要。现将有关材料发给你们，望组织职工认真学习，不断提高干部职工的职业道德水平。

××市公共汽车总公司

2013年8月8日

（朱悦雄：《应用写作病文评析与修改》，106～107页，2版，广州，广东高等教育出版社，2010，略有改动）

【评析】这则指示性通知最主要的问题是本末倒置，没有抓住写作要点，令受文单位不知如何贯彻执行。指示性通知不仅要告诉受文者"为什么做"、"做什么"，更要着重突出"怎么做"。但本文将大量篇幅用于分析情况，虽在一定程度上说明"为什么做"，但如何开展职业道德教育即教育的方式方法、时间进度安排、组织机构、保障措施、检验活动成效的办法等全部缺失，不具有可操作性。另外，本通知内容较为复杂，不宜采用篇段合一的结构，而宜采用分条列项式。

◉ 相关链接

通　告

通告适用于在一定范围内公布应当遵守或者周知事项。它既可内部行文，又可公开张贴，还可通过网络、报刊、电台、电视台等媒体传播。按内容分，它可分为法规性通告和周知性通告。法规性通告公布的事项具有法规作用，有关单位和人员必须遵守，如《文化部办公厅关于清理违规网络音乐产品的通告》；周知性通告则主要告知有关单位和个人应当周知的事项，约束性较小，如《北京市人民政府关于2008年北京奥运会开幕式当天放假的通告》。通告由标题、正文和落款等部分组成，通常没有主送机关。其中正文通常由缘由、事项和结语组成。

文种辨析

表 2-1 通告与通知的区别

区别 ＼ 文种	通告	通知
适用范围	仅限于行政机关使用，党委机关不用	党政机关均可使用
告知范围	一定范围内，普遍告知	有关单位或人员，特定告知
写作格式	通常没有主送机关，抄送机关也没有秘密等级、缓急程度等附加标记	主送机关不可或缺，常有抄送机关、秘密等级、缓急程度等
传播方式	在社会上公开行文，多用网络、报纸、电视、广播等播发	一般是机关、单位、组织之间行文，仅少数普发性文件由新闻单位向社会公布

智慧分享

制定正确的战略固然重要，但更重要的是战略的执行。——杨元庆

任务二 通 报

情景导入

2013 年 4 月 21 日，江苏省南通市，"中国好人""慈善双雄"之一的"磨刀老人"吴锦泉在得知四川芦山地震消息后，来到江苏省南通市红十字会捐款。老人将两年来磨刀积攒的一元硬币 1 714 枚，五角硬币 503 枚，一角硬币 7 枚，共计 1 966.2 元全部捐给灾区。

2008 年以来，老人累计捐款 23 392.2 元：2008 年四川汶川地震，向红十字会捐款 1 000 元；2008 年向孤儿院捐款 1 316 元；2010 年青海玉树地震，向红十字会捐款 1 000 元；2010 年甘肃发生泥石流，向红十字会捐款 1 000 元；2011 年向南通市第二人民医院住院的困难者捐款 300 元；2011 年向村"锦泉一元爱心社"捐款 3 000 元；2012 年 12 月向"磨刀老人"微基金捐款 4 210 元；2013 年 4 月 16 日向红十字会捐款 3 000 元，定向用于中华慈善博物馆建设。

（中新网：http://www.chinanews.com/tp/hd2011/2013/04-22/ 196160.shtml，略有改动）

假如南通市红十字会要草拟一则公文宣传老人的事迹，你知道该用哪一文种吗？该文种

应发给什么机构？如果请你来写作，你知道如何写吗？

知识聚焦

一、通报的含义

通报是用于表彰先进、批评错误、传达重要精神和告知重要情况的公文文种。

文种辨析

表 2-2　通知与通报的区别

文种 区别	通　　知	通　　报
告知内容	主要是工作情况及需要共同遵守或执行的事项	告知正反面典型，或有关重要的精神或情况
目的要求	要求受文机关了解要办什么事，该怎样办理，要求遵照执行	主要是沟通交流情况，起宣传教育作用
表达方式	叙述（告知人们做什么，怎样做，叙述具体）	兼用叙述、说明和议论，有较强的感情色彩
行文时机	事前、事后行文均可	事后行文

二、通报的特点

（1）教育性。通报的主要作用不是布置工作，而是通过对重要精神或情况的传达，对典型人物或典型事件的表彰或批评，让有关人员了解情况，受到教育，从而提高认识，规范行动。

（2）典型性。通报的人或事总是具备一定的典型性。

（3）政策性。通报中的决定（也称处理意见），正确与否影响颇大，因此必须讲究政策依据，不可擅做决定，随意表彰或惩戒。

三、通报的种类

根据内容的不同，通报可分成三类：

（1）表彰通报，即表彰具有典型意义的先进事迹、先进单位或好人好事的通报，如《中共湖北省委　湖北省人民政府关于表彰农村优秀教师和农村优秀教育工作者的通报》。

（2）批评通报，即批评能普遍产生鉴戒作用的单位或个人的通报，如《教育部关于对2012 年全国硕士研究生招生考试泄题事件查处情况的通报》。

（3）情况通报，即传达重要精神或重要情况，以沟通信息，促进工作的通报，如《国家邮政局关于 2013 年一季度邮政行业经济运行情况的通报》。

四、通报的写作格式

（一）标题

通报的标题由发文机关、事由、文种构成，如《××省化工总公司党委关于授予张××"优秀共产党员"荣誉称号的通报》。若通报的事情紧急，可在文种前加"紧急"二字，如《中国气象局办公室关于谨防诈骗的紧急通报》。

（二）主送机关

指定下发单位的通报要写明主送机关名称。普发性通报、在机关内部公开张贴的通报则可不写主送机关。

（三）正文

表彰通报、批评通报和情况通报的正文写法区别明显，下面分别介绍。

1．表彰通报

这类通报正文重在介绍典型事迹，简要分析精神实质，发出号召。其写法为：

（1）简要概述主要事实，即事件发生的时间、地点、人物、经过和结果等要素；

（2）客观进行分析评价，即阐明事件的性质、意义，先进人物的精神等；

（3）告知表彰决定，即给予受表彰单位何种奖励；

（4）有针对性地提出希望和要求。

2．批评通报

这类通报重在陈述问题，分析产生的原因，说明性质，做出处理决定，提出改进的要求。其写法为：

（1）概括事实经过和情况；

（2）分析原因、危害、责任，揭示问题的实质或性质；

（3）做出处理决定；

（4）提出应吸取的教训、应采取的措施等，防止类似情况或问题再次发生。

3．情况通报

这类通报重在将上级重要精神、重要情况等向下级通报，使其知晓情况，引起重视，或采取措施落实相关工作。其写法一般为：

（1）说明现状或基本情况；

（2）分析当前带倾向性的问题；

（3）指出今后工作的重点和要求。

（四）落款

在正文右下方标明发文机关名称，加盖印章，写明发文日期。

五、通报的写作要领

第一，事例要典型。事项部分是通报的核心和主体，也是发文机关赖以提出有关希望或要求的基础和凭据所在。通报的事情不能一般化，而应具备典型性，否则就失去了通报的价值。

第二，分析要透彻。除情况通报外，表彰通报和批评通报往往有性质或原因分析，分析既要切中要害、一针见血，又要由表及里、抓住实质，还应自然中肯、富有说服力，切忌随意引申、发挥，乱扣帽子，惹人反感。

第三，意见要明确。处理意见指对有关单位或人员的具体表彰或处分、有关精神或情况的处理意见等，是通报的精华所在。这部分要与事项部分形成明确的因果关系，贵在简明精练。

第四，要求要合理。希望与要求部分既是前面各部分的自然延伸，也是通报的目的和归宿所在。要透过现象抓住实质，提出带普遍教育或指导意义的希望与要求，既合情合理，又具备很强的针对性与可行性。

🔔 **范文借鉴**

湖北省人民政府关于表彰农村优秀教师和农村优秀教育工作者的通报

各市、州、县人民政府，省政府各部门：

近年来，全省广大农村教师和农村教育工作者深入贯彻落实科学发展观，认真贯彻实施国家与我省中长期教育改革和发展规划纲要，扎根基层，无私奉献，努力办让人民满意的教育，涌现出一大批先进个人。为了在全社会弘扬尊师重教的良好风尚，激励"优者从教"，保障"教者从优"，建设高素质农村教师队伍和农村教育工作者队伍，加快推进教育强省建设步伐，省人民政府决定，授予谢建华等70名同志"湖北省农村优秀教师"称号，授予黄三民等10名同志"湖北省农村优秀教育工作者"称号（名单附后）。

希望受表彰的同志珍惜荣誉，戒骄戒躁，为我省农村教育事业发展再立新功。全省广大教师和教育工作者要以他们为榜样，忠诚人民的教育事业，教书育人，严谨治学，开拓创新，为加快建设教育强省，服务我省科学发展、跨越式发展做出新的更大贡献。

湖北省人民政府

2012 年 8 月 28 日

（湖北省人民政府网：http://gkml.hubei.gov.cn/auto5472/auto5473/201209/t2012 0913_397558.html，略有改动）

【评析】这是一则表彰性通报，正文首先概述全省农村优秀教师和优秀教育工作者的先进事迹，叙议结合，对其事迹做了简要精当的分析、评议，目的句之后写决定事项，最后对受表彰者和未受表彰者分别发出希望号召。全文格式规范，结构合理，语言通俗、流畅。

教育部办公厅关于近期连续发生四起学生溺水事故的通报

各省、自治区、直辖市教育厅（教委），新疆生产建设兵团教育局，部属各高等学校：

6月22日（星期六），内蒙古自治区呼伦贝尔市扎兰屯市11名中小学生自行结伴到雅鲁河玩耍时，5名学生跌入深水区溺亡。同日，内蒙古大学鄂尔多斯学院12名学生到康巴什新区乌兰木伦河道野炊，1名学生在洗脚时掉入河中，其余学生组织救援，造成4名学生溺亡。6月18日（星期二），河南省信阳市潢川县魏岗乡中心小学3名学生在放学后到张楼村一水塘洗澡时溺亡。6月16日（星期日），河南省南阳市宛城区瓦店镇逯营村4名中小学生在白河洗澡时滑入深水区溺亡。

在全国深入开展安全生产大检查期间，尽管已三令五申，仍接连发生多起学生溺水事故，造成重大学生伤亡，暴露出一些地方和学校安全工作仍然存在漏洞。各地各校要引以为戒，进一步强化安全工作责任制，完善安全工作机制，全面落实国办发明电〔2013〕16号和教发函〔2013〕106号通知要求，以高度的责任感切实做好安全生产大检查，彻底排查整改各类安全隐患。特别是盛夏来临，要把预防学生溺水作为一项重点工作，按照教基一厅〔2013〕5号通报要求，把预防学生溺水工作做实、做细、做到位，严防溺水事故再次发生。

特此通报。

教育部办公厅

2013年6月23日

（中国教育部网：http://www.gov.cn/zwgk/2013-06/25/content_2433327.html）

【评析】这是一则情况通报。正文第一段简述四起学生溺亡事故，第二段首先点明安全工作存在的漏洞，接着提出希望和要求，强调引以为戒，严防溺水事故发生。全文思路清晰，层次分明，分析评价到位，要求具体明确。

◉ 病文诊断

关于表彰苏××同志临危不惧、勇擒歹徒事迹的通报

各级党组织：

8月5日晚9点多钟，××市出租公司直属车队驾驶员廖××的车子遭到歹徒袭击。罪犯用枪顶住廖××的头，命令他把车子开往南站。廖××巧妙地骗过罪犯，将车开到锦江河畔的十字路口。廖××机智地把车速从四挡减到二挡，悄悄打开车门，一踏刹车，飞身下车，高喊"抓坏人，抓坏人"。此刻，歹徒狗急跳墙，向廖××射击，打中他的右手。正在值勤的一中队交通民警苏××听到枪声，立即赶到出事地点，突然又是一枪，苏××

同志头部中弹，鲜血直流。他顾不得伤痛，拼命追去，周围几十名群众见状，都向歹徒追去。几分钟后，罪犯被团团围住，苏××猛扑上去将凶手死死抱住，歹徒被当场缴枪抓获。

苏××今年20岁，他于2008年×月×日，经过招聘考核，成为全省第一批合同制民警。三个月的培训结束后，分到××市交通警一中队工作。最初几个月，中队领导就发现苏××同志身上有一股别人没有的劲头，工作踏实，一丝不苟。酷夏，烈日当头，在没有遮阴伞的岗位执勤，他从不躲到阴凉处，而是站在路中的岗台边上；雨天，他不进房子躲雨，仍然穿着雨衣坚守岗位。上班值岗时，他在四个路口来回走动。哪里有堵车现象，他就出现在哪里积极疏导；有老人、盲人、小孩过街，他上前搀扶；过路的载重架子车、三轮车上大桥缓坡吃力，他上前推一把；过路的群众自行车坏了，他帮助修理。他连续两年被评为市局先进个人，2011年×月光荣地加入了中国共产党。

苏××同志勇斗歹徒的行为被人们称为伟大的、高尚的壮举。鉴于苏××同志一贯表现突出，在关键时刻又经受住了严峻考验，特通报表扬。希望全市干警向苏××同志学习，学习他勇于献身、临危不惧的精神，争做一名合格的公安战士，为保卫四化建设，做出新的贡献。

××市公安局政治部

2011年×月×日

（钱立静、郑晓明：《新概念高职应用写作》，137页，北京，高等教育出版社，2012，略有改动）

【评析】表彰通报应写清五项内容：受表彰者的基本情况，先进事迹，分析评价，给予表彰的决定，提出要求。本文遵循了这一行文脉络，但不足明显：（1）喧宾夺主，第一段应重点介绍苏××的事迹，突出其在关键时刻挺身而出的壮举，着墨其在现场的表现，对廖××（不是本文通报表彰的对象）机智斗歹徒的前后情景宜略写或一笔带过；（2）详略不当，表彰是针对典型特殊事例，即苏××临危不惧、勇擒歹徒的事迹，其平时表现只需几笔勾勒即可，而第二段叙述太详，冲淡了表彰的主体；（3）分析不到位，第三段主要是分析先进事迹所蕴涵的意义，提出要求，但本文分析流于空泛，"伟大的、高尚的壮举"含义较为模糊，对其精神没有恰如其分地进行概括、提炼，号召也就绵软无力。

◉ 相关链接

批评性通报写作"四要"

一要事实简明。陈述事实要概括说明，文字精练，明确记叙事件的时间、地点、人物、事件的起因、经过、结果，既不必详细描写，也不可"简"而不"明"。

二要定位准确。批评性通报涉及具体单位和人员，一经下发，影响面大，关系到有关单位、个人的声誉和前途，撰写者要以高度负责的精神，对事实做出准确无误的定性分析，评价要恰如其分，不可无中生有。

三要处理恰当。处分要以事实为依据，以政策为准绳，合情合理，轻重适宜。

四要用语坚定。要体现上级领导机关的权威性，语言表达应简洁精辟、掷地有声，增强文章的庄重色彩，如提出要求一般用"要"字，让人感觉是一种必须。

智慧分享

只有有耐心圆满完成简单工作的人，才能够轻而易举地完成困难的事。——（德）席勒

任务三 报 告

情景导入

国务院政策研究室副司长向东参与了2011年政府工作报告起草工作。他解读说，温总理的报告用大白话似的语言让百姓听得懂、记得住、明明白白。报告朴实、温暖，通篇内涵一个"情"字——对老百姓的真挚感情。

向东介绍，一般前一年中央经济工作会议结束后，就要开始起草政府工作报告了，起草班子以国务院研究室的同志为主，吸收各主要部门的同志参加。报告要在总理的亲自领导下起草。在起草前，总理会把他对整个报告框架结构、主要内容，包括文风的要求作出明确指示，他自己还要亲自修改报告。

向东告诉记者，一般来说，政府工作报告从正式起草完成到提交给人大会议审议之前，先要通过四次会议。首先，报告草案要提交国务院常务会议审议通过；审议后修改吸收大家提出的意见，再提交中央政治局常委会审议；常委会审议后，报告再次吸纳意见，然后还要召开国务院全体会议审议通过；全体会议审议后，还要把报告草案发给全国各地、党政军区一百多个部门去征求意见，要发出几万份，接着把几万条的意见收回来，再加以归纳整理吸收，然后还要提交中央政治局全体会议审议通过。

向东还说，在修改报告时，总理是从头至尾每一部分都要修改的，因为总理是个"文字大家"，非常仔细。总理说："我向人民报告工作，那么我的报告必须要让老百姓看得懂，要愿意听，还要能管用。"

（凤凰网：http://news.ifeng.com/mainland/special/2011lianghui/detail_2011_03/06/ 4995394_0.shtml）

温总理修改政府工作报告给了你什么启示？你知道工作中哪些情况需要向上级报告吗？

🔍 **知识聚焦**

一、报告的含义

报告是适用于向上级机关汇报工作、反映情况，回复上级机关询问的公文。

二、报告的特点

（1）写作的事后性。在党政机关工作中，有"事前请示，事后报告"的说法。报告都是在工作开展了一段时间或事情发生之后向上级做出的汇报，属于事中或事后行文。

（2）表达的陈述性。这是报告最突出的特点。报告是陈述性公文，语言具有陈述性，在表达方式上一般运用概括叙述来汇报工作。

（3）行文的单向性。报告一般只供上级机关审阅，不求其给予批复。当然，也有领导批复的情形。

三、报告的种类

温馨提示

作为下级机关，有责任做到下情上达，保证上级机关耳聪目明，对下面的情况始终了如指掌，这就是情况报告的意义。如果隐情不报，则是一种失职的表现。

按照报告的性质和用途划分，报告可分为四种类型：

（1）工作报告，是汇报工作情况的报告，包括汇报例行工作、总结成绩经验、说明问题、谈今后设想、汇报上级交办的事情等工作事项。工作报告可细分为综合报告与专题报告。综合报告涉及面宽，涉及工作范围内的方方面面，可以有主次之分，但不能有大的遗漏。大到国务院提供给全国人民代表大会的政府工作报告，小到某单位向上级提供的年度、季度、月份工作报告，都属于这种类型。专题报告涉及面窄，只针对某一方面的工作或者某一项具体工作进行汇报。如《福建省工商局关于落实中央"八项规定"自查情况的报告》。

（2）情况报告，是反映本地区、本单位发生的重大事件的报告，一般在发生特殊情况、较大事故、突发事件时采用，如《中国人民银行××市××区分行关于发现变相货币的报告》。

（3）答复报告，是答复上级机关询问事项的报告。答复报告是被动行文，针对上级来文所询问的内容或交办的事项进行答复即可，如《临沧市人民政府关于落实市人大常委会审议意见情况的报告》。

（4）呈送报告，是下级向上级报送有关文书或物品时，随文书或物品写的一种报告。

如《武汉市人民政府关于报送 2012 年工作总结的报告》。

四、报告的写作格式

（一）标题

报告的标题由发文机关、事由、文种构成，如《武汉市广播电视大学关于终身学习网承建情况的报告》。

（二）主送机关

报告要写明呈送的上级机关全称或规范化简称。

（三）正文

1．开头

报告的开头部分起着引导全文的作用，写法多样，可以交代报告事项的背景，可以点明写作的根据、发文的目的，可以概述报告事项的核心内容等，要根据不同类型的报告灵活处理。

2．主体

主体是报告的核心，是报告的具体内容。不同类型的报告主体写法有别：

（1）工作报告一般写明基本情况、主要成绩、经验体会、存在问题、今后意见等内容；

（2）情况报告一般写明基本情况、问题产生的原因、应该吸取的教训、处理意见等；

（3）答复报告要紧扣上级机关的询问，告知基本情况、处理意见或结果等，既要写得周全，又要避免节外生枝、答非所问；

（4）呈送报告一般简明交代报送依据，报送目的，报送对象的名称、数量，也有少数呈送报告摘引所呈送文件的主要内容。

3．结语

报告的结语比较简单，可以重申意义、展望未来，也可以采用模式化的套语收束全文，如"特此报告"、"以上报告如有不妥，请指正"等。结语可以省略。

报告如有附件，则在结语下方注明附件名称，将附件附在报告之后。

（四）落款

在正文右下方标明发文机关名称，加盖印章，写明发文日期。

五、报告的写作要领

第一，内容真实。向上级汇报工作应该实事求是，不能编造虚假信息瞒骗上级。无论是成绩还是问题，都要如实反映，不能只报喜不报忧，也不能夸大或虚构。

第二，主旨鲜明。很多报告涉及的面宽且情况复杂，容易泛泛而谈，这就要求写作时在占有大量材料基础上进行分析研究，分清主次轻重，重点突出，观点鲜明。

第三，报告及时。向上级机关反映情况、汇报工作要注重实效，写作要迅速及时，有些重大事件在发生后的第一时间就要报告上级机关，迟发往往会失去意义。

✿ 范文借鉴

××市人民政府关于治理××河水质污染问题的报告

省人民政府：

省政府转来×××××委员会提出的关于××河水质污染状况的报告，经市政府调查研究，对报告中提出的有关问题及解决方案报告如下：

一、解决××河水质污染问题的关键是尽快建成污水处理厂。现在××河的污染主要是××区排放的污水所致。××区的排放量为25万吨，污水比较集中，因污水处理厂未能及时建立，致使污水直接排入××河，造成了××河的污染。

为解决××河的污染，市政府已抓紧××区污水处理厂建设，争取在200×年建成。××区污水处理厂原设计概算为8 316万元，按现行价格估算约为1 100万元，已于200×年×月开工，建成了8项附属设施，计完成投资200万元。市政府今年安排的300万元投资已全部落实，××区城环局正在组织实施。

根据××河河道以南人口密集区的地下水污染和环境问题，在污水处理厂建成之前，利用现有污水管道，把污水引到某区污水处理厂以西，污水直接排入污水处理厂的出口，这就避开了污染区。

二、电热厂的粉煤灰也是污染源之一。对于电热厂储灰厂的选址，必须考虑到对地下水和环境的污染。选址已责成××区电热厂抓紧做工作，争取尽快报市政府有关部门审批。对南储灰厂渗漏对地下水的污染，主要采取截流集中排放的措施，以减少对地下水的污染。

××市人民政府
200×年×月×日

（易元红：《大学应用文写作》，39～40页，天津，天津大学出版社，2011）

【评析】 全文针对省政府转来×××××委员会提出的关于××河水质污染状况的报告，从两个方面报告了有关问题及解决方案问题，在分析污染产生原因的同时，着重阐明解决问题的办法和措施，解答上级机关的疑惑，化解上级领导的担忧。报告有理有据，条理分明，脉络清晰，语言得体。

✿ 病文诊断

关于申请拨给灾区贷款专项指标的报告

省行：

×月×日，××地区遭受了一场历史上罕见的洪水袭击，×江两岸乡、村同时发生洪水，灾情严重。经初步不完全统计，农田受灾总面积达 38 000 多亩，各种农作物损失达 100 多万元，农民个人损失也很大。灾后，我们立即深入灾区了解灾情，并发动干部群众积极开展生产自救。同时，为了帮助受灾农民及时恢复生产，我们采取了下列措施：

一、对恢复生产所需的资金，以自筹为主。确有困难的，先从现有农贷指标中贷款支持。

二、对受灾严重的困难户，优先适当贷款，先帮助他们解决生活问题。到 × 月 × 日止，此项贷款已达 ×× 万元。

由于这次灾情过于严重，集体和个人的损失都很大，短期内恢复生产有一定的困难，仅靠正常农贷指标难以解决问题。为此，请省行下达专项救灾贷款指标 ×× 万元，以便支持灾区迅速恢复生产。

以上报告当否，请批示。

×× 银行 ×× 市支行

20×× 年 × 月 × 日

（新浪网：http://edu.sina.com.cn/l/2004-11-26/ba92818.shtml）

【评析】这则报告存在三大问题：（1）从标题看，文种误用，向省行提出灾区贷款专项指标的申请，应该选用"请示"；（2）从内容看，文题不符。文中既有报告事项（如前三段），又有请示事项（如第四段），属于典型的报告中夹杂请示事项，不合行文规则。（3）语言瑕疵较多，文中多处用语不确切、不严谨，如"据初步不完全统计"中"初步"和"不完全"含义重复。

相关链接

报告的写作误区

第一，与其他文种混用，如将"请示"写作"报告"，将"总结"写作"总结报告"，将"申请书"写作"申请报告"等。

第二，夹带请示事项。报告的目的是向上级汇报工作、情况、答复上级询问等，它不直接请求上级机关答复报告中的问题，所以不得带有请示事项。

第三，大提意见或建议。报告中一般不提建议或意见。

第四，内容庞杂。有的单位写报告，事无巨细，面面俱到，堆砌材料，洋洋洒洒，动辄上万字，上级难以卒读。

智慧分享

无多事，无废事，庶几无事；不徇情，不矫情，乃能得情。——程祖洛

任务四　请　示

情景导入

美国南北战争时，林肯有一次发令到前线去，要各司令官发到白宫来的报告，务求翔实，一无挂漏。

麦克利兰将军是一个急性子的人，接到了林肯总统的这道命令，着实有些受不住，马上发个电报到白宫去。电报称："华盛顿林肯大总统钧鉴：顷俘获母牛六头，请示处理办法。麦克利兰。"

林肯接到了麦克利兰将军的电报，马上给他回电："麦克利兰将军勋鉴：电悉。所陈俘获母牛六头，挤其牛乳可也。林肯。"

这是林肯轶事中的一个经典笑话。工作中请示随时都会发生，说服上级也非常需要技巧，除口头请示外，还有书面请示。你在工作中向上级提交过书面请示吗？你是否有写作成功的经验或失败的教训与我们分享？

知识聚焦

一、请示的含义

请示是适用于向上级机关请求指示、批准的公文。

文种辨析

表2-3　请示与报告的区别

文种\区别	请　示	报　告
行文目的	呈批性公文，要求上级对请示事项给予指示、批准或答复	呈阅性公文，用于下情上达、陈述情况，不要求答复
行文时机	必须事前行文	事中或事后行文均可
内容含量	一文一事，内容单一，篇幅短小	既可一事也可数事，篇幅可长可短
办理要求	属办件，上级机关收到后必须予以回复	属阅件，上级机关不必予以回复
报送制度	必要时才行文，没有定期请示制度	往往有定期报告制度

二、请示的特点

（1）期复性。请示的目的是得到上级机关指示或批准，期待回复是请示者的必然心态。在公文体系中，请示是为数不多的双向对应文体之一，与之相对应的文种是批复，上级机关收到下级机关的请示后，无论同意与否，都必须予以回复。

（2）单一性。请示要严格遵循"一事一报"原则。在一份请示中，只能就一项工作或一种情况、一个问题进行请示，不得就若干事项请求指示和批准。如果确有若干事项需同时向同一上级机关请示，则需分别写出若干份请示。

（3）必要性。本机关没有权限、没有能力或没有把握解决的重要事件和问题，才有必要向上级机关请示，不能滥用。如果动辄请示，表面上是尊重上级，实际上是逃避责任，将矛盾上交。

三、请示的种类

根据行文目的、内容的不同，请示分为两类：

（1）请求指示的请示。这类请示主要用于：遇到新情况、新问题，无章可循，需要上级机关给予指示；对有关方针、政策和上级机关发布的规定、指示等存有疑问，需要上级机关给予解释和说明；与友邻机关或协作单位在较重要问题上出现意见分歧，需要上级机关裁决。

（2）请求批准的请示。这类请示主要用于工作中遇到自身没有权力或没有能力予以解决的事项，需要上级帮助或批准，如批准有关规定、规划、方案，批转有关办法、意见，审批某些项目、指标，工作中给予人、财、物的支持等。

四、请示的写作格式

（一）标题

请示的标题由发文机关、事由、文种构成，如《四川省人民政府关于增拨防汛抢险救灾用油的请示》。

（二）主送机关

请示的主送机关是负责受理和答复该文件的机关。

（三）正文

1. 开头

开头主要写清请示的缘由，所遇到的新情况、新问题，

温馨提示

> 每件请示只能写一个主送机关，不得多头请示；只能主送上级机关，不能送领导者个人；一般不得越级请示，遇到特殊情况需要越级时，必须同时抄送给被越过的直接上级机关。

或自身没有能力解决的困难，这些是上级机关批复的主要依据，要写得充分、恰当、具体。

2．主体

主体是表明请示事项的部分，也是请示最核心、最重要的部分。请求指示的请示，主体要写明想在哪些具体问题、哪些方面得到指示。请求批准的请示，则需把要求批准的事项写明。如果在请求批准的同时还需要人、财、物等方面的支持和帮助，更需要把编制、数量、金额、途径等表述得准确无误，以便上级及时核批。

3．结语

请示的结语通常另起一段，使用程式化语言表达期复请求，如"当否，请批示""妥否，请批复""以上请示如无不妥，请批转有关部门执行"等。

（四）落款

在正文右下方标明发文机关名称，加盖印章，写明发文日期。

五、请示的写作要领

第一，陈述简练。事实胜于雄辩。请示是呈送上级机关的，请求解决的问题往往涉及面广，甚至关乎全局，因此，陈述基本事实应当从全局出发，突出重点，抓住关键要素，做到简练而明确。

第二，理由充分。这部分写得成功与否，是请示是否合格、能否得到批准的关键。理由阐述往往讲究情理结合，融情入理，以理服人，以情感人，令人信服。

第三，语言得体。请示事项要明确、具体，语气要平实恳切，用语要谦敬、分寸得当，既不能出言生硬，如采用"请立即""务必"等词，也不要低声下气，客客套套。

第四，行文规范。请示必须一文一事，切忌在一则请示中同时请示若干事项，这会令上级机关无从审批，影响请示的及时批复。请示只报一个主送机关，切忌多头主送，否则会造成责任不明，互相推诿，或领导机关的批复不一致。请示一般要在文首注明签发人，文尾注明联系人的姓名和电话，以便上级机关就请示事项与请示单位进行沟通。

👍 范文借鉴

××公司关于增拨技术改造资金的请示

××局：

正当我单位技术改造处于关键阶段，资金告罄。前次所拨资金原本缺口较大，加之改造过程中出现了新的技术难题，需增新设备，以致资金使用超出预算。由于该项技术是我局所属大部分企业所用的核心技术，如改造不能按期完成，势必拖延全局技术更新的进程，进而影响各单位实现全年预定生产指标和利润。目前，我单位全体技术人员充分认识到市场经济的机遇和挑战，正齐心合力，刻苦攻关。缺口资金如能及时到位，我们保证该项技术改造按期完成。现请求增拨技术改造资金××万元。

　　妥否，请批示。

××公司

2012年9月10日

　　【评析】这是一则请求批准的请示。该请示首先告知资金告罄的事实；接着从"前次所拨资金原本缺口较大"和"需增新设备"两个方面分析资金不足的客观原因；其次阐明技术改造如不能按期完成的严重后果；然后表明全体技术人员攻克技术难关的信心和决心；最后才提出增拨资金的请求。全文逐层深入，理由充分，言简意赅，堪称经典。

山东省公安厅关于孙××等人盗窃报废军用枪支定性处理意见的请示

公安部：

　　今年6月23日和7月13日，我省青岛钢铁集团公司职工孙××等8人，在销毁驻青部队军用枪支过程中，从化铁车间铁水包内盗出军用枪支44支（半自动步枪17支、冲锋枪27支）。案发后，公安部有关领导同志做了批示，要求严肃查处。

　　青岛市公安局根据公安部和省厅指示精神，已于8月3日将案犯孙××等8人收容审查，并追回了全部被盗枪支。

　　经专家鉴定，这些枪支受高温铁水浸泡已不能发射子弹，完全失去杀伤力。

　　青岛市公安局经认真审理认为：孙××等人主观上虽有盗枪故意，但完全出于好奇，所盗枪支又已报废，已不属《刑法》所规定的枪支范围，因此，不能构成《刑法》第112条所规定的"盗窃枪支罪"。

　　我厅在派员调查和听取青岛市公安局汇报的基础上，经研究，原则上同意青岛市公安局意见，对孙××等人不按"盗窃枪支罪"追究刑事责任，依照有关规定做其他处理。

　　以上意见当否，请批复。

山东省公安厅

××××年×月×日

（110法律法规网：http://www.110.com/fagui/law_110100.html，略有改动）

　　【评析】这是一则请求指示的请示，缘由是对孙××等人盗窃报废军用枪支定性处理涉及刑法相关法律条款是否适用，提出的处理意见"不能构成《刑法》第112条所规定的'盗窃枪支罪'"需要公安部给予明示。全文陈述事实客观，内容集中，主旨单一，表述严谨，提出的处理意见明确，便于上级机关回复。

病文诊断

县团委关于举办团干部培训班的请示报告

县委:

目前我县团干部队伍的现状与形势和任务的要求极不适应。据查,全县专职团干部中36岁以上的40名,其中41岁以上的28名,大大超过了有关规定。从文化水平来看,大专文化的仅占6%。而且近年来,团干部更新较快,每年平均30%左右。在新老交替过程中青黄不接的现象也较为突出。

为了改变这种状况,我们曾办过几期团干部培训班,很受欢迎。现在根据我们的师资能力,拟于今年10月至明年4月再办一至二期团干部培训班,具体意见如下:

(一)培养目标

培养具有一定马列主义、毛泽东思想基础理论水平和党的政策思想水平,较全面地掌握青年工作理论和团的业务知识,热爱团的工作,思想正派的团委书记和专职团干部。

(二)培训时间

3个月左右。

(三)内容和安排

① 马列主义、毛泽东思想基础理论,约占总课时的65%;

② 团的工作理论,约占总课时的30%;

③ 其他方面知识,约占总课时的5%。

考试及格者,发给毕业证书,承认学历。

(四)学员条件

拥护党的三中全会以来的路线、方针、政策;作风正派;热爱团的工作,有创新和献身精神;具有一年以上团的基层工作经验,有初中或相当于初中的文化;年龄不超过25岁;身体强健。

(五)招收人数和报名办法

本次共招收40名,由各乡、直属单位、各系统的党委(组)和团委推荐,报县团委批准,填写一式两份的报名表。报名于7月20日截止。

以上意见,如无不妥,请转发有关单位。

××县团委

20××年×月×日

(豆丁网: http://www.docin.com/p-678840602.html,略有改动)

【评析】这则请示存在诸多问题:(1)文种不规范,这是请示,应去除标题中的"报告"。(2)违反法规。未经国家正规学历教育不能获得毕业证书,学校之外的任何单位都无权颁发毕业证，县团委三个月短期培训就"发给毕业证书"明显违法。(3) 内容含混，如"拟举办一至二期团干部培训班"，应该明确一期还是二期。(4) 分寸失当。既是请示，须经县委批准后方可施行，可文中说"报名于 7 月 20 日截止"，要求"转发有关单位"，似乎事情已定。(5) 用语不准，如"很受欢迎"应为"效果很好"，"培养目标"与"培训对象"混淆，"身体强健"应为"身体健康"，"转发"应为"批转"等。

相关链接

申 请 书

申请书是个人或组织因某种需要，向相关组织或上级领导提交的表达意愿的书信体专业文书。从使用范围划分，申请书可分为社会组织方面的申请，如入党、入团、入会等；工作学习方面的申请，如申请项目、实习、入职、辞职、调动、转岗、转正、进修、入学、退学、休学等；日常生活方面的申请，如开业、结婚、困难补助、房屋租赁、财产公证等。按形式分，申请书有条文式申请书和表格式申请书；按申请者分，有个人申请和单位申请。申请书的特点有二：一是请求性，撰写申请书就是为了表达某种请求；二是单一性，申请书要求一事一文，内容单一明确。申请书的格式同于一般书信的格式。

文种辨析

表2-4　请示与申请书的区别

区别 \ 文种	请 示	申 请 书
文种性质	法定公文	专用书信
写作主体	法定的机关、团体、单位	可以是机关、团体、单位，也可以是个人
行文关系	仅限于有隶属关系的下级机关向上级机关行文	不仅用于下级机关向上级机关行文，还可用于不相隶属的机关
内容含量	篇幅简短，可以带附件	篇幅可长可短
写作风格	必须严格遵循公文写作规范，有相对固定的写作格式	采用书信体，写法灵活多样

智慧分享

君子上交不谄，下交不渎。——《易经》

任务五　函

✹ 情景导入

湖南省麻阳县文化局纪检组长莫某、文化市场稽查大队大队长石某利用管理麻阳网络文化市场的职务之便，将网吧缴纳给单位的 8.8 万元不开票入账而私分。2012 年案发后，县人民法院做出一审判决：莫某犯贪污罪，判处有期徒刑 5 年，并处没收财产人民币 4 万元；石某犯贪污罪，判处有期徒刑 3 年，缓刑 3 年，并处没收财产人民币 4 万元。一审宣判后，两被告人所属单位县文广新局和县文化市场综合执法局发公函求情："石某多次被评为省市县先进个人，由于该同志认为工作这么久，还一身清贫，遂产生了拜金主义。该同志素质高、又才 40 岁，正值为党和人民作贡献的有为之年，其业务素质也较高，经局党组研究决定，请求人民法院对石某从轻判决。"2013 年 6 月，这一事件被媒体披露，引起轩然大波。

（新浪网：http://news.sina.com.cn/c/2013-06-09/061927357735.shtml，有删改）

公函在这种情境使用恰当吗？为什么？

⚲ 知识聚焦

一、函的含义

函，就广义而言是指信件，是人们传递和交流信息的一种常用文体。但作为公文文种的函，被赋予了法定效力，绝不等同于一般书信。

函是适用于不相隶属机关之间商洽工作，询问和答复问题，请求批准和答复审批事项的公文。

┌─ 文种辨析 ─────────────────────────

函与平行的意见不同。意见适用于对重要问题提出见解和处理办法，也可应用于不相隶属的机关之间，对涉及的某一主要问题所提出的见解和处理办法，仅供对方参考不需回复时，应用"意见"；如需对方回复，则用"函"。

└────────────────────────────────

二、函的特点

（1）商洽性。函属平行文，在发函者和收函者之间不存在上下级关系，无论双方级别、地位如何，无论函涉及何事，均应使用平等协商的语气，即使是用于批准和答复审批事项的函也不例外。

（2）灵活性。函有公文"轻骑兵"的美誉，不相隶属机关之间都可使用，其写法相对灵活。

（3）单一性。函的内容单一，一份函一般只涉及一件事情。

三、函的种类

按用途，函可分为五类：

（1）商洽函，即就某项工作或事项与不相隶属机关商洽的函。

（2）询问函，即向不相隶属机关询问问题、情况的函。

（3）请批函，即请求有关主管部门批准某些事项的函。

（4）告知函，即向不相隶属机关告知事项的函。

（5）答复函，即对不相隶机关询问的问题、情况，商洽的工作、请求的事项给予答复的函。

文种辨析

表 2-5　请批函与请示的区别

区别＼文种	请 批 函	请 示
行文对象	没有隶属关系的主管部门	有隶属关系的上级领导或业务指导机关
行文内容	仅限于请批具体事项，限于事务和业务方面的问题	一般是比较重大的事项，涉及政务、人事、财务、政策等方面的问题
反馈文种	复函（批答函）	批复

四、函的写作格式

（一）标题

函的标题由发文机关、事由和文种构成，如《湖南省人民政府关于申请承办第五届全国城市运动会的函》。

（二）主送机关

函须写明受文单位的全称或规范简称。函以主送一个单位的情况居多，但也有主送多个单位的情形。

（三）正文

函的正文一般包含缘由、事项和结尾三项内容：

（1）缘由，交代发函的原因、根据、背景；

（2）事项，写明具体内容；

（3）结尾，一般先向对方提出希望或请求，然后另起一行以"特此函商"、"请即复函"、"特此函复"等惯用语收束。

（四）落款

在正文右下方标明发文机关名称，加盖印章，写明发文日期。

五、函的写作要领

第一，行文郑重。函属法定公文，具有法定效力。

第二，主旨单一。公函属于商洽性公文，一般一函一事，行文时应精选材料，以简要的文字，将需要商洽、询问、答复、申请、知照的事项明确交代即可。

第三，用语谦和。函是平行文，收发函的双方处于平等地位，应该协商、互助，想要对方理解、接受、支持，必须用语谦和、态度诚恳，忌用指令性、告诫性词语，如"你们要""你们不得""务必"等词语，也不可使用"承蒙关照"等过于客套或寒暄性的词语。

👍 **范文借鉴**

××集团公司关于商洽委托代培涉外秘书人员的函

××大学：

本集团公司新近上岗的秘书缺乏专门的涉外秘书知识，业务素质亟待提高。据报载，贵校将于今年9月开办涉外秘书培训班，系统讲授涉外秘书业务、公关礼仪、实用文书写作等课程。这个培训项目为我公司新上岗的秘书提供了一个难得的在职进修机会。为尽快提高本公司涉外秘书人员的从业素质，我们拟派8名秘书随该班进修学习，委托贵校代培。有关培训费用及其他相关经费，将按时如数拨付。

慨允与否，恳请函复为盼。

××集团公司

××××年×月×日

（杨文丰：《高职应用写作》，159～160页，2版，北京，高等教育出版社，2010，略有删改）

【评析】这是一则商洽函。正文首先交代了发函的缘由，紧接着写明了行文的目的，然后告知商洽的事项，最后请求对方函复。全文思路清晰，逻辑严密，"贵校"、"恳请函复为盼"等谦辞敬语充分体现了商洽函的语体特征。

教育部关于同意云南广播电视大学更名为云南开放大学的函

云南省人民政府:

《云南省人民政府关于请予批准设立云南开放大学的函》(云政函〔2012〕104号)收悉。

根据《中华人民共和国高等教育法》有关规定和《国家中长期教育改革和发展规划纲要(2010—2020年)》及《国务院办公厅关于开展国家教育体制改革试点的通知》(国办发〔2010〕48号)部署,以及专家考察、评议结果,经研究,同意云南广播电视大学更名为云南开放大学,学校代码为51357;同时撤销云南广播电视大学的建制。现将有关事项通知如下:

一、云南开放大学是以现代信息技术为支撑,面向成人开展远程开放教育的新型高等学校。

二、云南开放大学由你省领导和管理,其发展所需经费由你省统筹安排解决。

三、云南开放大学要坚持非学历继续教育和学历继续教育并举。学校应以课程为单位建设学习资源,充分利用优质教育资源,促进学习资源的共建共享。积极推进"学分银行"建设,通过建立学习成果的互认和学分的累积、转换制度,探索搭建终身学习"立交桥"。

四、云南开放大学可以设置本科专业,按我部有关规定办理。首批设置本科专业为4个。

五、云南开放大学可授予学士学位,其程序是由学校向云南省学位委员会提出申请并获批准通过后,报国务院学位委员会备案。

六、学校过渡时期采取"老人老办法、新人新办法",云南广播电视大学的在校学生仍按原有关规定管理,云南开放大学挂牌以后新进入学习的学生,按照新政策执行。

七、批复文件印发后2个月内向我部报送学校章程,我部将适时对学校办学和改革情况进行评估。

学校要加快实现战略转型,按照质量第一的要求,进一步明确办学思路和办学定位,深化办学模式改革,继续推进试点工作。希望学校解放思想,更新理念,深化改革,科学定位,提高质量,办出特色,努力满足人民群众多样化、个性化的学习需要,为构建灵活开放的终身教育体系做出应有的贡献。

教育部

2012年12月26日

(中国教育部网:http://www.moe.gov.cn/publicfiles/model/htmltemplate/moe/image/index_top.jpg)

【评析】这是一则针对请批函而回复的函件。正文开宗明义,首先交代发函缘由,即云南省人民政府请予批准设立云南开放大学;接着阐明同意请批事项的根据;然后分七条写明云南开放大学的性质,管理体制与经费筹措,办学功能,专业设置,学位授予,过渡政策,章程事宜等；最后提出办学希望与要求。全文语言庄重，条理清晰，格式规范。

◉ 病文诊断

公　函

××大学校长办公室：

首先，我们以××省财经学校的名义，向贵校致以亲切的问候。我们以崇敬和迫切的心情，冒昧地请求贵校帮助解决我校当前面临的一个难题。

事情是这样的：最近，我们经与××学院磋商，决定派×位老师到该院进修学习。只因该院恢复不久，在"文革"中大部分房屋遭到破坏，至今未能修盖完毕，以致本院职工的住房和学生的宿舍及教室破旧拥挤。我校几位进修教师的住宿问题，虽几经协商，仍得不到解决。然而举国上下，齐头并进，培养人才，时不我待，我校几位教师出省进修学习机会难得，时间紧迫，任务繁重，要使他们有效地学习，则住宿问题是亟待解决的。

为此，我们在进退维谷的情况下，情急生智，深晓贵校府高庭阔，物实人齐，且具有宽大为怀、救人之危的美德。于是，我们抱着一线希望，与贵校商洽，能否为我校进修教师的住宿问题提供方便条件。但不知贵校是否有其他困难，如有另外的要求和条件，我校则尽力相助。若贵校对于住宿一事能够解决，我校进修教师在住宿期间可为贵校教学事务做些义务工作，如辅导和批改作业等，这样可以从中相得益彰。我们以校方的名义向贵校表示深深的恩谢。

以上区区小事，不值得惊搅贵校，实为无奈，望谅解，并希望尽快得到贵校的答复。

此致

敬礼

××省财经学校
20××年×月×日

（国公网：http://www.21gwy.com/xiezuo/1899/a/5793/745793.html，略有改动）

【评析】这则公函存在的问题主要是：（1）格式不正规，标题不能仅用"公函"二字，结语采用一般书信的祝颂语，显得不伦不类；（2）请求事项不妥，为解决己方进修教师的住宿问题，而求助于与此无关的他校；（3）语言不得体，如"事情是这样的"为口语，"深晓贵校府高庭阔，物实人齐，且具有宽大为怀、救人之危的美德"分寸失当，有献媚之嫌，"我们以校方的名义"让人莫名其妙。

相关链接

批　　复

批复适用于答复下级机关的请示事项，是一种针对性很强的下行文。根据内容、性质，批复分为两类：一类是指示性批复，这种批复是针对请求指示的请示的答复，是对下级机关请示中有关政策、规定、方法等的解释和说明，如《公安部关于防病毒卡等产品属于计算机安全专用产品的批复》。一类是表态性批复，这种批复是针对请求批准、审批的请示的答复，是对下级机关所请示的问题作出同意与否、批准与否的明确表态，如《国务院关于同意建立促进中部地区崛起工作部际联席会议制度的批复》。

批复正文通常包括三部分内容：（1）批复引语，即引述来文，一开始要写明针对什么来文批复，一般引用来文的日期、标题、发文字号；（2）批复意见，这是批复的主体，应针对请示事项表明同意与否的态度；（3）批复结语，一般只写"此复"或"特此批复"。

智慧分享

没有无义务的权利，也没有无权利的义务。——（德）马克思

任务六　纪　　要

情景导入

2011 年 11 月 25 日，温州市政府原副秘书长冯鸣被温州苍南县法院一审以受贿罪、滥用职权罪判处有期徒刑 15 年。他的锒铛入狱源于一则会议纪要。

2002 年，因城市规划调整，国有独资企业、温州菜篮子集团有限公司原位于温州市区的分支网点蔬菜批发市场、水产市场等被纳入城市改建范围，需要外迁安置。2003 年 11 月 14 日，温州市政府召开专题会议，要求菜篮子集团公司及所属外迁企业要集中安置在瓯海区娄桥镇，建设规模 800 ~ 1 000 亩①，决定以会议纪要形式对外发布。

在申报上述立项的同时，应国权、何永莲等人以推动菜篮子集团公司改制为名，运作并成立由菜篮子集团公司内部职工参股 80%、菜篮子集团公司参股 20% 的私营有限公司——温州菜篮子发展有限公司。

专题会议结束后，时任温州市政府副秘书长的冯鸣在明知会议决定菜篮子集团公司系用地主体的情况下，接受应国权等人的请托，授意时任温州市政府办公室城建处副处长汤颐和

---

①　亩，市制土地面积单位，1 亩 ≈ 666.7 平方米。

将会议纪要中的用地主体菜篮子集团公司篡改为温州菜篮子发展有限公司，并签发了会议纪要，致使温州菜篮子发展有限公司由此替代菜篮子集团公司成为用地主体，并据此向政府有关职能部门报批，于 2006 年 1 月取得商业用途划拨土地 325.082 2 亩，给国家造成经济损失 1.15 亿余元。冯鸣从中收受贿赂 78.5 万元。

（新华网：http://news.xinhuanet.com/legal/2011-11/25/c_111 194930.htm，有删改）

这则消息是否让你深刻领会了纪要作为公文的法定效力？我们在写作纪要时，要注意哪些问题呢？

知识聚焦

一、纪要的含义

纪要是适用于记载会议主要情况和议定事项的公务文书。

二、纪要的特点

（1）纪实性。纪实性是纪要的生命。忠实于会议实际情况是撰写纪要的基本原则，纪要制发者绝不能对会议内容随意增删、任意发挥，否则就不成其为纪要。

（2）纪要性。纪要是记载会议主要情况和议定事项，需要综合、概括、归纳和提炼，不是会议所有内容的逐项陈述，否则成了会议记录。

（3）及时性。纪要对写作时限有严格要求，一般在会议结束后较短时间内制发，有的甚至在会议即将结束时就要写出纪要。若制发不及时，就失去了意义。

（4）约束性。纪要一经下发，便要求与会单位和有关人员遵守、执行。

三、纪要的种类

从性质和内容上划分，纪要可分为以下三类：

（1）情况型纪要，用以全面概括会议议程、议题、讨论情况、讨论结果和会议精神，多适用于各种座谈会、经验交流会和各类学术会议。

（2）议决型纪要，用以记载和传达会议的议定事项，其政策性较强，具有指导意义，适用于工作会议、专业会议等。

（3）消息型纪要，用以发布会议成果，是一种带有新闻报道性质的纪要，多适用于学术性、协商性会议。

四、纪要的写作格式

（一）标题

纪要标题一般由会议名称、文种构成，如《2012全国物流园区工作年会会议纪要》。某些用于发表或交流情况的座谈会、研讨会等会议的纪要，其标题还可写成正副标题的形式，正题概述会议基本精神，副题由会议名称和文种构成，如《对比反映差距，差距说明潜力——××市六个棉纺织厂厂长座谈会纪要》。

（二）正文

1．开头

开头写明会议概况，即开会的单位、主持人、会议名称、时间、地点、参加人员（出席人、列席人）及会议研究的中心议题等。有的还可以写出会议程序或概述会议总体情况。开头要简明扼要，不拖泥带水，有时可以只写上述方面的部分内容。参加会议人员可以在正文后面独立成段。

2．主体

主体部分一般有三种写法：

（1）分专题归纳法，即把讨论议定的几个事项或问题，划分为若干个专题，分别用中心句或小标题加以归纳。

（2）分层叙述法，即把议定事项按内容分成若干层次写清楚，可在每段的首句写"会议认为""会议同意""会议决定""会议要求""会议号召"等用语。

（3）发言提要法，即将会上具有典型性、代表性的发言加以整理，提炼出内容要点和精神实质，然后按照发言顺序或不同内容分别加以阐述。这种写法能如实反映与会人员的意见。

3．结尾

纪要若有结尾，多是提出希望，发出号召，要求有关单位贯彻执行会议精神，努力完成会上提出的工作任务。

五、纪要的写作要领

第一，掌握会议情况。要写好纪要，必须全面了解会议情况，详尽占有会议材料，其中会议记录是如实记载会议情况的重要原始材料，纪要的写作必须以此为基础和依据，从庞杂的记录中摘取主要内容。

第二，突出会议主题。纪要的写作不能照搬会议记录，面面俱到，而要按照会议精神和领导意图对会议材料进行恰当筛选，抓住要点，突出重点，凸显会议主题。

第三，语言简洁明快。纪要要将会议主要情况简明扼要反映出来，将会议议定事项逐一交代清楚，语言表达以概述为主，力求条理清晰，简洁明了，切忌长篇大论。

范文借鉴

全国文物拍卖管理工作座谈会会议纪要

2011年1月11日，国家文物局召开全国文物拍卖管理工作座谈会。来自全国24个省、自治区、直辖市文物行政部门的负责同志，以及商务部、海关总署、国家工商行政管理总局、北京市工商局有关同志参加了会议。国家文物局副局长宋新潮出席会议并做了重要讲话。

会议认为，在党中央、国务院加快振兴文化产业和推动文化大发展大繁荣的大背景下，近年来文物艺术品拍卖市场取得长足发展，市场规模不断扩大，拍卖经营活动日趋规范与活跃。同时，我国的文物艺术品拍卖市场在发展规模、发展方式、自身定位以及社会责任、法律意识等方面也存在诸多不足和亟待完善的方面，其中有企业自身的问题，有社会经济整体环境的问题，也有相关法律法规不健全、政府主管部门管理服务不到位的问题，需要各有关部门认真面对和加以解决。

与会代表充分肯定了文物艺术品拍卖市场在吸引海外中国文物回流、满足人民群众多层次的文化需求、推动文化产业的发展振兴、提升我国的文化软实力、促进文化大发展大繁荣等方面发挥的积极作用，对当前文物拍卖管理工作中存在的文物拍卖标的备案复核程序、文物拍卖标的审核范围和重点、文物拍卖专业人员资格认定等问题进行了深入的分析，提出了明确的解决思路和措施。

经过认真讨论，会议确定了以下事项：

一、认真执行《关于加强文物拍卖标的审核工作的通知》及《关于加强文物拍卖标的审核备案工作的通知》规定的文物拍卖标的审核和备案制度。

各省级文物行政部门必须在拍卖公告发布15日之前向国家文物局报送拍卖会拍卖标的资料及省级文物部门审核意见；拍卖会结束30个工作日内向国家文物局报送拍卖会成交记录。

二、严格确定文物拍卖标的审核重点。

会议重申以下文物不得作为拍卖标的或应严格审核：①出土（水）文物；②以出土（水）文物名义宣传的复仿制品；③国有不可移动文物的附属构件；④国有文物购销经营单位收藏的珍贵文物；⑤损害国家利益或有可能产生不良社会影响的物品；⑥被盗窃、盗掘、走私的文物或明确属于历史上被非法掠夺的中国流失文物；⑦涉嫌危害国家安全和损害民族利益的物品；⑧涉嫌丑化国家形象及政治人物的非主流艺术品；⑨带有黄色暴力等内容的物品等。

三、认真研究治理文物拍卖企业"知假拍假"问题。（略）

四、加强对文物网络交易活动监管。

对现有涉及文物经营的网站进行评估，制定相关规范政策，逐步建立网络文物经营准入和网络交易文物审核的制度。

五、加强文物拍卖管理队伍建设和文物拍卖专业人员培养。（略）

（中国新闻网：http://www.chinanews.com/cul/2011/02-24/2864382.shtml）

【评析】这则座谈会纪要首先交代了会议的时间、组织单位、参与人员、重要领导等会议基本要素；接着高度概括了会议主要内容，即近年来文物艺术品拍卖市场取得的长足发展、积极作用、存在的主要问题及原因；然后，用"经过会议认真讨论，会议确定了以下事项"过渡，重点叙述了会议确定的五项内容，要求具体明确，可操作性强。这是一次全国范围内的重要会议，涉及面广，所议之事也颇为复杂，但全文仅用1 200余字就将会议主要情况交代清楚，言简意赅，分条列项，层次也十分清晰。

病文诊断

××市税务局市场征收工作经验交流大会纪要

××××年5月29日，××市税务局召开了"市场征收工作经验交流大会"，×××副局长对去年6月1日农贸市场实行征税以来的工作进行了回顾总结，部署了今后工作。

×××副局长在总结中指出，在各级党政领导重视支持和有关部门的密切配合下，经过广大税务专管员的努力，一年来征收税款×××万余元，市场物价基本稳定，摊位、品种并未减少，"管而不死"的方针得到了贯彻，在税收工作上取得了不少成绩：

一、运用税收经济杠杆，加强税收管理。在保护合法经营、打击和限制投机违法活动方面发挥了积极的作用，如××区税务分局第×税务所，从宣传着手，提高商贩的遵纪守法的观念；从检查着手，促使商贩正确申报；从管理着手，做到十足收齐。

二、初步摸索、积累了一些行之有效的征收管理办法。如××区税务分局与工商局密切配合，思想上统一认识，管理上统一步调，处理上统一行动，通过一年实践，证明这样做有利于加强市场征收工作。

三、在培养、锻炼新生力量方面迈出了可喜的一步。据统计，一年来拒腐蚀的事例共有289起，不少分局摸索、总结一些培养干部的经验，××区税务分局第三税务所在大会上介绍了他们"晓之以理，导之以行，抓紧队伍"的做法，就是这些经验的代表。

×××副局长还号召市场税务专管员向一年来立功受奖的同志学习，拒腐蚀，永不沾。只有思想上筑起一道防线，方能在种种糖弹面前立于不败之地。

最后，×××副局长要求各单位进一步加强市场专管员的队伍建设，在政治思想、业务水平、工作经验上都有一个新提高：认真贯彻市委18号文件，密切与其他部门的配合，把整顿市场秩序的工作做好。

（朱悦雄：《应用写作病文评析与修改》，92～93页，广州，广东高等教育出版社，2010）

【评析】这则会议纪要问题颇多：（1）导言未能概括会议的基本情况，与会人员、会议主持者、开会地点、会议议题和结果等都没有交代；（2）没有真实全面地反映会议情况，而只写了×××副局长的讲话，既是工作经验交流会议，应有多人讲话，要概括反映；（3）材料不典型，如第二点谈的不是征收管理办法，第三点也不都是培养、锻炼新生力量；（4）经验、要求笼统，不利于理解和实施。

🔘 相关链接

会议记录

会议记录是记录人员在会议现场把会议的基本情况（如会议名称、时间、地点、出席人、主持人、缺席人、记录人等）和会议内容（如讨论的主要问题、报告及发言的内容、形成的决议等）如实记录下来成为书面材料的一种文书。"记"有详记与略记之别。略记是记会议大要，会议上的重要或主要言论。详记则要求记录的项目必须完备，记录的言论必须详细完整。

文种辨析

表 2-6　会议记录与纪要的区别

区别 ＼ 文种	会议记录	纪　要
内容	会议的原始记载，对发言不能任意增减和修改	必须在记录的基础上经过分析整理、编排加工而成
性质	讨论发言的实录，属事务文书	只记要点，是法定公文
功能	一般不公开，无须传达或传阅，只作为资料存档	通常要在一定范围内传达或传阅，要求贯彻执行
使用范围	使用范围较广，各种会议都可以使用	一般用于比较重要的或大型的会议

智慧分享

想象力是人类能力的试金石，人类正是依靠想象力征服世界。——（美）亚历克斯·奥斯本

项 目 实 训

一、阅读思考

1. 指出下则会议通知存在的主要问题，并提出修改意见。

关于召开××股份公司2013年度股东大会会议的通知

各位股东：

为贯彻执行《上市公司股东大会规范意见》和《公司章程》的有关规定，公司拟定于2013年7月10日（星期三）9∶00在公司多功能会议室召开2013年股东大会会议，会议将就董事会、监事会提出的有关事项进行审议。

2013 年 7 月 9 日

2. 你知道以下情境需要运用哪些公文吗？请逐一列举。

新时代股份有限公司是武汉市一家大型机械设备制造企业，2010年上市后，公司规模不断扩大，经营业绩不断提升，于是投资新建了创业大厦，拟于近期迁入办公。但2013年新年伊始，公司经营状况下滑；同年6月，董事长主持召开了董事会，听取了总经理的公司经营报告，商讨了股东大会召开、公司高层管理者的更换及搬迁新址等事宜。

3. 请搜集你单位的一则会议纪要，并予以分析评价。

二、情景写作

1. 假如你现在所在的班级准备开展一次全班春游（秋游）活动，你是活动负责人，请设计活动方案，并以班委会名义草拟一则关于开展春游（秋游）活动的通知告知全班同学。

2. 2013年6月22日，一场特大暴雨致使向超的家乡——重庆市巫山县骡坪镇暴发山洪，大量房屋和农作物受灾受损，正在休探亲假的武警四川省总队乐山市支队战士向超毅然投入抗洪抢险。在距自家约2千米的路口村，一间土坯房被洪水冲得摇摇欲坠，70多岁的老奶奶何宗秀被困在里面。危急时刻，向超冲进房内，背起她就走。刚走到门口，土坯房就倒塌了。在这次抗洪抢险中，向超和村民一起解救遇险群众27人。请以四川省总队乐山市支队名义就此草拟一则表彰通报。

3. 2013年12月，西门子中国有限公司武汉分公司总经理办公室草拟了分公司2013年

工作总结和 2014 年工作要点，并经总经理办公会议审议通过，需要报送上级单位西门子中国有限公司。现请你代武汉分公司起草这份文书。

4. 安徽 ×× 典当有限公司（证书编号 34074A），注册资本 1 亿元人民币，法定代表薛 ××，住所位于合肥市淮河路 ×× 号。近几年，公司业务不断发展壮大，市场范围不断拓展，准备在六安市设立分支机构，营运资金 1 000 万元人民币，住所位于六安市金安区阳光威尼斯 ×× 栋 ×× 室。2011 年 12 月，公司向六安市商务局提交了齐备的设立分支机构的材料，商务局审核后认为符合安徽省商务厅《关于做好 2010 年新增典当行审批有关工作的通知》（皖商建函〔2011〕9 号）要求，2012 年 1 月 15 日，特向省商务厅呈交了一则申请设立安徽 ×× 典当有限公司六安分公司的文书。请代六安市商务局起草这则文书。

5. 2013 年 9 月 5 日至 6 日是武汉软件工程职业学院新生报到日期，为了方便新生寻路，该校拟在光谷大道与高新四路交会处设置一个临时道路指示牌，明示学校所处方位。此事需经市交管局东湖新技术开发区交通大队批准。现请你代该校起草这份文书。

6. 请就你即将参加的一次会议做好会议记录，并撰写纪要。

项目三　事务管理

PROJECT

项目导言

当各种各样的日常事务进入应用写作层面，必然会出现种类繁多的事务性文书。因为日常，所以常用。这类文书直面我们的生活，以工作和生活中的实际需要为写作动机，以解决方方面面的日常问题为写作目的。这类文书看似容易，但各种文种均有自己相对独特的写作规范和技巧，同学们千万不能掉以轻心，更应该以踏实、务实的心态对待这类与生存技能、自身发展和职场工作密切相关的应用文体。

本项目选取了事务管理最常用的五种文书来学习：计划、总结、述职报告、规章制度、条据。

学习目标

1. 准确理解不同种类计划的含义、适用范围和特点，掌握计划的写作格式和要求，能够根据需要选择正确的计划文种和合适的计划形式编制目标明确、措施可行的计划；训练计划写作所需周密思考的能力；养成严格执行计划的习惯。

2. 了解总结的特点，掌握总结的写作格式和要求，能抓住重点、实事求是地写作总结；训练搜集、处理信息、归纳与提炼的能力；养成总结的习惯。

3. 了解述职报告的特点，明确述职报告与工作总结的区别，掌握述职报告的写作格式和要求，能熟练写出合乎规范的述职报告；培养责任意识。

4. 准确理解不同种类的规章制度的含义、适用范围和特点，能够写作工作中需要的制度；愿意了解、接受并遵守行业、企业、社会的各项规章制度，培养按制度办事、用制度管人的意识。

5. 了解不同种类条据的特点，能熟练写作各类条据；培养凭证式条据写作所需的严谨意识。

任务一　计　　划

情景导入

　　某机械制造股份公司是一个有近30年历史的老企业。公司以生产系列凿岩机为主，其产品因体积小、重量轻、性能佳、售后服务好等优势，备受中小型矿山、水利、水电、路桥等建设企业的青睐，一直畅销周边省份。良好的销售形势给公司带来极丰厚的经济效益，但也使得这历经沧桑的老企业逐渐显露出一些潜伏的问题：设备老化，产品单一，销售区域狭小，员工素质偏低，具有开拓创新意识的高素质人才奇缺，尤其是生产厂区十分拥挤，已严重制约了公司的发展。对此，公司高层深感忧虑。于是，在2003年12月5日召开公司理事扩大会，就以上存在的问题进行分析讨论和研究，并最终拟定了一份有关企业发展规模、技术改造、产品开发、销售、人才引进、员工培训、改善员工生产生活条件等内容的关于公司10年发展的纲要决议。此决议在12月15日以文件的形式下发公司的各部门，并要求各部门联系本部门实际认真学习讨论，制订出2004年度工作计划。

　　该公司企业发展规划部接到文件后，进行了认真学习，认为公司要发展仅仅挖掘企业内部的潜力是远远不够的。他们结合本部门2003年9月对西南市场的考察结果，认为西南各省（市）矿产资源丰富，加上国家正在实行西部大开发战略，基础设施建设等正如火如荼，这些工程的建设，正是凿岩机的用武之地。于是，他们提出一个大胆的设想：在西南某地建立一个新的生产基地。他们的设想受到公司领导的高度重视，专门就此开展了研讨，12月20日又召开公司理事会，同意立项，并成立了由公司总经理任筹备委员会主任的筹备委员会。发展规划部、营销部在接到任务后，调整了2004年度的工作计划，把西部基地的建设作为年度工作的重中之重。

　　2004年1月14日公司总经理召集了筹委会全体成员及下属各部门负责人参加的2004年度第一次工作会议，重点部署了西南基地建设的有关工作，宣读了由公司领导班子及筹委会讨论拟定的"西南基地建设"实质性实施方案。

　　（竹潜民：《应用写作案例实训教程》，68～70页，杭州，浙江大学出版社，2004，有删改）

　　假设你们学习小组全程参与了此项工作，要分别撰写如下文书：

　　（1）根据2003年12月15日公司扩大理事会决议拟定的以公司10年发展为内容的文书；

　　（2）2003年12月28日公司营销部根据公司理事会的最新决定重新拟定的2004年度工作安排的文书；

　　（3）2004年1月14日由公司领导班子及"西南基地建设筹委会"拟定的为了进入实质性操作所作的"西南基地建设"工作安排的文书。

　　请问，这些文书有什么区别？分别应怎么撰写？

知识聚焦

一、计划的含义

计划是单位和个人对将要进行的实践活动预作构想安排的事务性文书。计划是计划类文书的统称。因其涉及内容和期限的不同，计划还有设想、规划、要点、打算、安排、方案等名称。

（1）设想，是初步的草案性计划，如《建设居住型卫星城镇的战略设想》。

（2）规划，是对较长时期内工作和任务的总体性设想，如《全国"十二五"推进数字化学习社区建设规划》、《个人职业生涯规划》。

（3）要点，是工作主要目标任务的计划，如《2012 年电子商务工作要点》。

（4）打算，是准备近期要做的事情，但对其中的细节考虑还不完全的计划，如《××学校争创文明校园的打算》。

（5）安排，是对短期内工作进行具体布置的计划，如《××部门春节联欢晚会活动安排》。

（6）方案，是对近期某项专题性工作或活动从目的、要求、方法到具体步骤全面部署的计划，如《广东省农民工技能提升培训计划实施方案》。

> **温馨提示**
>
> 撰写计划时，要根据具体情况，使用不同的名称。

计划，既是一种泛称，也是一个具体的文种。作为具体的文种，涉及范围一般是某个单位的整体工作或专题重要工作；内容和写法上比规划具体深入，比设想正规、细致，比安排范围广、内容更概括。

二、计划的特点

（1）预见性。计划是对未来一定时期的工作做出的预想性安排，包括对工作前景的预测；对完成某项工作的目标、步骤、措施等进行谋划。预见是否准确，直接影响所制订计划的成败。

（2）可行性。制订计划要坚持实事求是的原则，要在调查研究的基础上进行。计划中的每一项内容都是为保证实现目标而服务的。指标要恰当，措施要得力，步骤要明确具体，既不盲目也不保守，切合实际，只有这样才能保证目标的实现。

（3）约束性。计划一经制订，就要对完成任务的实际活动起到指导作用和约束作用。工作的开展、时间的安排等，都必须按计划严格执行。

三、计划的种类

按性质划分，可分为专题性计划和综合性计划两种。前者又称单项计划，是针对特定方面的工作或任务制订的；后者又称总体计划，是对单位、部门或个人一定时期内的所有工作或任务做出全面安排的计划。

四、计划的写作格式

（一）标题

计划的标题一般由"单位名称＋适用时限＋计划内容＋计划种类"组成，如《××集团公司2013年财务工作计划》；也有省略时限（时限不明显或临时的单项工作）或省略单位的标题，如《英国贸易谈判代表团接待方案》《2014年员工培训安排》，单位内部计划和专项计划多用此写法。若计划是还不成熟或未经批准的，则在标题后加"草案""讨论稿""征求意见稿"等字样，并加上圆括号。

（二）正文

1．前言（为什么做，Why）

简要说明制订计划的依据、目的或重要意义等。常用"特制订如下计划"或"为此，要抓好以下几方面的工作"等承启句转入主体。

2．主体

计划的主体一般有三个要素，即目标、措施和步骤。

（1）目标（做什么，What）。

目标即工作要达到的数量、质量要求，一般由总目标和具体任务构成。

（2）措施（如何做，How；谁做，Who）。

措施是实现目标任务的具体保证，是计划可操作性的关键所在，一般包括组织领导、任务分工、政策保障、工作制度、物质条件等。

（3）步骤（何时何地做，When Where）。

步骤即工作的程序、进程等。计划的执行和完成有先后，因此要把各项任务完成的时间分配好，这样才能保证计划执行的有条不紊。这部分的内容可单独列出，也可在措施中加以表述。

专项计划一般按以上三个方面分层写出，每个方面如果内容较多，可再分成若干条或款，按一定顺序安排。有的计划是将总目标、总任务根据本单位、本部门的工作实际分成若干个子目标和具体的工作任务，然后按主次轻重或时间顺序逐条写出，将措施办法、时间步骤分散在每条中表述。

3. 结尾

结尾或提出要求，或补充说明；或主体部分写完后即结束，没有结尾。

（三）落款

落款一般写明制订计划单位名称及日期。

五、计划的写作要领

第一，实事求是，切实可行。制订计划不能靠主观愿望和臆想，必须深入地调查研究，从实际情况出发，准确地把握客观实际和事物发展的规律。

第二，目标明确，措施具体。为了使计划得到良好的实施，在整体设计上要注意目标明确，表述清晰，并将实现目标的途径和办法一条一条地列出来。

第三，留有余地，防患未然。计划是根据客观情况制订的，客观情况在不断地变化，所以计划还要有灵活性，应留有一定的余地，当某种未预见的因素发生时，计划能及时修正、补充和调整。

请你思考

下列关于目标的表述是否明确？

①品质管理及改进要向纵深、高层次发展，重点提高产品可靠性、直通率及交付质量。

②建立覆盖全国主要城市的销售渠道，大规模实施广告宣传，大幅度提升产品知名度。

③完成千台试产，保证文件齐套，及时交付市场。

④加强人力资源管理建设，建立关键绩效指标体系，在全公司推行绩效考核。

🔊 范文借鉴

武汉市营业税改征增值税试点改革工作实施方案

（市财政局市国税局市地税局2012年8月30日）

按照国务院及财政部、国家税务总局对营业税改征增值税试点改革工作的总体要求，根据《省人民政府办公厅关于转发省财政厅省国税局省地税局湖北省营业税改征增值税试点改革工作实施方案的通知》（鄂政办发〔2012〕57号）精神，为做好我市营业税改征增值税（以下简称营改增）试点改革工作，特制订本方案。

一、指导思想

按照建立健全有利于科学发展的税收制度要求，积极推进税制改革，优化税制结构，促进我市经济发展方式和经济结构转变，支持现代服务业发展，努力把武汉建设成为国家中心城市。

二、工作目标

营改增试点改革行业总体税负不增加或者略有下降，税收制度进一步健全，试点改革工作运行规范，平稳顺利实施。

三、工作要求（略）

四、工作内容

（一）试点改革时间和范围

自 2012 年 12 月 1 日起，在我市交通运输业、部分现代服务业（包括研发和技术、信息技术、文化创意、物流辅助、有形动产租赁以及鉴证咨询等）开展营改增试点改革。

（二）试点改革主要税制安排

1. 税率和征收率

参照上海市的试点方案，在现行增值税 17% 标准税率和 13% 低税率的基础上，新增 11% 和 6% 两档低税率。有形动产租赁等适用 17% 税率，交通运输业等适用 11% 税率，其他部分现代服务业适用 6% 税率。小规模纳税人增值税的征收率为 3%。

2. 计税方式

一般纳税人提供应税服务适用一般计税方法计税，小规模纳税人提供应税服务适用简易计税方法计税。

3. 计税依据

纳税人计税依据原则上为发生应税交易取得的全部收入。对一些存在大量代收转付或者代垫资金的行业，其代收代垫金额可予以合理扣除。

4. 服务贸易进出口

服务贸易进口在国内环节征收增值税，出口实行零税率或者免税制度。

5. 优惠政策

试点改革企业享受国家给予的配套优惠政策。

6. 增值税起征点

我市提供应税服务的企业，按期缴纳的，为月应税销售额 20 000 元（含本数）；按次缴纳的，为每次（日）销售额 500 元（含本数）。

（三）试点改革期间过渡性政策（略）

五、组织实施

（一）加强组织领导（略）

（二）明确工作职责（略）

（三）统筹工作安排

1. 准备阶段（略）

2. 模拟阶段（略）

3. 实施阶段（略）

（武汉市人民政府网：http://www.wuhan.gov.cn/frontpage/pubinfo/PubinfoDetail.action?id=1201211270948500024）

【评析】这是一篇工作方案，就近期要开展的营业税改征增值税试点改革工作进行了全面部署，主体部分按照目标、措施、步骤三要素的顺序分条列项，细致周密，专业性强，操作性强。

××集团公司2005年工作要点

2005年是我国贯彻落实科学发展观，巩固宏观调控成果，促进国民经济保持平稳、较快发展的一年，是我省继续深入实施"八八战略"、全面推进"平安浙江"建设的重要一年，也是××集团公司推进发展战略规划实施，实现在转型增长期全面、协调发展的关键一年。

2005年我们面临的国内外形势主要是：……（略）

为此，根据集团公司确定的2005年工作方针和总体要求，提出集团经营工作的指导思想是：按照"在转型中发展，在发展中提升"的工作方针和"业务上水平、管理登台阶、素质再提高、业绩争上游"的总体要求，全面推进发展战略规划的实施，加快改造提升主业，发展现代流通产业，推进改革，开拓创新，扎实工作，稳健发展，促进集团公司经营业务平稳、较快的增长。

主要经营目标：集团经营规模470亿元，进出口总额12.76亿美元（海关统计口径，集团口径为14亿美元），利润总额5.6亿元，钢材、汽车、煤炭、油品和炸药的实物销售量分别达到550万吨、7.05万辆、600万吨、100万吨和11.5万吨；集团公司（合并报表口径）主营业务收入370亿元（不含税），实现利税12亿元，其中利润总额4.25亿元，争取达到5亿元，销售利润率不低于1%，净资产收益率超过10%，流动资产周转率3.6次以上，完成国有资产保值增值率9%～10%。并着重抓好以下八个方面的工作：

一、着力推进产权制度改革，建立适应市场竞争的现代企业制度

（一）积极稳妥推进集团母公司产权制度改革

以出资者为主导，以企业为主体，以改革为动力，以发展为主题，以人为本，加强政策研究，以国有资本控股为前提，注重战略投资者的选择和引进、经营团队持股的设计和企业的稳定，科学、规范设计改制方案，推进集团公司产权主体多元化公司制改造，争取在2005年年底前完成改制方案的整体设计。

（二）深化成员企业"二次改制"

按照集团公司董事会确定的"三增"（围绕增强集团竞争力目标、采取增资扩股形式、利用增量实施经营者持股）原则，切实推进××公司、××公司等成员企业的"二次改制"，2005年上半年完成××公司的二次综合改制，强大主业，搞活辅业，并适时对××公司等成员企业实施改制。

（三）进一步转换企业经营机制

按照建立适应现代竞争需要的企业制度要求，不断转换内部机制，深化劳动、用工和分配制度改革。按照激励与约束相对称的原则，强化绩效理念，着力探索建立对经营者考核奖惩的"三制"（目标任期制、业绩审计制、责任问责制）机制，充分调动企业经营者和广大干部员工的积极性和创造性，实现企业规模和效益的同步提升。

二、继续推进主业改造提升，强化结构调整和业态创新，做强做大六大业务板块（略）

三、加快推进杭州物流基地建设，着力构建物流链一体化体系（略）

四、着力推进信息化建设，为发展现代流通产业和强化企业管理提供服务（略）

五、着力推进以资金管理为核心的财务管理，为做强做大××集团公司提供资金保障（略）

六、着力推进战略管理和制度建设，提升集团管理素质和能力（略）

七、着力推进人才战略，为实现集团可持续发展提供有力支撑（略）

××集团公司

2005年1月1日

【评析】这是一篇年度工作要点。开头交代了制订计划的背景和指导思想以及集团公司的主要经营目标；主体以具体目标任务为小标题，每一小标题下写出实现相应目标任务的措施、步骤，具体、明确、可操作。

表3-1 与××生物公司签约的日程安排

日期	时间	地点	参与人	拟达成目标	洽谈要点	备注
9.28 周四	16：05	机场	刘佳	机场接机		
	18：05	××假日酒店	王董、易总、刘佳	1.晚餐 2.王董了解武汉市场业务	1.汇报武汉市场开拓工作 2.介绍××生物公司基本情况及第二天洽谈要点	
9.29 周五	9：30～12：00	××生物公司会议室	我方：王董、张总 对方：杨××总、王××董事		1.全面陈述我司实力，再次增强对方信心 2.与××生物公司的合作将是长期的	
	12：10～14：00	与××生物公司高层在××酒店共进午餐，庆祝合作成功				
	16：00	机场		送王董		

【评析】撰写表格式计划，难点是把握好表栏纵向与横向内容的设计，也就是时间、地点、任务、事件的对应关系。本例中，如表3-1所示，时间、地点具体，人物、内容清晰。

病文诊断

××公司销售部2003年工作计划

2003 年，我们要抓住 ×× 市加快基础建设这个机遇，在经营销售的同时，强化公司管理，提高职工队伍素质，保证本公司在年底前完成 ×××× 万元的指标。

一、2003 年公司的主要经济指标

1. 销售部：销售数 ×× 台，销售额 ×× 万元，利润 ×× 万元。

2. 安装部：安装费 ×× 万元，利润 ×× 万元。

3. 保养部：保养 ×× 台，利润 ×× 万元。

二、完成指标的主要措施

1. 本公司主要以销售为主，在销售的同时，各部门之间要积极配合，销售的同时不要忘记安装和保养，希望在签订销售合同的同时签下安装合同。

2. 销售部要注重新产品的推销，因为新产品针对的是我国广大的住宅市场，品位高，价格低，有很大利润。

3. 安装部在施工同时要注意安全，搞好同甲方单位的关系。

4. 保养部要按时到保养单位征询客户意见。

5. 技术部要配合其他各部的工作。

2003 年 1 月

（张德实：《应用写作》，2 版，100~101 页，北京，高等教育出版社，2003，略有改动）

【评析】对于具体部门的工作计划来说，内容应当具体可行。而这份计划的"经济指标"只是公司计划的复述，本部门如何分解指标，在什么时间段完成多少，都没有写；"主要措施"只是一般道理的陈述，没有具体做法，不具可行性。

相关链接

聪明（SMART）的目标

（一）S——Specific，目标要具体

"做一个勤奋学习的人"，不是一个具体的目标。"学习更多管理知识"更具体一些，但是还是不够具体。"学习更多人力资源管理知识"又更具体了一些，但是还不够具体。怎样才具体？要加上第二点——M。

（二）M——Measurable，目标要可衡量

而要可衡量，往往需要有数字，把目标定量化。"读三本人力资源管理的经典著作"就更具体了，因为它有数字，可衡量。

（三）A——Attainable，目标要化为行动

"做一个勤奋学习的人"不是行动，"读三本人力资源管理的经典著作"是行动。但是，实际上"读"还只能算是一个比较模糊的行动。要化为更具体、更可衡量的行动，"读三本人力资源管理的经典著作，并就收获和体会写出三篇读书笔记"。

（四）R——Relevant，目标要现实

如果你从来没有读过任何一本管理著作，或者从来没有写过任何一篇读书笔记，那么上面的目标对你不现实。如果你是个信息技术经理，对人力资源产生了一定的兴趣，上面的目标对你可能也不现实。也许对你来说，现实的目标应该是先读三篇人力资源管理的文章。

（五）T——Time-based，目标要有时间限制

多长时间内读完三本书？根据你的实际情况，加上时间限制后，这个目标最后可能变成："在未来三个月内，读三本人力资源管理的经典著作（每月一本），并就收获和体会写出三篇读书笔记（每月一篇）。"

智慧分享

一心向着自己目标前进的人，整个世界都为他让路！——（美）爱默生

任务二　总　　结

情景导入

某教育局要组织一年一度的校长总结会，今年教育局对校长总结会的总结交流方式做了一些改革。以往总结会总要求校长一个接一个地发言，客套，寒暄，总结，每个人总要十分钟左右，教育局直属学校有二十多所，发言就需要四五个小时，以致后来说的人匆匆结束，像完成任务一样，毫无交流经验之心。而今年的总结会怎么开呢？

每名参加会议的校长进入会议室后领取一叠材料，会议议程如下：

1. 与会校（园）长阅看各单位工作总结，并准备发言（着重对同类单位进行总结、谈体会）。

2. 对各单位进行测评打分，推荐嘉奖、记功人员。

3. 抽签发言：总结经验，彰显亮点，畅谈体会。

4. 局长讲话。

参加会议的校长领到材料后赶快认真看，一个个聚精会神，一边看，一边做着标志、记录，俨然到了高考复习课堂。

扣人心弦的抽签发言开始了，每一个人都有分享别人智慧的机会。发言非常精彩，虽然时间不长，却充分彰显了各学校的亮点与经验，时而爆发出阵阵掌声，时而插进一些简短的

互动与交流——原来总结会也可以开得这样精彩。虽然会议时间只有往年的一半，但每个人都有一种沉甸甸的收获之感，也许正如某校长所说："视觉信息已成为一种重要的信息来源，占人的信息来源的 90% 以上，为了理解视觉信息，人们必须观察、注视、领悟和评价。"像这样先看后听，由广阔背景阅读提炼到重点分析，还穿插着互动交流，收获岂能不丰？

[徐金贵，《江苏教育》，2006（13），28 页，略有改动]

你认为总结是否有必要？对日常工作有什么帮助？

该教育局总结会议的小小改革起到了什么样的作用？

如果你参加这样的总结会，你准备怎样撰写总结材料？

知识聚焦

一、总结的含义

总结是单位或个人对过去一段时期内的工作或任务加以回顾、分析和研究，从中找出经验和教训，并把这些内容条理化、系统化，上升成规律性的理性认识，用以指导今后工作的一种文书。

文种辨析

表 3-2　总结与报告的区别

文种 区别	总　　结	报　　告
性质	事务文书，单位/个人内部行文	法定公文，上行文
功能	自我检查和评价工作实践，为今后工作的开展提供借鉴	汇报工作，反映情况，为上级机关决策提供信息服务
内容侧重点	说明情况，但重点在于总结经验教训	也说明有关经验教训，但重点在于反映情况
表达方式	夹叙夹议	叙述为主，较少用议论
格式	相对灵活	固定格式，有主送机关，有专用结束语

二、总结的特点

（1）事后写作。这是从撰写时间上说的，就是做事在先，撰写在后。必须在学习、工作结束或告一段落后才可以进行。

（2）自为写作。这是指总结撰写的内容。无论是材料和观点，都是来自撰稿者的单位或本人的工作实践。

（3）据实议事。总结必须汇"总"工作实践中方方面面的情况，"总"必须实事求是，简明扼要，不能不分主次，面面俱到。"总"的目的是"结"，"结"就是依据"总"里的事实，自然引出经验和教训，形成能揭示事情实质、有规律性的观点看法。

三、总结的种类

不管哪类总结，都可从容量和表现形式分为综合性总结和专题性总结。

（1）综合性总结又叫全面总结。其内容是单位、部门在一定时限内对各方面工作进行综合性地分析、总结，是全方位、多角度、深层次的总结。它反映的是工作的全貌，内容包括基本情况、过程、成绩、经验、缺点、教训等诸多方面。

（2）专题性总结又叫经验总结。它是对某一方面的工作，如生产、质量、思想、宣传等所进行的总结。这类总结内容集中单一，重点突出，针对性强，偏重于总结经验和成绩。

四、总结的写作格式

（一）标题

总结的标题通常有三种写法：

（1）公文式标题，即单位名称＋时限＋内容＋文种（总结）。如《武汉市广播电视大学 2012 年工作总结》。有的总结标题省略单位名称或时间，如《企业改制工作总结》，其中省略的"时间"、"单位"等要素往往在落款中表明。

（2）论文式标题，即以总结的主要内容或主旨为标题，如《女排冠军是怎样得来的》。

（3）新闻式标题，一般采用双行标题，正题点明主旨，副题点明时间、内容，如《从 1.58 万吨到 1.14 亿吨——50 年来我国钢铁工业的发展》。

（二）正文

1. 前言

前言为引入总结主体做铺垫和提示，让读者一开始就对总结内容有个大概印象，其写法灵活，例如：概述式，即概述基本情况；结论式，即先将结论、结果摆出来；提问式，即以设问开头，引起兴趣；对比式，即前后对比，突出成绩。不论哪种写法，都要简明扼要，紧扣中心，统领全文，有吸引力。

2．主体

总结的主要内容是依次说明所做的工作概况、取得的成绩经验、存在问题、今后打算。重点是介绍工作取得了哪些成绩，这些成绩是如何取得的，采取了哪些方法和措施，收到了什么效果，用具体事实和数据表述出来，从中归纳出带有规律的东西形成经验。在综合总结里，成绩与经验一般是分开的，应各自专列为一部分内容，而在专题性总结里，成绩与经验往往不独立单列，而是相互糅合在一个部分里。

总结主体部分内容比较多，所以应注意结构分明，层次清楚。主体的外在表现形式有小标题式、条目式和全文贯通式。常见的结构形式有以下三种：

（1）按照工作的模块划分层次。如企业的总结分生产情况、销售情况、经营管理情况、企业文化建设等几个模块；学校的总结分教学、科研、学生、招生就业、校园文化、管理等几个模块。

（2）按照概括的几条经验划分层次。经验总结往往采用这样的结构，如《抓好"三个一"工程　推进企业可持续发展》一文的主体结构就是由三条经验来贯穿的：第一，探索建立一套灵活有效的机制，是推进企业可持续发展的关键。第二，形成一个不断变革创新的思路，是推进企业可持续发展的保证。第三，培育一支优秀的管理团队，是推进企业可持续发展的基础。

（3）按照做法、成绩、经验或体会的先后顺序划分层次。往往内容较为复杂的总结，采用这种结构。

3．结尾

结尾写明今后的设想和打算。这部分内容主要根据目前存在的问题有针对性地提出今后工作的努力方向以及改进的意见。文字要简练，不做具体的阐述。也有的总结可以没有这部分，写作时应视具体情况而定。

（三）落款

落款签署总结单位的名称和时间。如果是用于上报的总结，在单位名称处还应加盖单位公章。但无论是单位总结还是个人总结，如果在标题下已署名，则在落款处可以省略。

> **温馨提示**
>
> 　　问题和教训也是总结中一般不可缺少的内容。问题，是在实践中感到应该解决而没有办法解决或没解决好的事情；教训，是指观念或做法不对而导致错误、损失，从而得出的反面经验。好的总结，既要摆成绩，又要找问题，既要推广经验，又要披露教训，使人有所启迪又有所警戒。

五、总结的写作要领

第一，找出规律，忌罗列材料。通过分析归纳出事物发展的规律，是总结的目的，能否达到此目的，也是衡量一篇总结质量高低的重要标志。有的总结罗列一大堆材料，但读者看后不得要领，究其原因就是没有总结出规律性的东西。

第二，突出重点，忌写"流水账"。撰写总结最大的流弊就是记"流水账"，面面俱到，没有重点。总结需要实事求是，但绝不是有事必录，而是应该突出重点，选择那些具有代表性的、能反映出主要工作、主要成绩和主要问题的材料来写。

第三，写出新意，忌老生常谈。"年年岁岁花相似，岁岁年年人不同"，写总结就要写出这些"不同"之处。这就要求撰写者不断学习新精神，研究新情况，寻找新经验，写出特色，写深写透。

第四，实事求是，忌跑调走样。总结的基本材料是那些能够说明工作效果和规律的数字和事实，因此，在动手写作前一定要通过不同形式全面了解客观事实，要重实践、重事实、用事实说话，实事求是地反映本单位的情况，恰如其分地评价我们的工作。

范文借鉴

××集团有限公司2004年工作总结

2004年是××集团有限公司开拓进取、稳健发展的一年，也是深化改革、积极调整的一年。一年来，公司在总公司和董事会的领导下，按照总公司提出的"能上则上、优化协调"的经营方针和"强基础、上水平、求卓越"的总体要求，围绕年初制订的工作计划，针对较为不利的外部环境，审时度势，顺势而为，齐心协力，迎难而上，取得了良好的经营业绩，完成了股东会、董事会确定的资产保值增值目标，经营规模在国内机电汽车流通行业中继续保持领先地位。

据统计，2004年××集团有限公司实现销售113.3亿元，同比增长3.6%，进出口总额9 215.8万美元，同比增长5%；实现销售91.4亿元，同比增长6%，实现利润总额15 411万元，同比增长20.8%，上交税金9 666万元，同比增长2.45%，公司销售利润率1.68%，净资产收益率17.92%；销售汽车60 353辆，摩托车65 133辆，分别比上年增长7.6%、12.9%，销售钢材15.1万吨，同比增长9.1%，实现期货代理交易额910.1亿元，同比增长42.5%。

回顾公司一年来的工作，主要有以下几个方面的成绩：

一、把握大势，顺势而为，经营工作稳健发展

2004年，公司根据"调整提升汽车主业，改造搞活辅业，稳步发展相关业务，积极开发新项目"的经营方针，坚持以市场为导向，以品牌为主线，以效益为中心。在国家加强宏观调控、市场竞争更加激烈的形势下，积极调整经营策略，注重稳健经营、稳中求进、顺势而为、调整结构，按照汽车主业、辅业和相关业务的不同特点，研究落实相应对策，主动适应市场，努力开拓市场，完善营销服务体系，加大促销压库力度，控制经营风险，降低经营成本，使公司整体上取得稳健发展。

（一）稳定销售，主攻服务，汽车主业保持领先

中国汽车市场在连续两年保持35%的高速增长之后，2004年开始理性回归。受国家宏观调控政策、汽车行业产能扩张和结构性过剩、燃料成本的大幅上扬等多种因素影响，汽车市场需求低迷，尤其是2004年5月份以后，中国汽车市场出现拐点，汽车生产厂家和经销商都经受了前所未有的考验。在国内汽车市场遭遇寒流、车价快速走低、竞争格局不断变化的形势下，公司在汽车主业经营中及时采取了调整措施：一是拓展市场。对一般的汽车品牌做到保本、保市场份额，努力提高顾客满意度，维护市场网络和客户资源；对市场情况较好的汽车品牌继续抓住时机、趁势而上。二是强化服务。面对汽车销售进入微利时代，公司积极开拓汽车后服务业务的市场空间，抓好汽车维修及配件、二手车交易、汽车租赁等后服务业务，完善服务内容，向延伸服务业务要效益。三是整合资源、协同作战。针对厂家的营销政策，积极整合公司的经营资源，发挥规模经营优势，统一向厂家争取政策。

通过调整优化结构，销售保份额，服务创品牌，公司汽车主业取得了良好的经营业绩：全年汽车销售额78.9亿元，占公司销售总额的69.5%，公司汽车销售量占全省新上牌量的15.7%，汽车经营规模在全国汽车经销商中名列前茅。在汽车销售下降的情况下，公司汽车延伸服务业务实现全面增长：维修汽车41.1万辆次、维修产值3.8亿元，同比分别增长40.9%和52.6%；二手车交易3 887辆、成交金额1.9亿元，同比分别增长75.4%和57.8%；回收报废汽车1 458辆，同比增长19.5%。汽车贸易及服务实现利润10 753万元，同比下降42.4%，占公司利润总额的69.8%。汽车延伸服务业务占汽车业务利润有较大的提高。

公司经营的46个主要汽车品种中（有6个品种是2004年新列入统计的，没有可比性），其中14个品种销售量上升。年销售金额超亿元的汽车品种有宝马、奔驰、奥迪、宝来等19个。上海大众、上海通用、一汽奥迪、北京现代、郑州日产、戴克三菱、华晨金杯、长安等8个品牌公司的销售数量及综合评价指标位居全国同品牌经销商前三名。

（二）迎难而上，加快调整，机电产品业绩良好（略）

（三）加强招商，完善服务，物业物流保持增长（略）

（四）抓住机遇，开拓经营，开发业务增长较快（略）

二、总体规划，分步实施，网络建设初见成效（略）

三、完善制度，规范管理，提高公司治理水平

（一）积极做好改制准备工作（略）

（二）加强财务管理和审计工作（略）

（三）加快人才工程建设，合理配置人力资源（略）

（四）稳步推进企业信息化建设（略）

（五）加强企业文化建设（略）

四、公司目前存在的困难与问题

2004年，公司在加快发展品牌经营、提升汽车核心业务、加强内部管理等方面都取得

了一定的成绩；但我们也清醒地看到，面临新的形势和新的挑战，公司在经营、管理等方面还存在困难和差距，主要问题有以下几方面：

（一）竞争压力加大，获利空间缩小（略）

（二）中高级专业人才短缺、现有人才流失过快（略）

（三）公司体制、机制有待于进一步调整，员工观念有待于进一步转变（略）

今后，在汽车主业经营进入微利时代、辅业和相关业务面临新挑战的形势下，我公司将深化改革，激活机制，加快调整，积极应对。加快提升汽车主业，稳步发展相关业务，扎实推进二次改制，规范完善公司治理，进一步提升公司品牌价值，为实现总公司的发展战略贡献力量。

（浙江经济职业技术学院网：http://zjjzjxy.yo.cn/news.php?id=79，略有改动）

【评析】这是一份综合性总结。开头概括了工作的背景、取得的整体成绩，然后按工作的模块重点概括了三个方面的成绩，接着客观分析了存在的困难问题，结尾提出了今后的努力方向。全文逻辑关系清晰，事实、数据材料充分，有点有面，叙议结合。

◉ 病文诊断

公文写作学习总结

公文写作学习了54个学时，由×教授讲课。收获出乎预想地大。原来不想学，现在觉得越学越有味道；原来以为学不到东西，现在不论写作知识还是写作能力都有明显的提高。

一、较系统地掌握了公文写作的基本理论知识

对公文，过去我只知道它是"官场文章"，对它的性质、特点、作用不了解也不想了解。我不想进"官场"，了解它干嘛？现在知道了公文是专门用于党政机关单位办理公务的、作用巨大的应用文。还知道了如何根据它的性质、作用、特点来确定主旨、选择材料、安排结构、使用语言等知识、方法。

二、熟读了许多范文和病文

在学习写作中，"范文"有"示范作用"，它告诉我们"应该怎么写"；"病文"有"警示作用"，它告诉我们"不应该那么些"。课本中有100多篇范文，有50多篇病文，大部分我都读了。特别是老师重点分析的，我学得更细致，将两种文章对照着读，具体弄清楚了"为什么不应该那么写"、"为什么应该那么写"，这样学到的东西，道理明，印象深，很有用。

三、写了十多篇作文

写作课是实践课，学习写作理论知识是为了指导写作实践，是为了写出符合要求的文章来。因此，老师布置的七八篇作文我认真写，还结合学生会工作写了好几篇。这十多篇作文，使我更实在地知道了有关文种"为什么不应该那么写"和"为什么应该那么写"的道理，写出来的作文也基本符合要求。这对我将来参加工作很有好处。

总之，公文写作课的收获很大，感谢老师的教诲。

（朱悦雄、杨桐：《应用文写作案例》，192页，广州，暨南大学出版社，2012）

【评析】该总结虽然思路清晰，几个方面的收获也比较明确，但存在的问题也十分明显。主要是：（1）内容笼统，未写出具体事实。比如，该总结中说读范文和病文，怎样读，怎样弄清楚，弄清楚的结果如何？说自己写的作文符合要求，具体情况如何？要有事实，才能使人明白、认可。（2）没有明确交代取得成绩的原因。做什么、如何做、为什么做、结果如何——总结一般要回答这四个问题，当然，可以有所侧重。本文侧重写收获，但若不把收获的原因说明白，收获的可信程度就会受到影响，给人的教育启发就少，对自己今后实践的指导意义也不会太大。

相关链接

总结关键句的提炼

作为总结，因为主要内容是做了什么，取得了什么样的成绩，所以其概括的句式大多数情况下也是"行为＋效果"的模式，如范文《××集团有限公司2004年工作总结》前三部分的小标题，前两句均是行为，后一句均是效果。

总结的内容庞杂，要想吸引人，就要在概括句的亮点提炼上下功夫。亮点提炼方法还包括：有总体的工作思路，并用有意思的话表述出来。如某高校反映党委领导班子建设的经验材料，其主体结构的概括句分别是："坚持以科学的理论武装人，促进办学思想的新飞跃"；"坚持以健全的制度规范人，促进决策水平的大提高"；"坚持以明确的目标引导人，增强共谋发展的凝聚力"；"坚持以竞争的机制激励人，调动干事创业的积极性"；"坚持以和谐的氛围感染人，形成团结向上的新风貌"。

概括要在准确具体和表达新颖之间寻找平衡，第一求准确具体，第二求表述新颖。追求整齐和新颖是相对的，准确是绝对的，准确是基础。整齐和新颖可以作为提升的目标。

智慧分享

行动是必需品，思辨是奢侈品。——（法）亨利·柏格森

任务三　述职报告

情景导入

"晒"工资、"晒"收藏、"晒"心情……在网络上，"晒"就是"公之于众"的意思。江苏省宿迁市也将官员的"述职述廉"报告"晒"于互联网——张贴在政务网中，供社会监督，成为宿迁政务公开的一道新风景。

年终将至，各单位都将述职，述职年年要做，久而久之，便成了应景之作。如今宿迁市

的年终述职却述出了新意。

这种"新意"体现在哪些方面? 对你今后履职有没有启发? 如果你所在单位亦采用这种方式对员工进行年终考核,你将如何撰写你的述职报告?

知识聚焦

一、述职报告的含义

述职报告是各级领导干部、管理人员、专业技术人员向所在单位的群众和人事部门、主管领导或上级领导机关陈述自己在一定时间内履行岗位职责情况的书面报告。

二、述职报告的特点

(1) 自我评述性。这是述职报告不同于一般的工作总结、工作报告的显著特点。述职报告首要的是"述职",述职就是述说自己在任职的一定期限内履行职责的情况,既要述(检查、总结自己的工作情况),又要评(解剖、评价自己的工作),总是用单数第一人称的口吻。因此,写述职报告要首先把握好述职的自我评述性特点,不能写成回顾整个单位或他人工作情况的工作总结、工作报告。

> 请你思考
>
> 述职报告与个人总结有什么区别?

(2) 内容规定性。述职报告不像一般总结和报告那样内容涉及面较广,而是根据所在单位的规定,从任职的一定时期的德、能、勤、绩四个方面来述职,尤其是绩(业绩)。

三、述职报告的种类

述职报告按时间分,有任期述职报告、年度述职报告和临时述职报告;按内容分,有综合性述职报告、专题性述职报告;按报告者划分,有个人述职报告、工作集体述职报告、领导班子述职报告;按用途分,有晋职述职报告和例行述职报告。

四、述职报告的写作格式

(一) 标题

述职报告的标题既可以由"单位名称 + 所任职务 + 时间 + 文种"组成,如《××公司××部部长 ××2012 年度述职报告》,也可以只标识文种"述职报告"。

（二）称谓

称谓是报告者对听众的称呼，要根据会议性质及听众对象而定。

（三）正文

1．前言

述职报告的前言，概述述职者的基本情况，如姓名、职务、任职时间、分管的工作、岗位职责等。

2．主体

述职报告一般主要围绕自己岗位职责履行过程中"德、能、勤、绩"四个方面的表现，重点陈述自己的工作实绩。德，是指政治、思想和道德品质的表现；能，是指业务知识和工作能力；勤，是指工作态度和勤奋敬业的表现；绩，是指工作的数量、质量、效益和贡献。

> **温馨提示**
>
> 切忌总结整体工作，体现不出自己的作用，或者把成绩记在个人的账上。

这部分要紧扣岗位职责，重在陈述自己忠于职守、履行职责情况。做了哪些工作，效益如何？自己在集体中发挥的作用是出主意还是支持他人，是组织协调还是亲自指挥带头干，是决策还是提合理化建议？选择具有较大影响的事件和突出政绩，不要事无巨细，写成"流水账"，也不要写自己的认识和思想活动。

3．结尾

述职报告的结尾一般写存在的问题和今后的改进措施或建议。这部分简明扼要地概括即可。最后还可加上"专此述职""特此报告，请审查"等结束语。

（四）落款

落款需写明述职人姓名和所在单位全称、述职日期或成文日期。署名可以放在标题之下，也可以标在文尾。

五、述职报告的写作要领

第一，要充分反映出自己在任期内的工作实绩和问题。工作实绩如何，是检验干部称职与否的主要标志，述职人要充分认识这一点，实事求是地把自己的工作实绩和问题反映出来。

第二，要实事求是地评价自己。应注意处理以下几个关系：（1）成绩和问题的关系，就是理直气壮摆成绩，诚恳大胆讲失误。（2）集体与个人的关系，不能把集体之功归于个人，也不要抹杀了个人的作用，必须分清个人实绩和集体实绩。（3）叙和议的关系，就是以叙述为主，叙述工作实绩，议论也只是对照岗位规范，根据叙述的事实引出评价，不能拔高。

第三，变文字为有声语言。语言一般是生活化、口语化、大众化的。多用短句子，注意长短交叉合理。慎用文言，少用单音词，避免使用同音不同义或易混淆的词语。

👍 **范文借鉴**

述德述职述廉报告

祁东县人民政府县长　雷高飞

来祁任职，已有四年多，是实行县长异地交流制度以来在祁东任职最长的县长。四年，既长又短。平时因政务缠身，无闲静思得失。现按组织的要求，将四年的思想与工作做个简要的总结，这既是反省自身，有助于今后的人生，又是将自己的思想向组织和同志们做一次坦诚的倾诉。

承蒙组织关爱培养，我于2008年5月主持祁东县人民政府全盘工作。四年来，在上级党委政府的亲切关怀下，在县委的直接领导下，在县人大、县政协及社会各界的监督支持下，特别是在县委书记祥月同志放心、放手、放胆、放量、毫无保留的领导和支持下，我与政府班子成员及工作团队一道，系责于心，履责于民，坚持"打基础、做平台、强后劲"的工作理念，克服各种困难和挑战，干成了一些牵动全局的大事，办成了一批多年来想办却因各种条件制约而没有办到的难事，做了一些惠及广大人民群众的实事，较好地完成了组织和人民赋予的职责使命。全县经济社会发展呈现出增长速度加快、质量效益提升、基础后劲增强、社会和谐稳定的良好态势，祁东人民进一步增强了自信与尊严，社会的公平正义和群众的幸福指数在不断提升。可以说，这四年是我倾力奉献的四年，是我激情燃烧的四年，更是我人生无愧的四年。四年当中，若用数据来表明成绩很容易，但我想，任期内的功过还是留给组织和人民去评说，我只想着重将内心世界全盘展示在组织和同志们面前，更多的是剖析自己。

四年来，我始终把"修身立德为本，干事创业为基"当成一种价值追求，一种品性锤炼，一种精神依托。（略）

四年来，严格遵守廉洁自律各项规定，不让好处使自己放弃原则，不让人情使自己违背良知，不让金钱左右自己签字的手。（略）

四年来，我始终保持满腔热情和斗志，为加快祁东发展动了一番脑筋，费了一番心血。我深知，祁东之所以落后，纵然可以列举出千万条理由，但核心的问题是发展不够。面对祁东发展不足、发展不快的现状，我总是感到寝食难安，责无旁贷。来祁东履新后，我用尽快的速度，基本掌握了全县的实际情况，既看到了祁东的资源优势、发展潜力和有利条件，又找到了加快经济建设、尽快改变落后面貌的落脚点和突破口，提出了"打基础、强后劲；抓项目、求突破；正作风、提形象"的政府工作理念，谋划了后发赶超的方向和途径。四年来，在合理摆布县政府常规工作的同时，我着重抓了以下四点：

潜心打基础。针对祁东基础薄弱的现状，我给自己定的工作基调是"打基础，谋长远，做平台，强后劲"。四年来，我先后牵头组织相关职能部门对《全县土地利用总体规划》《县城总体规划》《农村电网改造总体规划》进行了修编,修订了《归阳工业集聚区规划》《县城南区控制性详规》等远景规划,编制修改了《祁东大交通网络筹划工作规划》,成功争取益娄衡高速南延至祁东并实现开工建设,填补了县城无高速过境的空白。首次制定了《祁东县中长期体系规划》,这一举措在全省都是少有的。2010年,为提前抓好中央、省、市"十二五"重大项目规划申报工作,带领发改、规划、交通、水务、经发等相关部门积极向上衔接沟通,成功将我县261个重点项目挤入上级规划笼子,其中投资9亿元的衡缘物流、湘江萍岛至归阳航道改扩建工程、衡邵干旱走廊水资源综合治理工程等9个项目进入省市"十二五"规划重大项目库,特别是衡邵干旱走廊水资源综合治理工程项目,更是承载了祁东人四十多年的梦想,可望在"十二五"进入实施阶段。加力争取了茶祁、祁永2条高速和衡祁高速(或快速干线),将S317、S210申报升格为国道,新增6条省道纳入省"十二五"规划,着力构建我县省道"四纵二横"的格局,届时祁东交通边缘化的趋势将彻底扭转,为今后若干年的发展拓展了较大空间。同时,全方位推进城镇建设和交通、电力、水利等基础设施建设。(城建方面、交通方面、电力方面、水利方面略)

费心抓工业。(略)

用心做平台。(略)

苦心带团队。(略)

四年来,我始终保持雷厉风行、真抓实干的作风,为改善民生倾注了真情,为推动工作落实付出了汗水。(略)

深谋大事。(略)

敢啃难事。(略)

力促公平事。(略)

勤办贴心事。(略)

甘做良心事。(略)

四年来,我十分珍惜并尽力维护县"四大家"团结奋进、同频共振的良好局面,努力营造心齐气顺、风正劲足的工作氛围。(略)

四年来,能为祁东人民做一点力所能及的事情,是我一生的光荣和自豪。四年来,在同志们的共同努力下,县城建设结束了若干个历史,即油化路面50万平方米,结束了县城无油路的历史,并结合道路改造,全面完成了多年来受各种因素制约想做而没有做成的道路标识和门牌号码建设;兴建和改建7个集贸市场,结束了县城"马路市场"的历史;兴建了大桥、祁丰两个停车场,结束了县城无市政停车场的历史;拆除违章棚亭2 849处,结束了县城干道乱搭乱建的历史;取缔1 100余台老爷车,妥善分流800余台面的车,结束了县城老爷车、面的车非法营运的历史,等等。(略)

回顾四年来的工作和学习,酸甜苦辣感慨良多。(略)

今年是我在祁东工作生活的第五个年头。五年间,我亲身感受了祁东发展的脉动,感受了祁东大地的鲜活，感受了祁东人民的淳朴。这些年来，无论是前进道路上遇到多大的困难、曲折和坎坷，全县干部群众始终给予我巨大的信任、理解、关心、呵护、支持和帮助，几乎每天都会得到一些一般干部和普通群众的鼓励和问候，一个短信、一句言语、一封书信都能使我全身心地振作。可以说，这些年来，我们在挑战的应对和竞争的互助中，凝聚了力量；在成就的喜悦和发展的进取中，振奋了精神，是祁东培养、锻炼和造就了我，让我真正体验了生命中的美好，感受到人生奋斗的真谛。在这里，我想真诚地说一句，只要能看到祁东一天天的变化、发展和进步，只要这个机会存在，不论别人怎么想、怎么说、怎么做，我心中为祁东人民做事的目的始终不会改变，请组织放心，请祁东人民检验。

2012 年 7 月

（祁东县党政网：http://www.qdx.gov.cn/qidong/qidongzhengwu/qidongdongtai/ling daoyanlun/09b685ea-f259-4f15-a721-41cd3fe9b533.shtml）

【评析】这是一份任期述职报告。在这份长达 1 万字的报告里，作者祁东县人民政府县长雷高飞从德、能、勤、绩、廉五个方面陈述了任职四年来的履职情况。报告目的明确，思路清晰，涉及全面，重点突出，实绩有理有据，个性鲜明有特色。"述绩"部分在写法上用了 9 个小标题，将履行岗位职责的情况分门别类报告，层次分明，有利于给人留下清晰的印象。

● 病文诊断

述 职 报 告

虽然当了很多年的校长，可每到述职，总觉得很难展开确切的表达。以下是 2003 年 11 月之前完成的工作，罗列如下，是为述职：

1. 教务管理

坚决执行上级规定的标准，严格公示制度，学杂费核对结算，做好困难学生学费减免，助学金发放工作。

2. 校产管理

进一步推进财物报修和申购制度，完善了物品采购制度和物品的进出仓手续。

3. 学校基本建设

（1）加强了体育馆管理建设，充分发挥了体育馆的功能。

（2）美化了东边围墙，使之成为××市最亮丽的文化宣传长廊。

（3）装备了音乐室，改造了电教室，验收了新的电脑室，完善了教学功能。

（4）改造了校园广播系统，变嘈杂的电铃为悦耳的音乐声。

（5）给每个办公室配备了电脑，并安装了宽带，改善了办公条件，提高了办公效率。

（6）对全校电话进行了"汇线通"电话系统改造，方便对内、对外联系。

（7）修建了教工单车棚，改变了校园车辆乱停乱放的局面。

（8）清洗了办公楼、实验楼外墙，除去了多年污垢。

（9）硬化了学校水泥操场，增添了活动场地，消除了污染源。

【评析】该述职报告存在三方面的毛病：（1）把个人业绩同集体业绩纠缠在一起，看不出个人在其中所做的工作和所起的作用；（2）取得的好成绩没有讲明讲透，缺乏具体的事例和数据来说明；（3）没有今后的工作思路和打算。

相关链接

述职报告写作"四忌"

一忌过分"邀功"。领导干部的述职报告，也应当是主要反映"本人"在组织赋予的职权范围内所进行的工作，不能把所属的整个单位和所属人员取得的成绩统统归为己有。

二忌详细"叙事"。述职报告中的叙事不能像记叙文那样详写事情发展变化的具体过程，描绘复杂、曲折的生动情节，而应抓住事件的基本环节进行精略、概括的介绍和叙说。

三忌"不合时宜"。如拟晋升副教授述职，却同时讲到获得中级职称以前的成绩。

四忌"务虚论职"。在实践中，不少述职报告不是在述职而是在论职，有的述职者在述职报告中用相当的篇幅来谈自己对本职工作的认识。

智慧分享

这个社会尊重那些为它尽到责任的人。——梁启超

任务四　规章制度

情景导入

有七个人曾经住在一起，每天要分食一锅粥，但并没有称量用具和有刻度的容器。更要命的是，粥每天都是不够的。一开始，他们轮流来分粥，每天轮一人。于是每周下来，他们只有一天是饱的，就是自己分粥的那一天。后来，他们推选出一个"道德高尚"的人出来分粥。开始这人还能基本公平，但不久他就开始为自己和溜须拍马的人多分。再后来，大家组成一个分粥委员会和一个监督委员会，形成监督和制约。公平基本上做到了，可是由于监督委员会常提出多种议案，分粥委员会又据理力争，等分粥完毕时，粥早就凉了。最后，大家想出来一个方法：轮流分粥，但分粥的那个人要最后一个领粥。为了不让自己吃到最少的，每个轮到分粥的人都尽量分得平均，如果不平均，自己领到最少的也只能认了。大家快快乐乐，和和气气，日子越过越好。

同样是七个人，不同的分配制度，就会有不同的风气。所以，一个单位如果有不好的工作习气，一定是机制问题，一定是没有完全公平、公正、公开，没有严格的奖勤罚懒。而如何制订这样一个制度，是每个管理者需要考虑的问题。

知识聚焦

一、规章制度的含义

规章制度是党政机关、企事业单位、社会团体为规范人们一定范围内的行为而制定的一种具有法规性和约束力的事务文书，它是各种行政法规、章程、制度、公约的总称。

规章制度在我们的社会生活中应用十分广泛。上至国家机关的章程、条例，下到国家基层单位、班组的守则、须知、公约，都是规章制度在实际生活中的应用。

二、规章制度的特点

(1) 约束性。规章制度一经公布，就对有关单位或个人的言行举止具有约束性乃至强制力，必须遵守执行，违反则要受到相应的处罚。只不过其强制程度的高低和约束力的大小，以及强制和约束的途径或方式，因具体文种和制定主体的不同而不同。

(2) 严密性。规章制度的约束性决定了行文的严密性、明确性，具有庄重、严肃的语言风格。在措辞上要准确严谨，不能有歧义，不能含混不清。

(3) 作者的限定性。制发者必须依法在自己的职权范围内形成相关层次的规章制度，否则制发的文书无效。

(4) 制发的程序性。规章制度的制发程序有严格规定，即通过法定程序使文件获得法定效力。2001 年国务院令颁布的《行政法规制定程序条例》和《规章制度程序条例》，为我国规章制度的制定提供了科学规范。

三、规章制度的种类

规章制度包括行政法规、章程、制度、公约四大类。不同的类别，反映不同的需要，适用于不同的范围，起着不同的作用。常见规章制度如表 3-3 所示。

表 3-3　常见规章制度一览表

类别	文种	含义与特点	举　例
行政法规	条例	对国家或某一地区政治、经济、科技、文化等领域的某些重大事项的管理和处置做出比较全面系统的原则性规定，是具有法律性质的文件；制定机关级别很高（国务院各部门和地方人民政府制定的规章不得称为"条例"）	《中华人民共和国政府信息公开条例》《校车安全管理条例》《湖北省促进就业条例》《中国共产党党内监督条例（试行）》
	规定	对有关工作或事项做出局部的、具体的规定；重在强制约束性；同条例相比，规定多一点现实针对性，也相对少一点长期稳定性	《中共中央政治局关于改进工作作风、密切联系群众的八项规定》《机动车驾驶证申领和使用规定》《出版物上数字用法的规定》
	办法	对某一方面工作做出的比较具体的规定；重在可操作性；与条例、规定相比，内容更具体，更具有操作性	《全国年节及纪念日放假办法》《武汉市城镇居民基本医疗保险医疗费用结算办法》《城市公共汽电车客运管理办法》
	细则	为实施条例、规定、办法做出的详细、具体或补充规定，对贯彻方针、政策起具体说明和指导的作用；内容更详尽、更具体、更细致	《长春市城市居民最低生活保障办法实施细则》《武汉市个人住房房产税征收管理实施细则》
章程		政党、团体、企业或其他组织用以说明其性质、宗旨、任务、组织机构、成员的权利和义务、活动规则等的纲领性文件；一般由该组织、团体制定并经其代表大会讨论通过后公布实行；国家行政机关及其职能部门一般不用章程	《中国共产党章程》《中华全国台湾同胞联谊会章程》《××公司章程》
制度	制度	机关、团体、企事业单位为加强对某项工作的管理而制定的要求有关人员共同遵守的行为准则；可分为岗位性制度和法规性制度两种类型	《政务信息公开保密审查制度》《办公室人员考勤制度》《××岗位责任制度》
	规则	有关单位为维护劳动纪律和公共利益而制定的要求大家遵守的关于工作原则、方法和手续等的条规	《仓库防火安全管理规则》《足球比赛规则》《淘宝规则》
	规程	生产单位或科研机构，为了保证质量，使工作、试验、生产按程序进行而制定的一些具体规定	《国家电网公司电力安全工作规程》《铁路旅客运输规程》
	守则	机关、团体、企事业单位制定的内部成员共同遵守的道德和行为规范	《全国职工守则》《值班人员守则》
公约		一定范围内的社会成员为保证有良好的生活、工作、学习和娱乐环境，在自愿协商的基础上制定的行为准则和道德规范	《武汉地铁文明公约》《北京市建筑装饰协会行业公约》

四、规章制度的写作格式

（一）标题

标题通常有四种写法：

（1）单位（或地域）名称＋事由＋文种，如《中华人民共和国公司登记管理条例》；

（2）单位名称＋文种，如《××大学章程》；

（3）事由＋文种，如《道路交通事故处理程序规定》；

（4）人员＋文种，如《汽车驾驶员守则》。

如果该规章制度是试行、暂行，则应在标题内文种前写明。如果该规章制度是草案，则应在标题后用括号加以注明。有些规章制度在标题下面用括号注明该规章制度于何时由何部门、何会议发布、通过、批准、修订等。

（二）正文

规章制度的正文，内容较繁杂的，如条例、章程等，可以分为总则、分则、附则三个部分；内容较单一的，如公约、守则等，一般包括总则或开头，分则或条文，附则或结尾三部分。

1．总则或开头

规章内容涉及面广，又带有全局性的开头，要有总体要求，并且设"第一章总则"，分若干条来表述。规章内容较简短的，开头类似导语、总述，通常表述制定规章的缘由、目的和依据，表述比较简练。一般多采用"为了……"、"根据……"，写明缘由后引出导语，并用"特制定本规定（或办法或实施细则）"、"现规定如下"等过渡到规章的条文，也可作为第一条来表述制定规章的目的，不写依据和导语等。

2．分则或条文

这部分是规章的主体。繁杂的、带有全局性的规章，以若干章、节、条、款、项、目来叙述，简短的局部性的规章，一般用条、款、项贯通式（亦称条排式）来谋篇布局。内容按原则性、规定性、实施性和补充性的顺序写；关键的基本原则要求列为第一章（条），接着依次写具体内容和事项。各项规定的先后顺序，应遵守主要方面在前，次要方面在后的原则。一条写明一项具体规定内容，如果其中包含几种情况，可在该条下再分若干款、项叙述。各条款排列的顺序要符合逻辑。

3．附则或结尾

这是规章的最后部分，主要交代该规章的实施要求、解释权，同过去或其他有关规章的关系，以及施行日期等。结尾表现形式比较灵活，视该规章前两部分的结构形式，有的可列为附则，有的单写一段结束语。

（三）落款

规章制度的落款，一般是在正文结尾右下方签署制定的单位或机关名称和发文日期，也可写在标题下方。

五、规章制度的写作要领

第一，名称要规范。规章制度的标题不能简写为"章程"、"办法"。文种选择与内容要一致。

第二，内容要完备。要先写明制定的目的、依据等；主体部分必须写明支持、保护、发展什么，限制、禁止、取缔什么，对违反上述条文怎样制裁等；结尾部分要写明采取的措施、解释权、生效时间等，做到内容完备，利于执行。

第三，结构要清晰。不管采用什么结构形式，都要做到条理清晰，章条之间是因果、并列还是递进关系，都要深思熟虑。

第四，要合情合理。只有切合实际，合情合理，才能令行禁止。

🔊 范文借鉴

××证券有限责任公司着装规定

第一条 为规范员工着装行为，树立公司良好形象，促进公司的经营和发展，结合证券行业和公司的实际情况，特制定本规定。

第二条 本规定所称着装，是指公司员工按照本规定穿着公司为员工统一量身定制的工作服装。

第三条 着装管理实行"量身定做、统一制发、规范着装"的原则。

第四条 总裁办公室是着装的管理部门。各职能管理总部、业务总部、地区管理总部、证券营业部应当指定专人协助总裁办公室做好着装管理工作。

第五条 着装范围为公司全体员工，但下列人员除外……（略）

第六条 工作服装按照以下标准配发，每三年换装一次……（略）

第七条 工作服装在员工试用期满后免费发放，但在员工领取工作服装的当月，由财务部门从其薪酬中按照工作服装定做费用的30%扣留保证金，待其领取工作服装后为公司服务三年期满后，一次性发还；若员工领取工作服装后为公司服务未满三年（离退休的除外），则按照其服务期未满月数（不足一个月的不计）占三年服务期之比例相应承担工作服装定做费用。

第八条 员工在下列情况下应按照本规定着装：

（一）星期一至星期四（证券营业部为星期一至星期五）的工作时间内；

（二）星期一至星期四的工作时间之外参加公司各类仪式、会议和活动；

（三）星期一至星期四的工作时间之外因公参加有关部门组织的各类重大活动。

有下列情形之一的，可以不按照本规定着装：

（略）

第九条　员工着装时，应当按照以下规定配套穿着（略）

第十条　员工着装时，不得有下列行为：

（一）赤脚穿鞋（夏季穿着凉鞋除外）或者赤足；

（二）化浓妆、奇形怪状妆或者文身。

第十一条　员工着装时，应当举止文明，不得在公共场所以及其他禁止吸烟的场所吸烟。

第十二条　员工应当爱护和妥善保管工作服装，不得擅自拆改。

第十三条　对违反本规定的员工，按照以下规定处理：

（一）情节轻微的，当场给予批评教育，并予以立即纠正；

（二）情节较重或者拒绝纠正的，每次罚款20元；

（三）屡教不改（违规着装并拒绝纠正达三次以上）或造成恶劣影响严重后果的，给予全公司通报批评，并罚款100元。

第十四条　本规定适用于公司及下属证券营业部、证券服务部所有着装范围内的员工。

第十五条　本规定由总裁办公室负责解释，并对公司总部予以执行监督；各地区管理总部负责对所在地业务总部员工执行情况进行监督，各分支机构的行政部门负责对本机构员工执行情况进行监督。

第十六条　本规定自颁发之日起施行。

（道客巴巴：http://www.doc88.com/p-033716154670.html）

【评析】这是一份规范的条文式规定。第一条说明制定规定的目的，第二条是对本规定核心概念"着装"的界定，第三条至第五条依次规定原则性的规范要求、管理部门和着装对象，第六条至第十三条是着装的具体规定，第十四条至第十六条规定适用范围、解释权和监督权以及生效日期。整篇规定表述清楚，规定具体，要求做什么、不做什么，以及违反规定怎么处理，具有可操作性和可监督性。

病文诊断

文秘人员校对工作制度

一、校对工作的要求

（一）要切实保证校对工作的质量。校对文稿，要集中精神，原则上由两人共同完成，先读校一遍，然后分别再认真看一遍，并由一人做最后的总把关。力求校对差错率全年不超过三万分之一。

（二）要提高校对排印工作的效率。凡是印发的文件，从接到稿件送厂发排、印刷厂通知校对清样、校对完毕送厂印刷三个环节，都必须一环紧扣一环，绝不能中间脱节贻误时间。一般的稿件，从发排到印好发出，应掌握在三天内。如属急件，在发排和付印时都要反复向印刷厂或打字室讲清发出日期，并密切配合。及时校对和送印，保证按要求依时发出。

（三）文件印好送去用印前，请再进行一次检查，确认无误后方可盖印、封装、发出。

二、校对工作程序

（一）稿件发排前，要做好三项工作：

1. 登记发排。将稿件的文号、标题、份数、签发人、签发时间登记在《发文登记簿》上。

2. 卷面处理。将稿件仔细阅读一遍，凡发现字迹、修改标志不够清楚的，应视具体情况，进行誊清或重新加注修改标志等处理，务必使发排的稿件字迹清晰，卷面整洁。

3. 行文规范处理。检查稿件的版头大小、标题、主送抄送机关、主题词、数字用法、落款等是否规范，如有不当的应立即改正，然后填上文件的文号、签发日期、印刷份数，确定密级及年限和缓急程度。

（二）稿样排出清样之后必须坚持"三校"：

1. 头校。这是减少错漏的重要环节。要忠于原稿，逐字（包括标点符号）逐段读校，力求把与原稿不符的漏段、漏字、错字全部校出来。

2. 二校。除了继续校核错漏的文字外，还要检查有无不准确的提法或不通顺的句子。发现文理不通或明显笔误的地方，应及时加以修改。

3. 三校。这是付印前的最后一次把关。着重检查文稿版面的字体、间隔、标题排列等格式合不合规范。校对改动的文字和标志是否清晰无误。经全面核对认为符合要求，方可填写印发日期，并在《付印文件通知书》上签名付印。如是电脑排印的文件，稿件经校对准确无误，排出激光文件样板后，要最后检查一遍后方可付印。文件付印后将文件底稿注明发出日期送往存档。

（三）文件印好发出前，要再检查一遍。如发现错漏，应立即采取有效补救措施。

二○○四年六月八日

（杨易：《对一份制度的评改》，载《应用写作》，2004（5），48～49页，略有改动）

【评析】作为一份机关文秘人员校对工作制度，该文存在如下问题：

（1）格式不规范。既没在标题中或标题下方标明发文机关，也没在结尾处签署发文机关，有失严谨和规范。

（2）内容不合逻辑。一是正文缺乏目的、依据。开头即直入主题，分条陈述校对工作要求，显得有些突兀。应该在开头部分用简明扼要的语言交代一下制定本制度的目的或依据，然后再导入正文。二是结构安排不合理。正文中第一、第二两部分的顺序不符合人们的思维逻辑和工作实际。二、"校对工作程序"（一）中三项工作的顺序失当。

（3）个别语言不准确。在"一、校对工作的要求"的第三点中，有"请再进行一次检查"的字样。其中，"请"是一个表示礼貌的委婉用词，带有较强的柔性特征，用在这里，与"制度"的刚性文体特征不相吻合，应删去。

🎯 相关链接

公司章程的制定

《中华人民共和国公司法》明确规定，"设立公司必须依法制定公司章程"。

有限责任公司的章程，必须载明下列事项：公司名称和住所；公司经营范围；公司注册资本；股东的姓名和名称；股东的权利和义务；股东的出资方式和出资额；股东转让出资的条件；公司机构的产生办法、职权、议事规则；公司的法定代表人；公司的解散事由与清算办法；股东认为需要规定的其他事项。

股份有限公司章程中应载明下列主要事项：公司名称和住所；公司经营范围；公司设立方式；公司股份总数，每股金额和注册资本；发起人的姓名或者名称、认购的股份数；股东的权利和义务；董事会的组成、职权、任期和议事规则；公司的法定代表人；监事会的组成、职权、任期和议事规则；公司利润分配方法；公司的解散事由与清算办法；公司的通知和公告办法；股东大会认为需要规定的其他事项。

🎯 智慧分享

成功的企业背后一定有规范性与创新性的企业管理制度在规范性的实施。——刘先明

任务五　条　据

🎯 情景导入

2013 年 3 月 5 日（星期二）早晨，××公司财务部助理王小刚于早上 8：30 准时到公司上班。他先到行政部领取了 10 本 18 栏明细账本和 2 个印台，而后回到财务部接收下属营业部的年度财务报表。刚收完，他就接到妈妈的电话：爸爸突然中风入院了，妈妈正在医院等他拿钱去办入院手续。

于是，王小刚把去××审计师事务所取审计报告的事委托给同事赵玲，然后经领导同意向公司出纳借了 10 000 元钱，并写了请假条给财务部李经理后，到银行取出自己仅有的 15 000 元存款，就直奔省人民医院。

到了医院才知道要交 30 000 元钱，于是他想到了住在医院附近的表哥，可表哥的电话又关机。等他赶到表哥家，已经是 11：00 了。不巧的是，表哥已经外出了。他匆匆地写下一张请表哥帮忙筹钱的纸条后又回到医院。

王小刚在城里没有什么亲戚，表哥又一时联系不上，他急出了一身汗。这时他突然想起

该医院主管财务的王敏副院长曾经和他一起开过一次研讨会，而且与他是同乡，就找王副院长帮忙。在王副院长的帮助下，王小刚终于为父亲办理好了入院手续，不足的那 5 000 元钱则由王副院长担保，由王小刚向医院签下字据。

请根据情境，为王小刚拟写相关条据。

知识聚焦

一、条据的含义

条指便条，据指单据，条据是人们在日常工作、学习、生活中，彼此之间为处理财物或事务往来，写给对方的作为某种凭证的或有所说明的字条。

二、条据的种类

根据功能，条据可分为两类：

（一）凭证式条据

凭证式条据，是指在借到、收到、领到或者欠他人钱物时写给对方的作为凭证的条据，包括借条、欠条、收条、领条等。

（1）借条，又称借据，是向单位或个人借钱、借物时，写给对方证明借到钱物的字据。借条由借出者保留，待借入者归还钱物时方可作废。

（2）欠条，是个人或单位在欠款、欠物时写给对方证明所欠钱物的字据。

> **请你思考**
>
> 下面这些场合应该使用借条还是欠条？
>
> ①借了单位或个人的钱物，到期不能归还或不能全部归还。
>
> ②购买物品时，不能支付或不能全部支付钱款。
>
> ③借了单位或个人的钱物，当时没有写借据，需要事后补写。

文种辨析

表 3-4　借条与欠条的区别

区别＼文种	借　条	欠　条
性质	证明借款关系，肯定是欠款	证明欠款关系，不一定是借款
形成的原因	特定的借款事实	原因很多，基于多种事实而产生
法律效力	当借条持有人凭借条向法院起诉时，一般只需向法官简单地陈述借款的事实经过，对方要抗辩或抵赖一般都很困难	当欠条持有人凭欠条向法院起诉时，欠条持有人必须向法官陈述欠条形成的事实；如果对方对此事实进行否认、抗辩，欠条持有人必须进一步举证，证明存在欠条的形成事实

（3）收条，是收到单位或个人钱物时写给对方的证明收到钱物的字据。

（4）领条，是单位或个人领到钱物后，写给发放物品或欠钱款的单位或个人的证明已领到钱物的字据。

（二）说明性条据

说明性条据是一方向另一方说明事实、陈述请求或交代事情所写的简单书信，包括留言条、托事条、请假条等。

── 温馨提示 ──────────────────────────

　　归还所欠、借的钱物时，如果借出方当事人不在场，而只能由他人代收时，则由代收人写"代收条"。如果借出方当事人在场，则不必再写收条，只需把原来的欠条或借条退回或销毁，以示钱物还清；若当事人将借条遗失或一时找不到，则应让当事人当场写下收据。

三、条据的写作格式

（一）凭证式条据的写作格式

1. 标题

在条据正文上方，居中写明条据的名称，如"收条"、"借条"、"代收条"等。

2. 性质、关系语

凭证类条据一般不写称谓。在标题下第一行空两格直接写明条据的性质、关系，如"今收到""代领到"等。

3. 正文

正文紧接性质、关系语，写明钱物名称、数量、归还日期。

4. 尾语

正文的下一行写明"此据"二字，可防止可能的添加。

5. 落款

写明当事人的姓名或单位及日期，以单位名义出具的一定要加盖单位公章。

（二）说明性条据的写作格式

1. 标题

在条据正文上方，写明条据名称，如"留言条"、"请假条"。

2. 称谓

在条据标题下一行顶格写受文者的姓名或称谓，如"××同志"、"××老师"等。

3. 正文

另起一行，空两格，写明告知、说明的事项。

4.落款

落款与日期写在正文的右下角。

四、条据的写作要领

第一，文字要简明。写明事实，不用讲道理。

第二，数字要大写。表示钱物的数字用汉字大写，即"壹、贰、叁、肆、伍、陆、柒、捌、玖、拾、佰、仟、万"。数字后面要用"整"字表示到此为止，以防篡改或添加。

第三，落款要齐全。具名应是亲笔签的真实姓名。慎重的条据，姓名前要写单位或地址，签名之后还要盖章或按手印，以示负责。日期要完整，包括年、月、日。

温馨提示

摁手印（一般用右手大拇指）具有与签字或者盖章同等的法律效力。签字可以模仿，笔迹鉴定相对复杂，而手印的指纹鉴定比较简单，而且指纹具有唯一性，不存在误差，因此，借条写作中最可靠的做法是借款人（包括担保人）既签字又按手印。

范文借鉴

借　条

今借到张××（身份证号码：×××××××××××××××××）人民币贰万元整（￥20 000.00），借款期限为6个月，自2013年1月10日至2013年6月9日，单利利率为每月0.8%，利息共计人民币壹仟贰佰元整（￥1 200.00），本息合计共贰万壹仟贰佰元整（￥21 200.00），于2013年6月9日一次性还清。此据。

借款人：李××（手印）

身份证号码：×××××××××××××××××××

2013年1月10日

【评析】这是一则规范的借条：（1）借款人、贷款人均附有身份证号，避免可能的重名纠纷；（2）借款币种、金额大小写一致；（3）借款期限与还款时间明确；（4）约定了利率且利率合法；（5）借款人亲笔签名并摁手印。

欠　条

因购体育用品所带现金不够，尚欠××文体商店人民币肆拾捌元整，明天送还。此据。

赵晓华

2012年5月8日

【评析】该欠条写明了欠款的原因、欠款的准确数额和归还时间。

请 假 条

人力资源部：

　　本人于 2011 年 11 月 9 日登记结婚（今年 28 岁，属晚婚）。根据我市有关婚假规定，可享受 15 天婚假。现特请求休婚假，自 11 月 18 日到 12 月 2 日共计 15 天，12 月 3 日恢复上班。恳请批准，不胜感谢。

申请人：××

2011 年 11 月 10 日

【评析】这则请假条请假事由合理，请假时间明确，提前请假，用语礼貌，符合规范。

◉ 病文诊断

借 条

今借张华 650 元，3 天后归还。此据。

李 芳

【评析】该借条问题有四：（1）借条应写明"借到"多少钱，不能写"借"多少钱。"借到"才表示借款人已经收到了借款；（2）没有注明币种；数字没有用汉字大写；"元"后应写上"正"或"整"。（3）归还时间不明，语言表述有歧义（3 天后）。（4）没有借款日期。

领 条

今领到计算器一个，此据。

领用人：王××

13.2

【评析】该领条的问题主要有：（1）没有描述对方名称；（2）财物性质特征不具体；（3）财物数量没有大写；（4）立据日期不规范。

柳经理：

　　我因身体不适，不能坚持上班，请假一天，请批准。

请假人：小兰

2012 年 2 月 28 日

【评析】该请假条的主要问题有：（1）缺少标题"请假条"；（2）患病情况不详；（3）请假时间不具体；（4）没有医生的休假证明；（5）署名不规范。

相关链接

注意借条写作的六个陷阱

（一）打借条时故意写错名字

王某父子向朋友张宗祥借款 20 万元，并打下借条，约定一年后归还欠款及利息。想不到王某父子在借条署名时玩了个花招，故意将"张宗祥"写成"张宗样"。张宗祥当时也没有注意。到还款期后，张宗祥找到二人催要借款，谁知二人却以借条署名不是"张宗祥"为由，不愿归还。无奈之下，张宗祥将王氏父子告到法院。尽管法院支持了张宗祥的主张，但张宗祥也因在接借条时的不注意而付出了很大代价。

（二）是己借款，非己写条

王某向张某借款 10 000 元。在张某要求王某书写借条时，王某称到外面找纸和笔写借条，离开现场，不久返回，将借条交给张某，张某看借条数额无误，便将 10 000 元交给王某。后张某向王某索款时，王某不认账。张某无奈起诉法院，经法院委托有关部门鉴定笔迹，确认借条不是王某所写。

（三）利用歧义

李某借给周某 50 000 元，向周某出具借条一份。一年后李某归还 5 000 元，遂要求周某把原借条撕毁，其重新为周某出具借条一份："李某借周某现金 50 000 元，现还欠款 5 000元。"其中"还"是多音字，可能引发歧义：是"归还"了 5 000 元，还是"还欠"5 000 元？

（四）以"收"代"借"

李某向孙某借款 7 000 元，为孙某出具条据一张："收条，今收到孙某 7 000 元。"孙某在向法院起诉后，李某在答辩时称，为孙某所打收条，是因为孙某欠其 7 000 元，由于孙给其写的借据丢失，因此为孙某打了收条。

类似的还有，"凭条，今收到某某元"。

（五）财物不分

郑某为钱某代销芝麻油，在出具借据时，郑某写道："今欠钱某芝麻油毛重 800 元。"这种偷"斤"换"元"的做法，使价值相差 10 倍有余。

（六）自书借条

丁某向周某借款 20 000 元，周某自己将借条写好，丁某看借款金额无误，遂在借条上签了名字。后周某持丁某所签名欠条起诉丁某归还借款 120 000 元。丁某欲辩无言。后查明，周某在"20 000"前面留了适当空隙，在丁某签名之后在数字前加了"1"。

智慧分享

坚持把简单的事做好了就是不简单。——张瑞敏

项 目 实 训

一、阅读思考

1. 下面是 ×× 学院函授部辅导站起草的工作计划，请指出该文存在的主要问题，并提出修改意见。

××学院函授部辅导站工作计划

一、加强函授辅导教师的组织工作

按照专业分工，划分为三个函数教研组和六门专业课程的学科组。两种组织形式相互结合、相互帮助，前者保证各学科的辅导质量，并在适当的情形下相互转化。

二、建立教师管理制度

聘用的函授教师应定期向函授部做工作报告（1～3个月不等）。因公、因病外出超过1周，要委托其他教师拆取函件，代行职务。对于学员提出的特殊疑难问题或不同的学术观点，要由2名以上的辅导教师共同研究或通过学科组研究后解答。学员与教师间的书信都须保留，作为函授档案备查。

开展互助学习活动是函授学习的重点内容，为了更好地加强函授学员的互助学习活动，现将有关问题通知如下：函授学员应按军区或单位的形式组成互助学习小组，推选1名小组负责人，并将小组名单（包括人数、单位、负责人）于3月底之前报函授部。

三、建立学员档案和学员的定期学习报告制度

辅导教师要建立学员档案，并且要求学员每月报告学习情况：每门课程的学习进度和主要收获，学习安排，学习中遇到的问题，自学时数，学习情况，报告以3 000字为限，论文习作除外。

四、为了能在近期内把学员档案建立起来，希望学员把自己的简历表（包括姓名、年龄、性别、职务、职称、最后学历和在校时间、工作单位，详细通讯地址）交给辅导教师，邮寄时在信封上注明"函授"字样，望遵照执行。

对于我们在当今和以后工作中可能会出现的缺点以及错误，我们诚恳地欢迎各函授部和各函授学员提出批评和建议。

函授部辅导站

2. 请上网搜索阅读《李开复向比尔·盖茨作述职报告》一文，讨论下列问题：

（1）结合文章内容，题目中的"述职报告"一词是否恰当？为什么？

（2）讨论并列出李开复工作汇报的详细提纲。

3. 查看你单位的岗位责任制度，并予以分析评价。

二、情景写作

1．在全班实施"梦想成真"工程，选择一个你一直想实现的愿望，然后写一份计划。无论你的愿望最终能否实现，这份计划一定要有可操作性、可行性。

2．任何人在生活、工作、学习方面，总有取得成功的时候，只是有的人的成功机会多一些，有的人获得成功的次数少一些；有的人的成功在学习方面，有的人的成功在其他方面。那么，请你回顾自己的生活，以自认为成功的一个侧面或一件事为内容，写成一篇小总结。

3．××公司最近新建了一个阅览室，除了对职工开放外，还对社区开放。请你为这个阅览室起草一个阅览制度。

4．因创办实验室需要，××化工厂员工梁志向××有限公司购买试管 1 000 支，单价 1 元，试纸 1 000 本，单价 4 元，共需 5 000 元。××化工厂先付 3 500 元，尚欠 1 500 元，经××有限公司同意，于 2012 年 7 月 12 日前将余款付清。请你代××化工厂撰写欠条（立据日期为 2012 年 4 月 28 日）。

项目四 　 调查研究

PROJECT

项目导言

在这个除了变化是唯一不变的时代，我们的工作、生活每天都会遇到新情况、新问题。怎么办？毛泽东同志说得好："你对于那个问题不能解决么？那么，你就去调查那个问题的现状和它的历史吧！你完完全全调查明白了，你对那个问题就有了解决的办法了。"[①]比如你要进行创业，首先就要选项目，你自然就要对当地进行一些调查，通过调查可以了解到在当地有哪些项目很受欢迎，有哪些项目可以投资，哪些项目的市场已经饱和；企业要进军一个新的市场或改良以前的产品，就必须了解该企业在目前市场中的产品存在哪些不足，顾客对产品有什么意见，以及竞争企业产品的优势和劣势是什么；政府要做一项涉及公众利益的决策，也必须通过调查了解民意，了解民众对决策的看法和意见。

作为一种科学的认识方法和工作方法，调查研究是把理论与实际联系起来的重要桥梁，是制定方针政策的重要依据和科学决策的基础和前提，是各级组织和个人经常性的重要工作，贯穿于工作的各个环节，体现在工作的方方面面。因此，进行调查研究，应该是我们的一项基本功。

本项目选取了调查研究中常用的三种文书来学习：调查方案、调查问卷、调查报告。

学习目标

1. 了解调查方案、调查问卷、调查报告的含义和用途，调查报告与调查方案的区别与联系，能够辨析调查报告和总结的区别。

2. 掌握调查方案、调查问卷、调查报告的写法；能够在实践中选择适当的调查主题，采取恰当的调查方式，开展有效调查，完成调查报告的撰写。

3. 培养务实的工作作风；乐于观察分析事物，有信息捕捉意识和能力，面对各种问题有勇气寻找解决的办法。

---

① 毛泽东：《毛泽东选集》，2版，第1卷，110页，北京：人民出版社，1991。

任务一　调查方案

情景导入

2013年9月下旬的一天（周四），某区委办公室主任对小谢、小宁两位实习生说："农历九月初九是重阳节，市委市政府提出全社会都要尊老敬老，向老年人奉献爱心。10月中旬要召开老龄工作会议，要求各区汇报老年人的基本情况，以期制定相关政策，区委要求我们对辖区内的老年人做一个基本调查。这事就由你们两个完成。下周五之前，把报告上交给李秘书。李秘书要把报告整理成讲话稿。这段时间除了完成办公室日常事务外，你们两个抓紧时间做好这项工作。"

小谢、小宁接到这样的任务后，感到有点不知从何下手，于是就向李秘书请教。李秘书首先提示他们思考三个问题：一是对这次调查的基本要求是否清楚？二是调查前要了解哪些情况？三是要实地调查哪些地方，调查什么内容，采用什么方式调查？然后说"如果想清楚了就先写个调查方案给我看看，再去调查"。

如果你现在就是实习生，你准备怎样完成上述任务？

知识聚焦

一、调查方案的含义

调查方案是指在正式调查之前，根据调查的目的和要求，对调查的各个方面和各个阶段做出通盘考虑和安排的文书。

调查方案作为调查活动的必备性文案，主要有两方面的作用：一是用来作为调查者实施执行调查的纲领和依据，即调查全过程的工作指南；二是用来作为争取立项和经费支持，或与其他调查机构竞争某个项目的重要资料。

二、调查方案的特点

（1）实用性。调查方案必须着眼于实际应用，只有实用性强的调查方案才能真正成为调查工作的行动纲领。调查方案各项内容的设计，都必须从实际出发。

（2）时效性。调查方案必须充分考虑时间因素，特别是一些应用性调查，往往有很强的实践性。

（3）经济性。调查方案必须努力节约人力、物力、财力和时间，力争用最少的人力、财力、物力和时间的投入，取得最大的调查效果。

（4）保持一定的弹性。调查方案应保持一定的弹性。因为在实际调查过程中，常常会遇到一些意想不到的新情况、新问题。

三、调查方案的种类

根据调查领域及功能的不同，调查方案可以分为三大类：（1）公务类调查方案，是开展公务调查事先加以精心设计的行动方案和纲领，主要用于党政机关和事业单位。（2）市场类调查方案，是开展市场调查事先加以精心设计的行动方案和纲领，主要用于行业、企业。（3）学术类调查方案，是开展学术调查事先加以精心设计的行动方案和纲领，主要用于高校、科研院所。

四、调查方案的写作格式

调查方案由标题、正文和落款三部分组成。这里主要介绍正文的主要内容。

（一）前言

前言，也就是方案的开头部分，通常简明扼要介绍调查的背景原因。对调查背景的理解和掌握会在很大程度上影响对调查目的、调查内容等的理解，因此，在调查前必须对调查的背景知识有所了解。

（二）调查目的

调查目的是调查所要达到的具体目的，即通过调查要解决什么问题，解决到什么程度，必须清楚回答"为什么调查"的问题。确定调查目的，是调查方案必须解决的首要问题。只有确定了调查目的，才能确定调查的范围、内容和方法，否则，将可能在调查方案中列入与调查目的无关的调查项目，而遗漏了一些与调查目的关系紧密的调查项目，达不到调查的要求。

我们可以通过这样的思路来确定调查目的，即干什么→怎么样→怎么办→什么用。例如，"××新产品市场需求调研"是这样来确定调查目的的：

（1）干什么：帮助决策者提供"该新产品是否有潜在市场需求"的决策依据。（2）怎么样：目前市场上是否有与该产品同质或相似的替代产品？市场竞争状况如何？还存在何种问题或机遇？（3）怎么办：通过此次调研可以帮助解决什么问题？从中可以发现哪些机遇？（4）什么用：对决策者最终决定是否有必要推出这种新产品的意义和作用是什么？

温馨提示

确定调查目的时，必须先针对组织目前所面临的内外部环境进行科学、系统、细致的诊断，识别存在的主要问题，必须紧扣决策问题，否则，将会把调查引入歧途。

（三）调查内容

这一部分主要回答"调查什么"的问题，即调查的具体内容，需要把已经确定的调查问题转化为具体的调查项目。

如何确定调查内容？我们可以采用这样的思路，即先分类，再细化。例如，"关于新生代农民工生存现状调查"的调查内容可以这样的思路来确定：（1）先分类，可分为工作现状调查、生活现状调查、保障状况调查、务工感受等几方面。（2）后细化，以工作现状为例，可以从就业状态、工作性质、工作时间、就业途径、工作强度、工作满意度、工作收入、预期工作收入等方面来调查。

（四）调查对象

调查对象主要是为了解决"向谁调查"和"由谁来具体提供资料"的问题。确定调查对象的方式有普查、重点调查、典型调查、抽样调查等。

（五）调查方法

调查方法所要解决的是"怎样调查"的问题。选择最适当、最有效的调查方法，是设计调查方案的一个重要内容。常见的调查方法包括问卷法、访谈法、观察法和文献法等。

采用何种方式方法，不是固定、统一的，取决于调查目标、调查对象、调查任务及调查人员素质等因素。要根据实际情况，充分考虑到各种方法在回答率、真实性及调查费用上的不同特点，采取既适合调查问题和目标，又具有经济可行性的方法。

（六）时间安排

时间安排包括三方面：（1）调查期限，指何时完成。（2）调查活动进度表，即每个环节的时间安排，通常包括准备、试调查、调查实施、数据分析和编写报告等阶段。（3）最佳调查时间，即采集数据的最佳时间。

（七）人员配置

这一部分说明调查组成员构成及分工安排。

（八）经费预算

调查费用根据调查工作的种类、范围不同而不同。通常情况下，在调查的前期即计划准备阶段的费用应占总预算费用的 20% 左右；具体实施调查阶段的费用应占总预算费用的 40% 左右；而后期分析报告阶段的费用应占总预算费用的 40% 左右。因此，我们必须通盘考虑各个不同阶段的费用支出，以便顺利地完成调查任务。

（九）其他内容

根据调查项目的需要，方案中还可包括问卷设计、质量控制、结果输出、附录等内容。

五、调查方案的写作要领

第一，调查背景要把握。调查方案的制定必须建立在对调查背景的深刻认识上。只有清楚地认识了调查的背景，才能为调查指明方向，才能帮助我们抓住问题的关键，正确地确定调查目的和内容。

第二，方案内容要完整。只有内容全面完整的调查方案，才能为调查提供全方位的指导，才能保证按统一内容、统一方法、统一步骤来开展调查工作，以便顺利地完成调查任务。

第三，科学性与经济性要兼备。调查方案应尽量做到科学性与经济性相结合。

★ 范文借鉴

××市DA超市调研方案

一、调研背景

DA超市的销售额连续两年下降，通过探测性研究，决策者和调研者均认为销售额下降是由于市场细分不当，目标市场不明确引起的。为了获取多方面的信息，DA超市拟进行一次专项调查，为确定其商圈半径、目标顾客，以及进行生产定位提供依据。

二、调研目的

1. 探究消费者的购买心理、购买动机及其购买行为特点，为市场细分及市场定位提供科学依据。

2. 了解消费者对超市的认知，探察各超市的知名度，分析市场竞争态势，明晰主要竞争对手的优势、劣势及面临的机会与威胁。

3. 探察消费者对DA超市的接受程度，确定其商圈半径。

三、调研对象

我们在定义调查对象时遵循以下原则：一是样本要有广泛的代表性，以期能够基本反映消费者对DA超市的需求状况，从而确定其商圈半径；二是样本要有一定的针对性。由于超市购物需要有一定的购买与支付能力，因此，本次调查的总体是永州市区具有超市购物经验的居民，基于以上原则，我们采用如下标准甄选目标被访者：

（1）12周岁以上××市区域内的常住居民；

（2）本人及其亲属不在相应的单位工作；

（3）在过去的六个月内未接受或参加过任何形式的相关市场调查。

四、调研内容及项目

1. 探究消费者的购买心理、购买动机及其购买行为特点。本部分旨在对消费者对超市需要与期望进行深入探讨，以明确消费者在超市消费所寻求的利益点，为市场细分及市场定位提供科学依据。本部分需要的信息包括：

（1）消费者（家庭）购买日用品的习惯购买地点、频率、数量和品种；

（2）导致这种购物模式的因素：方便、快捷、价格实惠、质量可靠；

（3）对超市各种特性及重要性的评价（量表法）；

（4）消费模式：有计划购买、冲动购买。

2. 探察各超市的知名度，分析 DA 超市的竞争态势。本部分是专门针对品牌的研究，旨在通过对市场上主要竞争对手的比较评价，找出自己的优势和机会，发现所面临的问题与威胁，以便在制定市场营销策略时扬长避短。本部分需要的信息包括：

（1）目前 DA 的品牌知名度：第一提及、提示前、提示后；

（2）品牌购买：曾经购买、过去三个月购买过；

（3）对曾经光顾过的超市的总体评价。

3. 探察消费者对 DA 超市的接受程度，以及对其发展的意见与建议，从而确定 DA 超市的商圈半径。本部分需要的信息包括：

（1）消费者对 DA 超市的接受程度；

（2）消费者对 DA 超市的评价以及对其发展的意见与建议。

4. 收集被调查者的背景资料，包括调查者的年龄、性别、职业、家庭收入状况等背景资料，以备交互分析使用。

五、调研方法

1. 数据收集方法：

（1）采用结构性问卷进行街头面访调查，问卷长度控制在 15 分钟以内；

（2）以 DA 超市为中心、1 千米为间隔半径，采用等距抽样的方法确定被访者。

根据以往的经验，本次研究所需要的样本量约为 300 个。

2. 质量控制与复核：

（1）本次问卷访问复核率为 30%，其中 15% 电话复核，15% 实地复核。

（2）我们将实行一票否决制，即如果发现访问员所作一份问卷作弊，则该访问员所有问卷均作废。

六、经费预算（略）

七、调研组织及人员安排

1. 由市场营销部全面负责规划与实施；

2. 聘请训练有素的市场营销专业大学生 10 名，作为访问员；

3. 由营销部的推销人员对访问员的访问质量进行抽检，及时审核。

八、时间安排（略）

（道客巴巴：http://www.doc88.com/p-117810465380.html）

【评析】这是一篇市场调查方案。格式规范，内容完整，任务明确，操作性强。本文通过调查背景的梳理，分析了超市销售额下降的主要原因，从而确定了调查的具体目的和调查内容、项目。这种将当前营销决策问题转换为调查研究问题的思路值得学习。

病文诊断

关于社区老年人养老现状的调查方案

一、调查目的

随着人口老龄化压力的增大和传统家庭养老服务功能的日益弱化，老年人特别是高龄老人对社会福利和社区照料服务的需求不断增加，养老职能将更多地依赖于社会，依赖于社区为老服务的开展，由此产生的社会化居家养老也越来越受到广泛关注。××市老龄办数据显示，目前，我市60岁以上的老人有70多万，而全市10家社会化养老机构的老人总数还不到1 000人。到2030年，全市老人将激增至170多万，老龄人口约占全市人口总数的25%。

针对目前的现状，市委市政府提出构建以"居家养老为基础，社区养老为依托，机构养老为补充"的养老体系，以此更好地补充××市养老体系的现状，解决养老体系建设中存在的问题，促进××市居家养老体系建设的途径、方式和工作思路，更好地促进社会和谐。

二、调查对象

××区××社区居委会相关工作人员。

三、调查内容

（一）社区老年人生活现状（略）

（二）居家养老服务存在的问题（略）

（三）加强居家养老服务的对策和建议（略）

四、调查方法

问卷调查法。

附件：关于社区老年人养老问题的调查问卷（略）

【评析】这是一个有价值的调查，但还不是一份周密科学的调查方案。其价值体现在调查目的明确，调查内容也较准确，具有现实意义；但方案"硬伤"明显，不能发挥作为调查工作行动纲领的作用。"硬伤"主要体现在两方面：一方面是内容不全，谁调查，什么时间调查，调查的人员分工与进度安排如何，等等，没有纳入方案；另一方面是调查对象、调查方法不科学。如果这是面向全市的调查，仅调查一个社区，样本太少；且样本的对象只限于社区居委会工作人员一方，而对与调查问题最直接相关的社区老年人没有调查，这样的调查出的结果显然有失偏颇。此外，调查方法单一，应结合访谈法、文献法等进行。

相关链接

常见调查方法

（1）文献法，就是通过搜索各种文献资料，摘取与调查项目有关的信息的方法。通过文献调查，可了解前人已经取得的成果和今人进行的调研的现状。文献调查所得的信息，一般只能作为调查的先导，而不能作为调查结论的现实依据。

（2）观察法，是调查者凭借自己的感官和各种记录工具，深入调查现场，在被调查者未察觉的情况下，直接观察和记录被调查者行为，以收集信息的一种方法。

（3）访谈法，是调查人员采用访谈询问的方式向被调查者了解情况的一种方法。该方法形式多样，包括面谈、函询、电话询访等。一般来说，收集简单的、时间性强的信息，以电话询访为好；收集涉及面广、深度要求高的信息，以面谈为佳。

（4）问卷法，是调查者运用统一设计的问卷向被选取的调查对象了解情况或征询意见的调查方法。问卷法虽然不如观察法了解行为反应那样具体细致，也不如访谈法那样便于深入沟通，然而它可以获得多因素资料，取样大，代表性强，利于对调查资料进行定量分析和研究。

🛐 智慧分享

我们的口号是：一，不做调查没有发言权。二，不做正确的调查同样没有发言权。——毛泽东

任务二　调查问卷

✚ 情景导入

武汉市地铁2号线是中国内地第一条带图书馆的地铁线，全线21个站点都有自助借书机，乘客在地铁车站等车的同时，可以随时借阅到自己想读的书，像在自动售货机买饮料一样快捷方便。为了解武汉市地铁自助图书馆运营情况，提出改进策略以更好地服务于广大市民，××开放大学计算机工程学院信息管理专业大三学生丁宁开展了相关调查。

请你代丁宁设计一份武汉市地铁图书馆使用现状的调查问卷。

◉ 知识聚焦

一、调查问卷的含义

调查问卷，又称问卷、调查表，是调查者根据一定的调查目的和要求，按照一定的理论假设设计出来的，由一系列问题、调查项目、备选答案及说明所组成的，向被调查者收集资料的一种工具性文书。

二、调查问卷的种类

按调查方式，问卷可分为自填问卷和访问问卷。自填问卷是由被访者自己填答的问卷。访问问卷是访问员采访被采访者，由访问员填答的问卷。

三、调查问卷的写作格式

调查问卷一般由标题、卷首语、调查内容、结束语四部分组成。

（一）标题

每份问卷都有一个调研主题。调研者应开宗明义定个题目，反映这个研究主题，使人一目了然，增强填答者的兴趣和责任感。例如，"中国互联网发展状况及趋势调查"这个标题，把调查对象和调查中心内容和盘托出，十分鲜明。

（二）卷首语

它是问卷调查的自我介绍信。一般包括调查的目的、意义和主要内容，选择被调查者的途径和方法，被调查者的希望和要求，回复问卷的方式和时间，调查的匿名和保密原则，以及调查者的名称等。

为了能引起被调查者的重视和兴趣，争取他们的合作和支持，卷首语的语气要谦虚、诚恳，文字要简明、通俗、有可读性，篇幅宜短不宜长，短短两三百字最好。

卷首语一般放在问卷第一页的上面，也可单独作为一封信放在问卷的前面。

（三）调查内容

调查内容是调查问卷中最主要的部分，同时也是问卷设计的关键部分，主要包括：指导语，问题及答项，编码。

1. 指导语

指导语也称填答说明，是用来指导被调查者填答问题的各种解释和说明。

不同的调查问卷对指导语的要求不一样，指导语所采取的形式也多种多样：有些问卷中，指导语很少，只在卷首语后附上一两句，没有专门的"填表说明"。有的问卷则有专门的指导语，集中在卷首语之后，并有"填表说明"标题。有的问卷，其指导语分散在某些较复杂的问题前或问题后，用括号括起来，对这一类问题做出专业的指导说明。

2. 问题及答项

这是问卷的主体，也是问卷设计的主要内容。从形式上看，问题可分为开放式与封闭式两大类。所谓开放式问题，就是那种只提出问题，但不为回答者提供具体答案，由回答者根据自己的情况自由填答的问题，简言之，就是只提问题不给答案。而封闭式问题则是在提出问题的同时，还给出若干个答案，要求回答者根据实际情况进行选择。

开放式问题的主要优点，是允许回答者充分自由地发表自己的意见。因而，所得资料丰富生动。其缺点是资料难于编码和统计分析，对回答者的知识水平和文字表达能力有一定要求，填答所花费的时间和精力较多，还可能产生一些无用资料。封闭式问题的优点是，填答方便，省时省力，资料易于作统计分析。其缺点是资料失去了自发性和表现力，回答中的一些偏误也不易被发现。

一份问卷应该包括多少个问题，要依据调查的内容、样本的性质、分析的方法、拥有的人力、财力、时间等各种因素来决定，没有固定的标准。但一般来说，问题不宜太多，问卷不宜太长。通常，以回答者能在 20 分钟以内完成为宜，最多也不要超过 30 分钟。

3．编码

在以封闭式问题为主的问卷中，编码是将调查问卷中的调查项目以及备选答案给予统一设计的代码，便于计算机进行处理和定量分析。

（四）结束语

结束语一般放在问卷的最后面，用来简短地对被调查者的合作表示感谢，也可征询一下被调查者对问卷设计和问卷调查本身的看法和感受；有时，也包含调查过程描述。

四、调查问卷的写作要领

第一，主题明确。调查问卷应根据调查主题，从实际出发拟题，须目的明确，内容具体，重点突出，有明确的主题，没有可有可无的问题。违背了这样一点，再漂亮或精美的问卷都是无益的。

第二，结构合理。问题的排列应有一定的逻辑顺序，符合应答者的思维程序，结构合理，逻辑性强。一般是先易后难、先简后繁、先具体后抽象。

第三，通俗易懂。问题措辞的基本原则是简短、明确、通俗、易懂。在问卷设计中，对问题的语言表达和提问方式有下列常用规则：（1）问题的语言要尽量简单；（2）问题的陈述要尽可能简短；（3）问题要避免带有双重或多重含义；（4）问题不能带有倾向性；（5）不要用否定形式提问；（6）不要直接询问敏感性问题。

第四，长度适当。回答问卷的时间控制在 20 分钟左右。问卷中既不浪费一个问句，也不遗漏一个问句。

第五，整齐美观。版面总的要求是整齐美观，便于阅读、作答；便于后期统计分析处理。

温馨提示

做调查时，要有充分的思想和心理准备。拒访率、废卷率可能很高，也可能遇到很多"无法忍受而必须忍受"的嘲讽与挫折。

👍 范文借鉴

大学生母语水平状况调查问卷

同学，您好！为了了解我校大学生的母语水平与学习情况，以促进学校更好地进行母语教育，我们设计了这份调查问卷。同时，为了保证调查的精确度，请您如实填写，非常感谢您的诚意配合！

您的专业类别：

☐文科　　　　　　　　☐理工科

您的性别：

☐女　　　　　　　　☐男

您所在年级：

☐大一　　　　　☐大二　　　　　☐大三　　　　　☐大四

1. 请问您是否参加了普通话等级测试，您的测试成绩是？（如果没有参加，本题不作答）

☐A. 一级甲等　　　　　　　☐B. 一级乙等

☐C. 二级甲等　　　　　　　☐D. 二级乙等及以下

2. 您认为现代大学生应当多读哪一类书？（多选题）

☐A. 文学类　　　　　　　　☐B. 专业类

☐C. 娱乐消遣类　　　　　　☐D. 科普和应用技术类

3. 您的阅读习惯是？

☐A. 定时阅读　　　　　　　☐B. 闲暇时才读

☐C. 课堂阅读　　　　　　　☐D. 基本不读

4. 平时上网聊天或发短信的时候如果发现有打错的字或者语法错误会不会改过来？

☐A. 会改　　　　　　　　　☐B. 只要不引起误解就不改

☐C. 根据聊天对象决定改或不改　　☐D. 不会改

5. 在与他人交流的过程中觉得自己能否准确表达自己想说的及达到预期效果？

☐A. 能很顺利做到　　　　　☐B. 有时会感觉吃力

☐C. 常常做不到　　　　　　☐D. 没有注意过这个问题

6. 您觉得大学语文这门课是否重要？

☐A. 非常重要　　　　　　　☐B. 比较重要

☐C. 不重要　　　　　　　　☐D. 完全没有必要开设

7. 您觉得母语能力不足对以下哪些方面影响较大？（多选题）

☐A. 与他人的有效交流　　　☐B. 日常工作的应用写作

☐C. 阅读　　　　　　　　　☐D. 对祖国语言文化的认识

8. 您觉得哪些方面阻碍了母语能力的提高？

□ A．中小学母语教育不足　　　　　　□ B．大学里对语文学习的淡化

□ C．社会上的"外语热"　　　　　　　□ D．没有像英语那样的考核要求

9. 您与朋友、同学交流沟通时用什么方式较多？（多选题）

□ A．面对面说话交流　　　　　　　　□ B．电话交流

□ C．聊天软件交流　　　　　　　　　□ D．信件交流　　□ E．其他方式

10. 您在日常生活中是否经常使用网络流行语？

□ A．经常使用　　　　　　　　　　　□ B．偶尔使用

□ C．基本不用　　　　　　　　　　　□ D．对网络流行语很反感

11. 请写出一句您在大学以来学到的古诗句：

_____

12. 您最希望自己母语能力的哪些方面得到提高？　★

_____

_____

（问卷星网：http://www.sojump.com/viewstat/1908189.aspx）

【评析】这是一份比较规范的问卷，主题明确，内容简明扼要，问题设置合理，语句通俗易懂，便于统计。

病文诊断

一个夏季野营负责人已经准备了下面的调查问卷，用来采访准备参加野营的孩子们的父母：

1. 您的收入最接近几百美元？

2. 您强烈支持还是较弱支持您的孩子参加过夜的野营呢？

3. 您的孩子在学校的野营中表现得好吗？是（　　）否（　　）

4. 在您对我们野营活动的评估中，什么是最显著的、起决定性的因素？

5. 您认为剥夺您孩子的这样一个通过参加学校野营而锻炼成为一个成熟的人的机会是正确的吗？

【评析】上述问卷表述不当，依次分析如下：（1）人们通常不愿意如此准确地揭示他们的收入，调研人员永远不应该以这样一个私人性问题作为调查问卷的开头。(2)"强烈"和"较弱"到底是什么含义？（3）"表现"是一个相对的说法，并且，"是"或"否"是这个问题最好的答案选项吗？另外，人们能诚实、客观地回答这个问题吗？为什么在问卷开头问这个问题？（4）到底什么是"显著"和"决定性"因素？不要在这里用这种概述性的词语。(5)这是一个有负担的问题，本身带有偏见，父母怎么可能回答"是"？

相关链接

确定问题的顺序

确定问题的排列顺序必须按以下两条基本要求：一是便于被调查者顺利作答；二是便于资料的整理和分析。为此，问题的排列要有逻辑性，如表 4-1 所示：

表 4-1　调查问卷问题的顺序一览表

位　置	类　型	例　子	理论基础
开头	过滤性问题	过去的12月中您曾滑过雪吗？ 您拥有一副雪橇吗？	为了辨别目标回答者——对去年滑过雪的雪橇拥有者的调查
最初的几个问题	适应性问题	您拥有何种品牌的雪橇？ 您已使用几年了？	易于回答，向回答者表明调查很简单
前1/3的问题	过渡性问题	您最喜欢雪橇的哪些特征？	与调研目的有关，需稍费些力回答
中间1/3的问题	难于回答及复杂的问题	以下是雪橇的10个特征，请用以下量表（略）分别评价您的雪橇的特征。	应答者已保证完成问卷并发现只剩下几个问题
最后部分	分类和个人情况	您的最高教育程度是什么？	有些问题可能被认为是个人问题，应答者可能留下空白，但它们是在调查的末尾

智慧分享

在适当的时候做适当的事，是一种伟大的艺术。——（古希腊）伊索

任务三　调查报告

情景导入

大学毕业后，我在报上看到一家著名的企业招聘销售主管，便前去应聘。来到现场，我看到已经有一百多人在那里排队。我打听到他们以前都做过销售业务，有的还是业务经理级别的，只有我一个人什么经验都没有。我感觉到自己的希望很渺小，想打退堂鼓。但转而一想，既然来了，就应该尝试一下。最后有 5 个人通过面试，我竟幸运地成为其中的

一个。主考官看着我们，笑着说："你们回家好好准备一下，一个星期后，公司总经理将会亲自复试。"

回到家后，我很兴奋，同时又感到忐忑不安，不知道复试的结果最终会怎样。那天，我一个人在商场里闲逛，突然看到我应聘的那家公司的产品，于是我走过去和业务员闲聊起来，从公司产品的销售情况，到消费者对产品是否认同，还需要哪些改进。我们聊了很长时间，业务员把这些情况都跟我详细说了。接下来的几天，我又去其他几家商场，把公司产品和其他公司的同类产品做了比较、了解。回到家后，我把自己调查的情况写成一份详细的市场调查报告。

复试那天，我们5个人如约来到公司。等到我和总经理面谈时，我将调查报告递交给他。总经理接过仔细翻看了一遍，面带笑容地对我说："很高兴地通知你，你被我们公司录取了。"

（辽宁省就业网：http://www.jyw.gov.cn/web/assembly/action/browsePage.do?channelID=1195032438520&contentID=1221054940086，略有删改）

这个案例对你有何启示？你知道怎样完成这份调查报告吗？

⊙ **知识聚焦**

一、调查报告的含义

调查报告是对某项工作、某个事件、某个问题，经过深入细致地调查后，将调查中收集到的材料加以系统整理，分析研究，以书面形式向组织和领导汇报调查情况的一种文书。调查报告是调查研究成果的传递工具，是其转化为社会效益，发挥社会作用的桥梁，是决策的重要依据。

文种辨析

表4-2 调查报告与工作总结的区别

文种 区别	调查报告	工作总结
写作目的	重在报告情况，指导全局工作，为领导决策提供依据	重在对工作进行回顾和总结，得出经验教训，指导本单位今后的实践
取材范围	取材范围广，可以调查历史，可以总结经验或教训，也可以调查新事物的成长，揭露问题	取材范围小，一般只对本单位、本部门或本人过去的工作进行总结
使用人称	第三人称	第一人称

二、调查报告的特点

(1) 针对性。调查报告一般有比较明确的意向，相关的调查取证和分析研究都是针对和围绕当前较为迫切的实际情况或实际问题展开的。

(2) 事实性。调查报告的生命在于用事实说话，材料的真实和准确是首要的。在调查报告中，不仅主要人物和事实要真实，就是事件的时间、地点、过程及各种细节也要真实，不能有半点浮夸和虚假。

(3) 对策性。对策性是调查报告有别于其他文体的一个很重要的特征。调查报告不仅要有情况，还要有对策，有建议，这是调查报告的真正价值所在。

三、调查报告的种类

根据使用领域及功能的不同，可以分为三大类，即公务类、市场类、学术类。

(1) 公务类调查报告，是党政机关及事业单位用于处理公务的一种文书，是机关最常用的文体之一。其主要功能是为决策机关呈送经过分析研究的政治、经济、社会、文化等方面的客观情况及对策思路，为决策、指导工作及认知事物提供信息和智力支撑；同时，还可以通过总结经验教训，推动工作的顺利进行。公务类调查报告通常可分为经验性调查报告、问题性调查报告和情况性调查报告。

(2) 市场类调查报告，是对市场的全面情况或某一侧面、某一问题进行调查研究的书面成果，目的是透过对市场现状的分析，揭示市场运行的规律、本质，为投资或营销服务，通常可分为市场需求调查报告、竞争对手调查报告、市场价格调查报告、市场消费行为调查报告等。

(3) 学术类调查报告，主要以专业研究人员为读者对象，试图通过对实地调查资料的分析及归纳，达到检验理论或建构理论的目的，大多发表在学术刊物上或刊载于学术著作中，是学术论文的一种形式。

四、调查报告的写作格式

(一) 标题

调查报告的标题通常有两种形式：

(1) 单行标题，可由"调查对象＋调查内容（范围）＋文种"构成，如《2012年中国网上购物消费者调查报告》；也可直接揭示调查结论，如《××市村级岗位成本管理的做法值得推广》；也可提出问题，如《百步亭和谐社区为什么被叫好》。

（2）双行标题，把调查报告的主要内容作为正题，再用副题补充说明调查的内容，如《打开宝岛的"金钥匙"在哪里？——关于海南岛开发建设的调查》）。

（二）前言

前言又称引言、导语。常见写法有：

（1）交代式，即在开头简单地交代调查的目的、方法、时间、范围、背景等，使读者在入篇时就对调查的过程和基本情况有所了解。

（2）提要式，就是在开头对调查对象最主要的情况进行概括，使读者一入篇就对其基本情况有一个大致的了解。

温馨提示

　　不论选择何种开头方法，都要围绕着"为什么进行调查、怎样进行调查和调查的结论如何"这几方面问题做文章。

（3）问题式，即在开头提出问题来，引起读者对调查课题的关注，促使读者思考。这样的开头可以采用提问的方式引出问题，也可以直接将问题摆出来。

（三）主体

主体是调查报告的核心部分，其写作的成败决定着调查报告质量的高低和作用的大小。

不同种类的调查报告，其调查报告格式与写法总体上大致相同，但由于强调的重点和要求不完全一样，因此，每种调查报告格式的写法也有一定的区别。这里主要介绍公文类调查报告和市场类调查报告主体的写法。

1．公务类调查报告主体的写法

公务类调查报告要写出调查研究的成果。这些成果大致包括两方面：一是调查后获得的客观情况，尤其要揭示出事物新的变化趋势、独具特色的情况或事件的真相；二是通过研究获得的理性认识，如总结出典型经验，揭示客观规律，提出对策、建议等。按照内容表达的层次组成的框架主要有三种：

（1）"情况—成果—问题—建议"式结构，多用于反映基本情况的调查报告；

（2）"成果—具体做法—经验"式结构，多用于介绍经验的调查报告；

（3）"问题—原因—意见或建议"式结构，多用于揭露问题的调查报告。

不管用什么结构方式，都要做到观点和材料的统一，要选用最典型的材料说明观点，要恰当地运用事实说明观点，善于运用不同的材料，从对比中说明问题，阐述观点。

2．市场类调查报告主体的写法

市场类调查报告多数是专题调查报告，或反映市场环境，或反映市场需求，或反映市场供给，或反映市场营销情况。写作时都要真实地反映客观事实，但这不等于对事实的简单罗列，应该有所分析、提炼，主要有三种方法：

（1）先对调查数据及背景资料进行客观介绍，然后在分析部分阐述对情况的看法；

（2）首先提出问题，然后再分析问题，目的在于找出解决问题的办法；

（3）先肯定事物的一面，由此引申出分析部分，进而引出结论，循序渐进。

在主体部分，分析是市场调查报告的主要组成部分，往往要对资料进行质和量的分析。

通过分析，了解情况，说明问题，解决问题。其中，分析有三类情况：

（1）原因分析。这是对问题的基本成因进行分析。

（2）利弊分析。这是对事物在市场活动中所处地位、作用等进行利弊分析。

（3）预测分析。这是对事物的发展趋势和发展规律进行分析。

总之，不论何种类型的调查报告，一般都要有情况，有分析，有建议，材料翔实，观点鲜明，层次清楚。

（四）结尾

结尾部分要求简洁干脆，言尽即止，写法不拘一格：可归结全文，点明、深化主题；可指出问题，引人思考；可补充说明未尽事项。

（五）署名

调查报告一律要署名，有的在标题下方，有的在正文右下方。这样除了表示对调查内容负责外，还可以给人真实感。

范文借鉴

深圳新生代农民工生存状况调查报告

随着中国工业化、城市化进程的迅速加快，农民工作为一个庞大的社会群体进入城市，改革开放后出生的新生代农民工已经成为农民工的主体。2010年中共中央1号文件明确提出"采取有针对性的措施，着力解决新生代农民工问题"，为深入了解新生代农民工特点、工作状况、生活状况以及利益诉求，更好地发挥工会参与管理国家事务、管理经济和文化事业、管理社会事务的职能，深圳市总工会于2010年4月至6月开展了"新生代农民工生存状况调查"专项课题研究，并委托深圳大学劳动法和社会保障法研究所联合开展调查。

本次调查选择的范围涉及深圳6个行政区，采取区域调查和产业工会调查相结合的方式。本次调查发出问卷5 311份，回收5 110份。调查方式主要有问卷调查和结构访谈。问卷发放方式有直接到工业区企业发放和随机抽样调查两种。第一种，直接到工业区和企业发放问卷。共到深圳六个区167家企业发放问卷，在选择企业时适当考虑企业性质和规模，并兼顾行业类型。除深圳富士康企业集团外，在每个企业抽样数量不超过25份。共在企业发放问卷3 350份，回收3 280份。第二种是随机抽样调查。共在深圳6个行政区16个商业繁华区进行抽样调查，发放问卷1 961份，回收1 830份，以上两种方式调查回收问卷5 110份，最后确定有效问卷5 000份。本文所引用数据均来自本次调查。

一、新生代农民工的基本特征

对新生代农民工的界定主要是从年龄上进行划分，是指中国改革开放后出生的（"80后"、"90后"）户籍在农村但到城市务工的人员，其中既包括从小在农村、长大进城务工的青年劳动力，亦包含随打工父母进城、在城市中长大的青年劳动人口。经过调查分析，新生代农民工主要有以下特征：

（一）来源广泛，平均年龄为 23.7 岁，70% 为未婚，女性比例高于男性，受教育程度较高

新生代农民工中，男性占 46.8%，女性占 53.2%。男女比例基本持平，女性比例略高于男性。在男女比例上，新生代与老一代不同，老一代农民工中男性员工占 62.1%，女性员工占 37.9%，男性比例明显较高。在深农民工平均年龄为 27.6 岁，新生代农民工平均年龄为 23.7 岁，其中，年龄在 20 岁以下的有 680 人，占 21.7%，年龄在 20 ~ 25 岁的有 1 452 人，约占 46.2%，年龄在 25 ~ 30 岁的有 1 004 人，约占 32%，如图 4-1 所示。

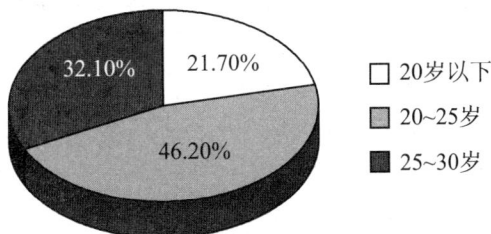

图 4-1　深圳新生代农民工年龄结构

在新生代农民工中，未婚人员较多，占 71.5%；已婚人员占 27.8%。新生代农民工来源广泛，涉及全国 27 个省市，其中广东省、湖南省、湖北省三省数居多，接近 60%。在来源结构上，新老农民工有所不同，老一代主要来源于广东、四川和湖北。新生代中除广东外，来自湖南、湖北的居多，且来自广西的比例有所增加（新老农民工来源结构对比表略）。

新生代农民工受教育程度明显高于老一代，他们大部分接受过九年制义务教育，受过高中教育的要多于受过初中教育的，小学文化程度和文盲比例低，受过初中教育的占 33.7%，受过高中教育（中专 / 中技）的占 44.9%，在老一代中，受过初中教育的有 40.4%，其次是受过高中教育的，有 38.2%，小学文化程度、文盲的比例要高于新生代农民工。

（二）劳动合同签订率高，合同期限短期化，从事制造业、服务业的多，从事建筑业的少，多在民营企业工作，工作岗位偏低，就业稳定性差，职业安全健康存在隐患（略）

（三）新生代农民工仍然属于吃苦耐劳型，收入和消费均低于老一代农民工，一半以上有储蓄习惯，具有强烈的家庭责任感（略）

（四）将近一半居住在集体宿舍，社会交往乡缘业缘化，网络成为业余生活的主要部分，恋爱观念传统，恋爱方式更加自由（略）

（五）打工目的是经济型和发展型兼有，更注重未来发展，具有强烈的创业意识，渴求多方面的培训（略）

（六）大多数没有务农经历，渴望城市生活，对未来充满信心，希望获得平等的政治权利，认可工会的积极作用，对政府充满期待（略）

二、新生代农民工面临的主要问题

中国社会正处在一个经济社会转型阶段，在转型过程中，原有的社会结构体制被打破，新的社会结构体系尚未建立，在这个转型阶段会有种种的复杂性、不确定性。新生代农民工身处转型期，经历着乡土特质和城市特质的不断冲击，他们比任何一个阶层都更为强烈地感受到社会急剧变化的不适应和原有制度结构上的不适应，使他们在生存上面临着一系列的问题。

（一）工资待遇低，面临着生存困境

工资是对进入生产领域的劳动力所提供的对价，正常的工资是维持劳动者生产和再生产的基本保障，但目前普遍存在新生代农民工工资待遇偏低的问题，使他们面临着不少生存上的困境。

生存困境之一是温饱层次的生活水平和将就式的生活方式。调查显示，很多企业按照当地最低工资标准支付工资，劳动者为了增加收入只有大量超时加班，形成了劳动者表面上主动愿意加班的现象，其实加班的根本原因就是工资太低。2010年新生代农民工即使通过加班获得的月平均工资也只有1 838.6元，大约为2009年深圳市在岗职工月平均工资的47%，新生代每月所得仅能够维持其本人最低生活水平，大多数的农民工只能精打细算、节俭度日。

生存困境之二是缺乏正常的社会和家庭生活。（略）

生存困境之三是始终奔波在城乡之间。（略）

生存困境之四是更重视现实利益，而缺乏精神高度。（略）

（二）制度性歧视，形成发展困境（略）

（三）身份认同危机，未来无方向感（略）

（四）劳资关系失衡，没有话语权（略）

三、解决新生代问题的政策建议

目前新生代农民工已构成农民工群体的主要组成部分，他们正在向产业工人阶级转变，政府应通过产业制度、福利制度、就业保障制度的安排，甚至可以通过直接治理手段，切实解决新生代农民工在工作和生活中的问题。

（一）提高工资福利待遇，改变生存困境

工资是给予一个进入社会的劳动者有尊严有体面生活的前提保障，目前企业并不是按照一个产业工人工资的标准支付给劳动者的。虽然低工资减少了城市化的压力，但工业化、城市化是历史发展的必然，面对新生代渴望城市生活的诉求，应通过一系列的制度切实提高劳动者的工资待遇。

1. 进行最低工资立法（略）

2. 加快集体谈判立法（略）

（二）充分发挥工会作用，改变劳资关系失衡局面（略）

（三）消除制度性障碍，给予农民工平等的公民权（略）

深圳作为一个新兴都市，外来农民工为深圳的经济建设和繁荣做出了重大贡献，但由于制度上的限制，农民工在工作和生活中还存在诸多问题。目前中国劳动力结构和总量正在发生变化，深圳也曾屡次出现"民工荒"现象，作为中国经济最发达的地区和农民工聚集的城市之一，深圳市应转变发展思路，经济发展和社会发展并行，在户籍制度、就业制度、劳动关系管理制度和社会保障制度上加大改革步伐，为新生代农民工创造更好的工作、生活和身心发展条件，让农民工分享工业化和城市化的成果，感受现代文明的丰富多彩，在城市中找到自己的精神家园，建设一个更加和谐的深圳。

（人民网：http://acftu.people.com.cn/GB/67582/12154737.html）

【评析】这是一份公务类调查报告。标题简洁明了，前言从为什么调查、谁调查、调查谁、怎样调查等方面概要介绍了调查的基本情况；主体部分按照"情况—问题—建议"安排结构，并娴熟运用了"片言居要法"，即把每个层次、每段的主旨句置于相应的各层、各段的显要之处，使得全篇格局提纲挈领，内容安排井然有序，观点设置鲜明突出。最后归结全文，深化主题。

该报告引发了广泛的社会关注，不仅在于该调查主题"击中了社会紧绷的弦"，具有相当强的现实意义；而且在于数据的翔实、全面，数据的分析科学、合理。全文1.5万字，其中第一部分就占全文篇幅的一半，通过事实、通过数据说明新生代农民工的工作、生活、思想等各方面的生存状况，并通过与老一代农民工的对比，揭示了新生代农民工的基本特征，令人信服。在数据的呈现上，采用图表结合说明的方式（全文13幅图表略），使得有关数据一目了然，又大大节约了说明文字。

病文诊断

厂小志大积累多　人均贡献七万五
——××省第五漂染厂增产增收的调查

××省第五漂染厂是个小型工厂。全厂现有职工389人，1980年产量1.756万米，上缴税利2 577万元，是本省纺织系统创造纯收入水平较高的企业。今年9月以来，完成情况与去年同期相比，产值增长3.2%，产量增长4.2%，上缴税利增长13.6%，取得了增收大于增产的优异成绩。

今年年初，该厂全面分析了生产上存在的不平衡的情况，看到退浆、染色、整理三个工序的设备能力状况是"两头小，中间大"，解决增产的关键在于提高整理和退浆两道工序的生产能力。方向明确后，他们对这两道工序就抓得很紧。

为了多出口、多创汇、多增利，他们密切与外贸部门联系，了解国外市场的需要，积极增产利润水平高，而且在国际市场上畅销的××牌中长纤维产品，今年计划生产500万米，比去年增加两倍以上。1 ~ 9 月已完成 385 万米，预计全年可增加利润 42 万元。

同时，他们也十分重视内销商场的变化。今年在青年中流行"米黄热"，市场要求大增，他们就及时改变产品结构，生产出大量米黄色布料，满足了市场需要。仅这个品种，1 ~ 9 月就增加利润 136 万元。

在生产计划的调度安排上也动了许多脑子，如适当调节车速，使前后期工序环环扣紧。如整理机的车速，从原来一分钟 35 转加速至 40 转，提高了整理工序的生产能力。

该厂在降低成本上也积极想办法，确定了节约染料成本 5% 的奋斗目标，在保证产品质量的前提下，采取以国产染料代替进口染料，以低价染料代替高价染料的办法，取得较好的效果。如对无色染料的配方就做了三次修改，从开始用每千克 78 元的进口料，改用每千克 48 元的国产料，后又改用每千克 36 元的国产低价料。通过不断改进配方，使今年的染料成本，从去年每百米 26.70 元降为 24.52 元，降低了 8.2%，预计全年可节约染料成本达 60 多万元。

该厂还积极争取财政、银行部门的支持。今年贷款 108 万元，增添烘干机和退浆车各一台，现在都已投入生产，每月增产中长纤维 15 万米，年内约计可增加利润 82 万元。

目前，该厂领导和群众都积极表示，要再接再厉，借经济改革的东风，积极生产，勇于革新，全年争取上缴税利 2 900 万元，达到平均每个职工年纯收入 7.5 万元，为国家做出更大的贡献。

（黄泽才：《新编应用写作》，182 ~ 183 页，北京，北京理工大学出版社，2007）

【评析】这是一篇经验性调查报告。主旨明确，材料充实，标题、前言、结尾都写得简洁明了。但正文部分难以理解，读罢不知经验何在。原因在于作者对材料分析研究不够，没有很好地分类，没有概括出相关的观点，没有形成段旨句并按"片言居要法"把它们放在文章相应的显要位置。第二、第五、第七段三个材料可归并一类；第三、第四段两个材料可归并一类；第六段的材料，自成一类。

⊙ 相关链接

"中国将出兵朝鲜"一字千金

在 20 世纪 50 年代，美国出兵朝鲜之前，除了美国兰德公司对这次战争进行的战略预测之外，还有欧洲的一家名叫德林的公司，倾其所有，甚至不惜亏本倒闭，花巨资研究了有关朝鲜战争问题的报告。经过大量研究分析，该公司认为：如果美国向朝鲜出兵，中国也一定会出兵；若中国出兵，美国注定要失败。

报告的主要结论只有寥寥数字"中国将出兵朝鲜"，还附有 380 页的研究报告。在朝鲜战争爆发前八天，德林公司欲将这一研究成果以 500 万美元的价格卖给美国对华政策研究所，但后者认为价码太高而没买。

但嫌贵的后果是什么呢？正如我们后来所知，美国盲目出兵朝鲜，中国随即派出了志愿军抗美援朝，使美军惨败。美国远东军司令长官麦克·阿瑟将军讽刺美国政府：不愿花一架战斗机的价钱，却花掉了数艘航空母舰的代价打了这场预先可以避免的战争。

朝鲜战争结束后，美国政府为了吸取教训，仍花费了 280 万美元买回了德林公司的这项研究成果。

这个案例给我们的启示是：没做调研失败了——可恨；做了调研却没有正确使用调研结果——可悲。

（常青：《朝鲜战争秘闻》，载《半月选读》，2010（21），69 页，略有改动）

💡 智慧分享

有效的管理者的共同特征：具有做正确的事情的能力。——（美）彼德·杜拉克

项 目 实 训

一、阅读思考

1. 请调查了解可口可乐公司一项代号为"堪萨斯工程"的市场调研活动，分析可口可乐公司关于新配方的调研为什么失败了？该项调研活动对你有何启示？你有没有更好的适合可口可乐的市场调查方法以避免这样的失误？

2. 在市场调查报告的写作中，进行深入的市场调查是写作的基础，但一篇有质量的市场调查报告不能仅停留在对市场调查的结果进行客观描述上，而要对市场调查的结果做进一步的分析与研究，找出其中带有规律性的东西，以提供给相关部门作为经济决策的参考。试分析：下文《南方车展消费者调查》正文主体部分的写作存在哪些问题？

调查表明，来看车展的人群当中，4 成是有车一族，而 6 成是没有车的。他们以中青年人居多，平均年龄约 30 岁。

来看车展的人所从事的职业以经理主管、专业技术人士、业务销售、个体经营为多，占了约 62%，而高校学生也有不少，占了约 13%。当然，学历整体水平也较高，大专以上学历的占了 72%。

来看车展的人家庭经济能力较强，家庭月度平均收入达到 7400 元。

有效的市场营销必须基于对消费者群体的深入分析，市场细分工作越来越重要。今后的汽车产品销售及服务策略将会呈现出更具个性化、针对性的发展趋势。

车展是一个十分强有力的推广渠道。作为参展厂商，应该充分把握这些时机，向消费者传递公司的最新产品信息及品牌文化，相信必定会取得丰厚的回报。

（沈天水：《市场调查报告写作三忌》，载《应用写作》，2008（9），23 页）

二、情景写作

1．请以家庭居住小区、乡村或学校附近某条街道为调查对象，进行一次关于招牌文字不规范问题或错别字问题的调查，形成调查报告。

2．××公司为调动职工积极性、增强企业市场竞争力，实行了人事制度和分配制度的改革，改革必然要触动一部分人的利益，于是公司内议论纷纷。为充分了解员工的反应，经理安排作为秘书的你去了解情况，要求认真做好调查并写出调查报告。

3．新年临近，各大商场都在推出五花八门的打折活动，有"买300送100"的消费券，有"买一送一"，有"抽奖"，有"折上折"，有"定时限量抢购"，等等。请你拟写调查方案，认真深入地调查，并形成一份调查报告，分析哪个商家的做法最有吸引力、最有创意、最有效益。

4．2011年年底，网络中一则关于"快递员月入万元"的帖子在社会上引起轩然大波，可是多家知名快递公司的快递员纷纷表示，自己的收入根本没有这么高。是网络过度渲染，还是业内人士不愿意露富呢？请你就此问题开展调查，并形成一份调查报告。

项目五　洽谈合作

PROJECT

项目导言

合作共赢是知识经济时代的急切呼唤，是经济全球化的发展诉求。无论对于个人还是对于单位来说，没有合作就没有生存的机遇和发展的空间，我们时时处处需要合作交流，需要与人分工协作，分享成果，以求互惠共赢。

俗话说，空口无凭，以书为证。我们的合作关系往往需要相关文书来沟通、见证和维系。这就需要我们认真学习，掌握这类文书各自的写作技巧。

本项目选取了洽谈合作中常用的四种文书来学习：商函、招投标书、意向书、合同。

学习目标

1. 充分认识洽谈合作的重要性，准确理解商函、招投标书、意向书、合同的含义、特点、适用范围，掌握它们的写作格式、写作要领，能够根据工作或学习需要草拟这四类文书，并做到格式规范、内容合理、语言得体。

2. 准确理解商函与公函、招标书与投标书、意向书与合同等文种之间的异同，在使用过程中能够正确选用文种，采用得体的语言。

3. 养成严谨务实、规范高效的文书写作习惯，培养工作中的竞争意识、诚信意识、服务意识，提升运用应用文处理商务事宜的能力。

任务一 商 函

✱ 情景导入

2013 年 12 月 20 日，A 公司从武汉 ×× 建材公司订购一批建筑材料，双方达成协议后，武汉 ×× 建材公司于一周后发货给 A 公司。A 公司查无质量问题并签收，承诺按合同约定于 2014 年 1 月 5 日前将购货款汇入武汉 ×× 建材公司账户，现在已是 2014 年 1 月 8 日，A 公司仍未向武汉 ×× 建材公司交付货款。

假定你是武汉 ×× 建材公司的经办人，你该怎么办？请依据上述事实给 A 公司写份函件。

◉ 知识聚焦

一、商函的含义

商函是商务信函的简称，是企业在商务活动中用于交流信息、联系业务、商洽合作及处理问题时使用的函件。

文种辨析

表 5-1　商函与公函的区别

文种 区别	公　函	商　函
内容	不相隶属机关之间商洽工作，询问和答复问题，请求批准和答复审批事项	仅限于商务活动相关事宜
格式	格式遵循严格规定，有公文版头、发文字号等	格式相对灵活，可以没有版头、没有函件编号，甚至没有标题

二、商函的特点

（1）单一性。商函一般要求一事一函，专文专事，内容集中单一。若同时涉及几件事情，则不利于事情及时得到处理。

（2）规范性。例如外贸商函的写作必须依照国际惯例，用英语或对方国家通用语言书写，在文法和书写格式上也要符合对方的语言规范和写作习惯。

（3）快捷性。商函是在商务活动的环节中形成的，发送、回复函件都应及时，否则可能因抢不到先机而丧失商机。当前常使用传真、电子邮件等方式传递商函，及时便捷。

三、商函的种类

根据其目的和内容，商函可分为两类：

（1）贸易磋商函，主要包括建立贸易关系的函，介绍交易条款的函，询盘函（询价函），发盘函（报盘、发价、报价函），还盘函（还价函），接受（也称订购）和确认函，催货（款）函，催提货函等。

（2）争议赔偿函，用于处理贸易中发生的争议和纠纷，主要包括索赔函、拒赔函、理赔函、交涉产品质量函等。

四、商函的写作格式

（一）信头

商函大多采用专用信笺，印有发函单位名称、地址、邮编、电话号码、传真号码、网址、函件编号等内容。专用信笺和信封代表单位的形象，通常印刷要精美。

（二）标题

商函标题常有三种形式：

（1）由发函单位、事由、文种构成，如《广东省政府采购中心办公自动化设备询价函》；

（2）省略发函单位，仅由事由、文种构成，如《关于再次紧急催收货款的函》；

（3）只写文种，如《索赔函》。

（三）称谓

标题左下方顶格书写收信人或收信单位的称呼。如受文者是个人，一般使用尊称。

（四）正文

1．开头

开头一般说明写作缘由，若是初次去函，则先自我介绍，接着说明发函原因；若是复函，则先交代来函日期和要点，以显复函的针对性。如果信函是给个人的，则往往还有表示礼貌和应酬的问候语。

2．主体

主体是发信人要说明的事项。一般是根据发函缘由详细陈述具体事项，或是针对所要商洽的问题或联系事项，阐明自己的意见。如：

（1）商洽函的正文主体包括商洽缘由、商洽内容、意愿要求三部分；

（2）商品报价函的正文主体包括产品的价格、结算方式、发货期、产品规格、可供数量、产品包装、运输方式等；

（3）答复函的正文主体包括答复缘由、答复内容两部分。

3. 尾语

尾语包括结束语和祝颂词。结束语收束全篇，简洁明了，一般用一两句话向对方提出希望和要求，如"拜托之事，望解决为盼""望不吝赐函，静候佳音"等。结束语之后常用"顺祝商祺""谨祝商安"等表达良好祝愿，如收文者是个人，祝颂语更是丰富多样。尾语视发信者与收信者的关系及信函内容而定，要求恰当得体。

（五）落款

落款包括签署和日期。签署即发信人的署名或签名、用印。商函的署名可根据企业要求或发信人的意见确定。有的企业署名采取单位名称加盖印章方式；有的企业要求发信人手签姓名，以示对信函内容负责。日期务必年月日俱全，以便存档备查。

（六）附件

附件是随函附送的相关材料，非必备内容。常见附件有商品目录、报价单、产品介绍（或说明书）、订购合同、发货通知单、产品质量检验书、样品图等，以证实信文所写内容，或确认业务往来。

五、商函的写作要领

第一，内容明确。商函是为开展某项商务活动而写的，信文内容应紧扣目的展开，不涉及无关紧要的事情。向对方提出的问题要明确，回答对方的询问也要有针对性。

第二，语言简洁。商函讲究言简意赅，既要将事项写得明确无误，又要适可而止，有事言事，言罢即止，不得洋洋洒洒、啰啰唆唆。

第三，态度真诚。信文内容应实事求是，语气要平和、不卑不亢。注意讲究礼节礼貌，避免用冒犯性的语言。

范文借鉴

青岛××信息科技有限公司询价函

尊敬的服务商：

我司为青岛国家高新技术产业开发区通信、弱电及智能化等相关工程总集成商。我司拟采购以下服务，请贵公司或授权代理商在 2013 年 2 月 22 日 17 时前以书面密封形式（加盖骑缝章）将本单所列项目寄送至我司，招标采购小组将于 2013 年 2 月 25 日 14 点在创业大厦 A 座 916 会议室召开报价评审会，根据符合采购需求、报价最低且质量和服务较优的原则确定备选供应商，供应商可自愿列席。

联系人：刘××

地　　址：青岛市高新技术产业开发区智力岛路×号××大厦×座×××室

邮　　编：××××××

电　　话：0532-×××××××

技术参数答疑联系人：王××

联系电话：0532-××××××××

附件：采购需求（略）

青岛××信息科技有限公司

2013 年 2 月 18 日

（青岛国家高新技术产业开发区网：http://gxq.qingdao.gov.cn/zwgk/zbcg/zbxx/2a 0d3ce9_fa09_43dd_9e46_ec2e 2e51a4b6.html，略有改动）

【评析】 这则询价函言简意明。正文首先用一句话介绍自己，接着提出报价要求，告知报价评审会的时间地点及遴选供应商的原则，最后告知联系人及联系方式。采购需求则以附件形式呈现。全文格式规范，语言简洁明了，真诚有礼。

理 赔 函

武汉××贸易有限公司：

贵公司于 3 月 18 日的来函收悉。信中提到的 16 张办公桌不合格问题，我公司立即进行了全面调查，现查明系装运时工作人员误将次品当作合格品所致。这是我公司工作失误造成的，我们谨向贵公司表示诚挚的歉意。

我公司对贵公司在信函中提出的有关要求和处理意见完全接受。由此给贵公司造成的损失，我公司将承担赔偿责任，并已责成当地办事处有关人员协助办理此事。

此事给我公司管理工作敲响了警钟，我公司定将引以为戒，强化责任意识，杜绝此类事件再次发生。恳请得到贵公司谅解，继续保持良好贸易往来关系。

顺祝商祺！

湖北××办公设备有限公司

2013 年 3 月 22 日

【评析】 这则理赔函是因商品质量问题发生纠纷后，理赔方根据索赔方的要求提出己方处理意见的回复函。正文首先交代发函缘由，接着表明己方态度和处理意见，不仅真诚致歉，表明愿意承担赔偿责任，且表态将引以为戒，加强管理，并真诚希望继续合作。全文态度诚恳，处理意见得当，利于争议解决和贸易往来。

病文诊断

关于要求报价的函

×××茶厂经理：

我们对你厂生产的绿茶很有兴趣，十分想买一批君山毛尖茶。我公司要求不高，只要求该茶叶品质为 100 克一包，望你厂能告诉单价报价和交货日期、结算方式等给我公司。如果价钱合理，且能给予最好的折扣，我们将做到大批量订货。

致礼！

×××副食品公司
2013 年 6 月 6 日

（钱立静、郑晓明：《新概念高职应用写作》，172 页，北京，高等教育出版社，2012，略有改动）

【评析】这则商函存在的突出问题有二：（1）内容不明，既是询价，应对所询物品君山毛尖茶的质量等级、规格、包装方式等提出己方明确意见，便于对方据此报价；（2）语言不妥，要么过于生硬，如标题"要求报价"；要么过于随意，如"我公司要求不高"。

相关链接

商函写作的"4C"原则

第一，正确（correctness）。商函与买卖双方的权利、义务、关系、形象等息息相关，是商务活动往来的重要凭证，各项信息必须准确无误。

第二，完整（completeness）。一封完整的信函应该对收函方关心的问题或提出的问题予以逐一说明，避免因重要信息不全引起不必要的纠纷。

第三，简洁（conciseness）。简洁是用最少的语言文字表达最丰富准确的信息。商函尽量用朴素、易懂的词汇，采用简洁、直接的句子。

第四，礼貌（courtesy）。商函要以礼待人，遵守国际商务往来惯例，尊重对方风俗习惯，语言表达客气有分寸，避免使用命令口吻。

智慧分享

富与贵，是人之所欲也；不以其道得之，不处也。贫与贱，是人之所恶也；不以其道得之，不去也。——《论语》

任务二　招投标书

情景导入

某房地产公司计划在武汉开发一住宅项目，采用公开招标形式，有甲、乙、丙、丁四家施工单位领取了招标文件。本工程招标文件规定，2013 年 2 月 20 日上午 11：30 为投标文件接收终止时间。在提交投标文件的同时，投标单位须提供投标保证金 20 万元。在 2003 年 2 月 20 日，甲、乙、丙三家投标单位在上午 11：30 前将投标文件送达，丁单位在上午 12：00 送达，被拒收。各单位均按招标文件的规定提供了投标保证金。当日上午 11：25，乙单位向招标人递交了一份投标价格下降 5% 的书面说明。在开标过程中，招标人发现丙单位的标袋密封处仅有投标单位公章，没有法定代表人印章或签字。

乙单位向招标人递交的书面说明是否有效？丙单位的标袋没有法定代表人印章或签字，其投标文件是否有效？该案例对你写作招投标书有何启示？

知识聚焦

一、招投标书的含义

招投标是国际惯例，是商品经济高度发展的产物。招标和投标是商品交易过程的两个方面，在货物、工程和服务的采购行为中，招标人通过事先公布的采购要求，吸引众多投标人平等竞争，组织相关专家对众多投标人进行综合评审，从中择优选定项目中标人。

招投标书是招标书和投标书的合称，是招投标过程中使用的书面材料。

（1）招标书，有广义与狭义之分。广义的招标书是指招标方在购买大宗货物、对外承包工程建设项目、引进某项科技成果或进行其他交易时，通过特定媒体发布的一系列说明己方需求的文件，包括招标公告（向所有潜在投标人告知招标信息）、招标邀请函（只针对己方中意的潜在合作者单独发出的邀请对方投标的信函文件）、招标章程（组织制定的关于招标的根本性规章制度）。狭义的招标书特指招标公告。

（2）投标书，是指投标单位按照招标书中提出的标准和要求，向招标单位提交的提出己方投标意向的文书。投标书要求密封后邮寄或派专人送到招标单位，故又称标函、投标申请等。投标书最突出的特征是针对性，要严格按照招标书中的内容条款，有针对性地书写投标的内容，这样才有中标的可能。

二、招投标书的特点

(1) 真实性。招标书一般通过媒体发布，内容一定要真实可靠；投标书也应如此，不能为了中标而夸大自己的实力。

(2) 针对性。招标书要针对招标项目、目的写作；投标书要针对招标书的条件和要求，以及投标单位的实际情况写作。

(3) 竞争性。招标的目的是吸引更多投标人竞标，以择优选择合作者；竞标人为了中标，其投标书的内容和语言都富于竞争性，争取以较低的标价、以较优的质量和效益中标。

(4) 保密性。招标人的标底和投标人的投标书在开标前都要保密，投标书在开标前必须密封，未密封、未盖印章及过期的投标书均无效。

三、招投标书的种类

按照标的划分，招投标书通常分为四类：

(1) 货物类，即标的为大宗商品；

(2) 工程类，即标的为工程项目建设；

(3) 技术类，即标的为技术（引进、开发或转让）、科研课题等；

(4) 服务类，即标的为各类服务，如劳动服务。

四、招投标书的写作格式

(一) 招标书的写作格式

1. 标题

招标书的标题有两种写法：(1) 完整式，即由招标单位、招标项目、文种构成，如《中国科学院大学玉泉路校区保安服务项目招标公告》，这是最常见的标题形式；(2) 省略式，或省略招标单位，如《医疗设备招标公告》；或省略招标项目，如《山东南山铝业股份有限公司招标公告》；或二者皆省略，只保留文种，即《招标公告》。

2. 正文

(1) 前言。前言简介招标单位基本情况、招标的缘由或目的，招标项目名称、编号等。如果是委托招标，还要写明委托单位。

(2) 主体。主体部分是招标公告的核心，一般都包括招标项目名称、编号、内容（详见招标文件），投标人的资质要求，获取招标文件的时间、地点、方式，保证金等费用，递交投标文件的截止时间及地点，开标时间及地点，联系方式等。

3．落款

在正文右下方注明招标单位或委托招标单位、招标公告发布日期。

（二）招标邀请函的写作格式

招标邀请函也称投标邀请函，是信函的一种，一般由标题、主送单位、正文和落款构成，其写法不赘述，参见后文范文借鉴。

（三）投标书的写作格式

1．标题

投标书标题有两种写法：（1）完整式，即由投标单位、投标项目、文种构成，如《江苏建设控股集团有限公司 ×× 工程投标书》；（2）省略式，或省略投标单位，或省略投标项目，或二者皆省略，只保留文种"投标书"。

2．主送单位

投标书的主送单位即招标单位，顶格写全称。

3．正文

（1）前言，简要说明投标的依据、目的和己方基本情况，表明愿意参加投标的态度。

（2）主体，是投标书的关键部分、评标的重要依据。投标项目不同，主体写法有别，但就整体而言都应针对招标书来写，且须说明投标项目的具体指标。写作时宜采取分条列项式，列举工程、货物标价、工期、交货日期、完成任务的具体措施、质量保证、意见和建议、联系方式等，每一条都只概述，具体内容写入附件中，附于文后。

4．落款

落款包括投标单位名称（或个人姓名）和成文日期，书写于正文右下方。

5．附件

附件主要包括：投标报价表、货物清单、技术差异修订表、资格审查文件、开户银行开具的投标保证金保函、开户银行开具的履约保证金保函等。

五、招投标书的写作要领

第一，内容合法。为规范招投标活动，我国已制定《中华人民共和国招标投标法》、《中华人民共和国招标投标法实施条例》等一系列法律法规，相关单位、组织在编制标书时必须严格遵守。

第二，指标清晰。招投标书中对己方指标，如标的质量与数量、价格及付款方式、工程建设或服务项目的起讫时间等，必须写得清楚明了，同时要注意可行性。

第三，平等协商。招投标涉及交易贸易活动，要遵守自由平等、诚恳礼貌的原则，既不可盛气凌人，也不可低声下气。

范文借鉴

商务部2013年中央国家机关电梯更新项目

（第二包二次）招标公告

公告日期：2013 年 11 月 11 日

项目名称：商务部 2013 年中央国家机关电梯更新项目（第二包二次）

项目编号：GC–HG130609

中央国家机关政府采购中心（以下简称采购中心）对下列货物和服务进行国内公开招标，现邀请合格投标人提交密封投标。

一、招标内容

1. 本次招标共 1 包。

招标内容：3 台电梯。

具体报价范围、采购范围及所应达到的具体要求，以招标文件技术部分相应规定为准，且须符合或满足本次招标采购实质目的的完全实现所应有的全部要求，投标人若存在任何理解上无法正确确定之处，均应当按照招标文件所规定的投标前的澄清等相应程序提出，否则，任何可能导致的不利后果均应当由投标人自行承担。

2. 交付时间：合同签订后 90 个日历天到货，到货后 60 个日历天完成安装。

3. 交付地点：北京市东城区。

二、合格投标人必须符合下列条件

1. 符合《中华人民共和国政府采购法》第二十二条的规定。

2. 投标人的资质要求：具有与投标产品相适应的特种设备（电梯）生产许可证 A 级及特种设备（电梯）安装改造维修 B 级及以上。

三、获取招标文件的办法和时间

即日起至 2013 年 12 月 5 日，登录"中央政府采购网"（http://www.zycg.gov.cn/）免费下载招标文件。

四、接受投标时间、投标截止时间及开标时间

1. 接受投标时间：2013 年 12 月 6 日 9 时 00 分至 9 时 30 分（北京时间）。

2. 投标截止及开标时间：2013 年 12 月 6 日 9 时 30 分（北京时间）。

投标截止时间后送达的投标文件将被拒收，在规定时间内所提交的文件不符合相关规定要求的也将被拒收。

五、投标地点及开标地点

金台饭店，届时请投标人的法定代表人或其授权的投标人代表出席开标仪式。

六、其余相关信息

本项目其余相关信息均在"中国政府采购网"、"中央政府采购网"等媒体上发布。

七、联系方式

采购人名称：商务部机关服务局

采购人地址：北京市东城区

联系电话：010-×××××××

采购中心地址：北京市西城区西安门大街××号院×号楼

邮政编码：100×××

项目联系人：××

联系电话：010-×××××××

中央国家机关政府采购中心

2013 年 11 月 11 日

（中央政府采购网：http://www.zycg.gov.cn/article/show/198213，略有改动）

【评析】这份招标书脉络清晰，文首部分介绍项目名称、编号；开头一句话点明招标公告主旨，主体部分从七个方面介绍招标事宜的有关内容，层次分明，重点突出。

武汉××数据系统有限公司招标邀请函

南京××数据系统有限公司：

我公司现需购进 IP 电话用于新办公区 IP 语音系统的扩容，诚邀贵方按照我方所提供的产品要求给予报价，谢谢合作！

如贵公司有意参与，请务必详细阅读和理解本邀请函（免费索取）所有附件；同时，根据邀请函的要求准备竞标文件。

投标事项答疑人：曾××女士　电话：×××××××

投标文件快递地址：武汉××数据系统有限公司，武汉市江汉区××大道××号，43××××，曾××收

接收标书截止时间：2012 年 1 月 18 日下午 4：00

讲标日期另行通知。

附件：1. 招标事项说明（略）

　　　2. 竞标文件格式和内容要求（略）

武汉××数据系统有限公司

2012 年 1 月 8 日

【评析】这是向特定公司发出的招标邀请函，告知对方所招通信设备、投标要求、联系人及联系方式等招标事项，言简意赅。正文使用尊称称呼对方，语气真诚热情。

中国××桥梁公司投标书

××进出口总公司招标公司：

经研究贵公司××号招标公告后，我公司决定参加××桥梁工程项目所需货物的投标，并授权代表人×××代表我公司提交下列投标文件，其中正本一份，副本五份。

1. 投标报价表。

2. 货物清单。

3. 技术规格。

4. 技术差异修订表。

5. 投标资格审查文件。

6. ××银行开具的金额为×××万元的投标保函。

7. ××银行开具的金额为×××万元的履约保证金保函。

8. 开标一览表。

签名代表人兹宣布同意下列各点：

1. 投标报价表列的拟供货物的投标总报价为×××万元。

2. 投标人将根据招标文件的规定履行合同的责任和义务。

3. 投标书自开标之日起两个月内有效。

4. 如果在开标之后的投标有效期内撤标，贵公司可以没收招标人的投标保证金。

5. 如果中标后，我方未能忠实地履行所有的合同文件或随意对合同文件做出修改、变动，贵公司可以没收我方许诺的履约保证金。

6. 我们理解贵方并不限于只接收最低价，同时也理解你们可以接收任何标书。

附件：（略）

投标单位：中国××桥梁公司（公章）

地址：（略）

电话：（略）

投标者姓名：×××（签章）

投标代表人姓名：（略）（签章）

（方有林：《商务应用文写作》，66页，上海，同济大学出版社，2007，略有改动）

【评析】这是中国××桥梁公司应××进出口总公司××桥梁工程项目货物招标公告而写的投标书。标书正文前言写明投标依据，点明投标项目和内容。主体部分按招标文件一一列写，表明态度，保证事项，格式规范，内容完备。

病文诊断

工程招标公告

一、招标单位：××市民政局

二、招标项目：××市××镇中心小学饮水工程

三、招标人资质：具有房屋建筑或市政工程施工总承包三级（含三级）以上资质，建造师三级（含三级）以上资格

四、投标时间：2012年6月18日

五、投标地点：××县民政局

联系人：廖先生　联系电话：0728-×××××××××

【评析】这则招标公告缺少重要信息：（1）缺少工程概况，如工程概算、工期等；（2）缺少投标要求；（3）没有明确投标当天6月18日几点几分截止；（4）缺少开标时间及地点。这样的招标公告公布后，会令有意投标的单位莫名其妙，往往应者寥寥。

相关链接

中标书

中标书包括中标公告和中标通知书。中标公告是将中标情况告知社会公众，接受监督和举报的文书。中标通知书是指招标人在确定中标人后向中标人发出的通知其中标的书面凭证。中标人确定后，招标人应当向中标人发出中标通知书，并同时将中标结果通知所有未中标的投标人，中标通知书对招标人和中标人具有法律效力，中标通知书发出后，招标人改变中标结果，或者中标人放弃中标项目的，应当依法承担法律责任。中标人应当自中标通知书发出之日起30日内，按照招标文件和招标人签订书面合同。

智慧分享

万物的生存均取决于自然力的竞争，而感情本身就是有生命的自然力。——（英）蒲柏

任务三　意 向 书

情景导入

作为一个来广州寻梦的外乡人，陈先生一直勤苦做小本生意，多年来省吃俭用，终于在2012年将妻儿从老家接到广州同住。为告别租住的狭小暗房，给妻儿一个温馨舒适的家，

　　陈先生决定买套房子，在广州落地生根。看到住处附近有个新楼盘开卖，他兴冲冲签下了购房意向书，交了定金，准备按售楼小姐介绍的那样，用所有积蓄交三成首付，其余房款按揭贷款。正式签合同那天，陈先生一家大小开开心心地来到售楼部，满以为签了约就万事大吉，谁知售楼人员看到陈先生身份证后，认定他作为外来户买房首期必须交四成。陈先生想不明白，一周前签意向书前售楼小姐明明说可以办三成按揭的，气愤地提出退房。一听要退房，售楼人员说："按你签的意向书，退房定金是退不了的。这样吧，我帮你申请三成首期，但银行不批的话后果自负。"

　　陈先生的购房定金可以退吗？这对你写作意向书或合同有何启示？

🔍 知识聚焦

一、意向书的含义

　　意向书又称草签，指在经济活动中，协作双方或多方就某一合作事项进行初步接触后，在进入实质性谈判之前所形成的带有原则性、方向性意见的文书。

二、意向书的特点

　　（1）协商性。意向书是合作各方初步协商的结果，签署意向书的各方地位是平等的，意向书多用商量语气，不带任何强制性，如常用"希望"、"拟"、"将"、"予以合作"等，有时还用假设、询问语气。

　　（2）意向性。意向书仅表达合作各方的原则性意见，不像协议、合同那样具有法律效力。一旦达成协议或签订合同，意向书便完成了它的使命。

　　（3）可变性。意向书签署后，其内容可以随时协商修改。同一份意向书里可以提出多种方案，或者对其中的某些条款提出几种意见，以供比较和选择。

三、意向书的写作格式

（一）标题

　　意向书的标题有三种形式：一是由各方名称、事由、文种构成，如《××公司与××公司联合发展化工产品合作意向书》；二是由事由和文种构成，如《××原料合资生产意向书》；三是仅以文种"意向书"作为标题。

（二）正文

1. 导言

导言一般主要交代当事各方的名称、签订意向书的原因、签订意向书的目的、合作的指导思想等，接着用"双方就有关事宜达成如下意向"一类的惯用语承启下文。

2. 主体

主体一般写清合作各方就合作事项初步达成的共识，如合作的具体内容、各方权利义务等。主体部分多采用分条列项式写作，各条款之间的界限要清晰，内容要明确。

3. 结尾

结尾一般写上"未尽事宜，在签订正式合同时予以补充"之类的话语，以留有余地。

（三）尾部

尾部写明意向书签署各方的单位名称、签字代表、签订时间、联系地址、联系电话等。

四、意向书的写作要领

第一，把握原则。意向书各条款的内容要合理合法，不要写有违反政策法规的内容，也不要承诺应归上级部门和其他部门解决的问题。

第二，慎重行事。不可因为意向书没有法律约束力而随意签订或任意变更，这会有损自己的形象，损害长远利益。此外，不宜在意向书内对关键性问题贸然做出实质性承诺，以免处于被动地位。

第三，留有余地。意向书的内容一般比较有原则性、笼统，为后续谈判和正式签订合同留有余地，因此要使用富有弹性的语言，不宜将条款尤其是指标写得太精确。

📝 范文借鉴

项目合作意向书

甲方：××农牧股份有限公司

乙方：××县人民政府

双方就在××建设现代化养殖小区项目的合作事宜，经过初步协商，达成如下合作意向：

一、甲方同意在××建设现代化养殖小区项目开展合作建设。

该项目的基本情况是：××农牧股份有限公司计划投资××万元人民币，在××建设现代化养殖小区×个，××万吨饲料加工厂1座，畜牧技术服务中心1座，以带动××县畜牧业向集约化、规模化、现代化方向发展，使畜产品生产与国际市场接轨。

二、前期工作由甲乙双方各自负责。

（一）甲方应做好以下工作：

1. 在考察了解 ×× 县情的基础上，确定项目的选址和投资情况。

2. 在2013年投资 ×× 万元，建成现代化标准养殖小区 × 个；2014年投资 ×× 万元，建成现代化标准养殖小区 × 个，× 万吨饲料加工厂 1 座，畜牧技术服务中心 1 座。

（二）乙方应做好以下工作：

1. 成立项目筹备领导小组，负责协调项目前期洽谈、衔接、准备和项目建设方面工作。

2. 提供最好的土地优惠政策，给企业创造最好的投资环境。

3. 全力做好协调和帮扶工作。

4. 积极为企业申报项目，为企业提供最好的项目支持。

三、在甲乙双方完成前期工作基础上，双方商定于2013年 × 月 × 日签订正式合同。

四、本意向书是双方合作的基础。甲乙双方的具体合作内容以双方的正式合同为准。

甲方：×× 农牧股份有限公司　　　　　　乙方：×× 县人民政府

代表人（签字）：×××　　　　　　　　代表人（签字）：×××

2012 年 12 月 20 日　　　　　　　　　2012 年 12 月 20 日

【评析】这则项目合作意向书由标题、正文和尾部构成，正文部分首先在导言里写清签署双方的单位名称、合作项目，其次从三个方面写明了合作项目概况、甲乙双方的前期工作、正式合同签署时间，最后写明意向书的功能，即"是双方合作的基础"。全文只提出了合作的原则意见，符合意向书的写作规范，且分条列项，言简意赅。

● 病文诊断

意 向 书

双方于 ××××年×月×日在×地，对建立合资企业事宜进行了初步协商，达成意向如下：

一、甲、乙两方愿以合资或合作的形式建立合资企业，定名为 ×× 有限公司。建设期为 ×××年，即从 ××××—××××年全部建成。双方意向书签订后，即向各方有关上级申请批准，批准的时限为 × 个月，即 ××××年×月×日至 ×××年×月×日完成。然后由 ××× 厂办理合资企业开业申请。

二、总投资 × 万元。×× 部分投资 × 万；× 部分投资 × 万。甲方投资 × 万（以工厂现有厂房、水电设施现有设备等折款投入）；乙方投资 × 万（以现金投入，购买设备）。

三、利润分配：各方按投资比例或协商比例分配。

四、合资企业生产能力：……（略）

五、合资企业自营出口或委托有关进出口公司代理出口，价格由合资企业定。

六、合资年限为×年，即××××年×月至××××年×月。

七、合资企业其他事宜按《中华人民共和国中外合资经营企业法》有关规定执行。

八、本意向书生效后，双方必须严格遵守意向书的规定，任何一方在未经协商的前提下不得违约。否则，违约方将承担全部责任。

本意向书一式两份。作为备忘录，各执一份备查。

甲方：××××厂　　　　　　　　　　乙方：××××公司

代表：×××　　　　　　　　　　　　代表：×××

××××年×月×日　　　　　　　　　××××年×月×日

（精品学习网：http://www.51edu.com/wendang/tjsx/yxs/3654305.html，略有改动）

【评析】意向书仅是合同或协议正式签署之前达成的初步合作意向，而本例文最大的问题就是违背了意向书仅仅是意向性的撰写原则，意向书没有法律效力，而第八条的内容与此相悖，文中条款也约定得过细，建设期、申请批准的时间、合资年限、投资金额等都规定得过于具体，缺少应有的弹性。

◉ 相关链接

协 议 书

协议书是指国家机关、社会团体、企事业单位或个人之间就某个问题经过谈判或共同协商，取得一致意见后，订立的一种具有经济或其他关系的契约性文书。

— 文种辨析

表 5-2　协议书与意向书的区别

文种 区别	协议书	意向书
适用范围	经济、科技与文化教育，以及个人生活领域均可涉及	与协议书基本一致，但一般不涉及个人生活领域
内容侧重点	主要表达当事各方就某些合作要点和原则达成的一致意见	表达合作各方初步达成的合作意向，不写入各方的权利和义务，也不写入对各方的约束条款
法律效力	具有法律效力，违约方要承担经济责任和法律责任	只有一定的信誉约束力，不具有法律效力

智慧分享

宁公而贫，不私而富；宁让而损己，不竞而损人。——张养浩

任务四　合　　同

情景导入

梅西是当今世界足坛头号球星。1987年出生的梅西5岁时便开始为阿根廷的格兰多里俱乐部踢球，展露出过人的足球天赋。不幸的是，11岁时，梅西被诊断出发育激素缺乏，这将阻碍他的骨骼生长，但家庭经济条件难以承受小梅西的治疗费用。幸而巴萨的雷克萨奇看中了他的天赋，在2000年将他带到西班牙诺坎普，因而梅西举家迁往欧洲。当年9月，年仅13岁、身高仅有140厘米的梅西去了巴塞罗那试训。他在试训期间的表现征服了巴萨青年队教练，他们迫不及待地与梅西签订了一份2012年才会到期的工作合同。巴塞罗那俱乐部在帮助梅西成长上做出了巨大努力。得益于俱乐部安排的精心治疗，梅西在2003年身高就达到170厘米。

12年的长期合同颇为漫长，其间签约双方是否可以终止合同？

知识聚焦

一、合同的含义

合同有广义、狭义、最狭义之分。

广义的合同指所有符合法律要求的确定权利、义务关系的协议。如民法中的民事合同、行政法中的行政合同、劳动法中的劳动合同等。

狭义的合同指一切民事合同，包括财产合同和身份合同。其中，财产合同又包括债权合同、物权合同、准物权合同；身份合同又包括婚姻、收养、监护等有关身份关系的协议。

最狭义的合同特指《中华人民共和国合同法》所界定的合同，即是"平等主体的自然人、法人、其他组织之间设立、变更、终止民事权利义务关系的协议"，属于民事合同中的债权合同，通常又称作经济合同。

本项目中所指"合同"即最狭义的合同。

文种辨析

表 5-3　意向书与合同的区别

文种 区别	意向书	合　同
法律效力	不具有法律效力	具有法律效力
约定事项	合同的内容是约定合同签订主体之间的民事权利义务关系	意向书的内容仅是合同签订主体就某一事项共同意识的一致认定，并不是双方民事权利义务关系
内容含量	只写明双方达成的原则意见，较为概括、粗略	规定得比较细致、具体，以防发生分歧与纠纷

二、合同的特点

（1）限定性。合同的主体必须是能够独立享有民事权利和承担民事义务的自然人、法人或其他组织，否则一旦发生纠纷，合同会被认定无效，如未成年人不能独立承担民事义务，本身就不能签订合同。

（2）互利性。订立合同应当遵循平等协商、互利互惠、诚实守信的原则。《中华人民共和国合同法》规定："当事人应当遵循公平原则确定各方的权利和义务"、"当事人行使权利、履行义务应当遵循诚实信用原则"。

（3）约束性。合法合同一经签订就具有法律效力，合同各方应当严格履行约定的事项，否则将承担法律责任。

三、合同的种类

根据《中华人民共和国合同法》，常用合同按业务性质和内容分为 15 种：买卖合同；供用电、水、气、热力合同；赠与合同；借款合同；租赁合同；融资租赁合同；承揽合同；建设工程合同；运输合同；技术合同；保管合同；仓储合同；委托合同；行纪合同（行纪人以自己的名义为委托人从事贸易活动，委托人支付报酬的合同）、居间合同（居间人向委托人报告订立合同的机会或者提供订立合同的媒介服务，委托人支付报酬的合同）。

四、合同的写作格式

（一）标题

标题即合同的名称，它提示合同的性质和种类，通常有两种写法：（1）合同性质＋文种，如《融资租赁合同》。（2）合同标的（经营范围）＋合同性质＋文种，如《汽车买卖合同》。也有的合同标题里添加合同期限、签约单位名称等，如《××公司××港务局2014年水路货物运输合同》。

温馨提示

> 如签订大批量合同或经常签订合同，为了方便查阅和管理，可给合同统一编号。编号一般置于标题右下方。

（二）约首

约首包括合同当事人的名称或姓名、签约时间、地点等。签约时间、地点可以写在约首中，也可在约尾中注明。合同签约当事人的名称应写全称，为便于正文表述，一般在全称前面或后面注明代称，如"甲方"与"乙方"，"供方"与"需方"，"买方"与"卖方"等，而不能用"你方"与"我方"代替，这会造成歧义。如有中介方，也需写明。

（三）正文

1．开头

开头又称引言，通常简要交代签订合同的依据或目的，引起下文，如"根据……为明确双方权利与义务，经甲乙双方充分协商，特订立本合同"。

2．主体

主体即合同的具体内容和主要条款。《中华人民共和国合同法》规定，合同的内容由当事人约定，一般包括以下条款：

（1）标的。它是合同当事人权利和义务共同指向的对象，包括产品、劳务、工程项目或智力成果等。任何合同都有标的，没有标的或标的不明确，双方的权利和义务也就缺乏依据，合同就无法履行。

（2）数量。它是标的的计量，是衡量标的的指标。合同必须明确规定标的的数量、计量单位和计量方法。

（3）质量。它是标的的特征，反映标的的优劣程度，是标的内在质量和外观质量的综合指标。质量标准必须具体，有国家标准、部颁标准、省（市）标准的，要按标准约定；没有规定标准的，则由当事人协商确定。

（4）价款或者酬金。这是指当事人获取标的物所应支付的货币。价款在买卖合同中是指产品的价格款，在租赁合同中是指租金，在借款合同中指利息；酬金在承揽合同中是指加工费，在保管合同中是指保管费，在运输合同中是指运输费，等等。

（5）履行期限、地点和方式。期限是指履行合同的时间要求，是享有标的的一方要求其他方履行合同义务的时间规定。地点是指履行合同规定义务的地点，即交付、提取标的的地点。履行方式是指采取什么方法来实现合同所规定的权利和义务。一般来说，履行方式包括标的的交付方式，价款或酬金的结算方式。

（6）违约责任。违约责任又称罚则，是合同不可缺少的重要部分，指合同当事人因过错造成合同不能履行或不能完全履行时所承担的经济和法律责任，要写明制裁措施及违约金、赔偿金的数额等。

（7）解决争议的方法。常见方法有协商、调解、仲裁、诉讼四种。

合同主体部分除以上条款外，一般还要注明合同的份数和保存方式、有效期、未尽事宜的处理办法等，也被称为合同的附则。

（四）约尾

约尾包括署名、日期和附则。署名包括合同当事人或单位的全称、法人代表签名，有的还有委托代理人签名，加盖公章或合同专用章；日期就是签订合同的年月日；附则是指当事人单位地址、邮编、电话、电传、开户银行、账号等。有鉴（公）证机关的，鉴（公）证的机关要签署意见并盖章，注明日期。署名和用印要端正、清晰。

有的合同还有附件，附件与正文相呼应，包括表格、图纸、样品等的名称、数量和保管等，附件与正文条款具有同等法律效力。

五、合同的写作要领

第一，条款要完备。合同是对当事人权利义务的规定，直接关系各方经济利益和经济责任，条款越具体、明确、周密，就越有利于履行。如果漏项或含混不清，履行过程中就容易发生争议，甚至难以执行。

第二，用词要准确。合同用词要准确，甚至标点符号都要仔细推敲，避免引起歧义或发生误解，不得采用拟人、比喻、夸张等修辞手法，否则会使当事人责任不清，引起纠纷。

第三，文面要整洁。合同一旦成文就不得随意涂改，确有必要修改，需征得签订各方同意，并在修改处加盖当事人各方印章。如需添加条款，则经各方同意后可作为合同附件备案并加盖印章。

范文借鉴

酒店餐厅承包合同

甲方：武汉×××餐饮有限公司　　　　乙方：武汉××酒店管理公司
法定代表人：坞×××　　　　　　　　法定代表人：贾××
住所地：武汉市解放大道××××号　　住所地：武汉市建设大道×××号
电话：027—×××××××　　　　　电话：027—×××××××

151

经甲、乙双方友好协商，就乙方承包经营甲方餐厅事宜，达成如下条款双方共同遵照执行：

第一条　合同标的物

1. 甲方提供给乙方承包经营的餐厅位于武汉市××路××号，面积共508平方米。
2. 餐厅附有经营所需设施、设备、用具（见清单）。

第二条　承包期限

乙方承包经营期限为：自2012年7月1日至2015年6月30日。

第三条　价金及支付

1. 押金：乙方向甲方缴纳押金人民币10万元（该押金不计息），承包结束后双方交接结清有关物业、设备、用具及有关费用后30日内退还。
2. 承包费：乙方承包经营期内，应每月向甲方交纳承包费人民币2.58万元，交纳的时间为：每月5日前交纳当月租金。
3. 其他费用：乙方承包经营期间的物业管理费、水电费、税费、垃圾费、排污费等所有经营所需要交纳费用，由乙方按照规定向有关部门或单位缴纳。
4. 押金和承包费用的支付方式：第1项和第2项约定的款项由乙方按照约定时间以现金的方式向甲方交纳。

第四条　甲方的权利义务

1. 甲方按约定提供餐厅给乙方经营餐饮，保证乙方独立自主经营。
2. 为乙方提供现有的经营场所及餐饮设施、设备、用具等。（另附清单）
3. 负责对乙方经营活动及食品卫生安全、质量、价格、服务等进行检查和监督。
4. 保证乙方经营所需的水、电正常供应（特殊情况例外）。
5. 负责餐厅屋面、室外水电的维护、维修。

第五条　乙方的权利义务

1. 必须合法经营，主动接受政府有关部门及甲方的管理、检查、监督和处罚。受处罚后的一切善后事宜由乙方自理。
2. 负责经营过程中餐厅所有设备、设施的维护、保养和维修，并确保合同期结束时餐厅所有资产完好和不流失。人为损坏或被盗，按原价赔偿。
3. 认真做好食品卫生安全、社会治安、消防安全、用工等方面的工作，确保安全。
4. 按合同规定如期交纳有关费用。
5. 承担承包期内因乙方原因所产生的一切责任。
6. 承担所聘用人员的劳保、医疗、伤亡、用工、计生、治安及福利等费用和责任。
7. 未经甲方同意，乙方不得擅自对房屋、设施做任何改动（包括在墙上打洞）。
8. 未经甲方同意，乙方不得擅自转让承包或变相转让他人经营。

第六条　违约责任

1. 在合同有效期内，若无不可抗拒因素发生，甲乙双方中的任何一方都不得终止合同，终止合同方视为违约，违约方应向守约方支付违约金 5 万元，给守约方造成损失的，还应当赔偿给守约方造成的损失。

2. 乙方迟延交付押金及承包费的，每迟延一日，应按拖欠金额万分之五向甲方支付违约金，超过 60 日未支付的，甲方有权终止合同，所收取押金作为违约金予以没收，给甲方造成损失的，还应当赔偿损失。

3. 乙方擅自转让承包或变相转让他人经营的，甲方有权终止承包合同，并将保证金作为违约金予以收缴不予返还乙方，给甲方造成损失的，还应当赔偿损失。

4. 乙方不得中途无故中止合同，如确须中止合同，乙方应提前 2 个月以书面形式通知甲方，从停止经营之日起，乙方向甲方支付 2 个月承包款作为违约金。

第七条　保密责任

任何一方对因餐厅承包经营而获知的另一方的商业机密负有保密义务，不得向有关其他第三方泄露，但中国现行法律、法规另有规定的或经另一方书面同意的除外。

第八条　合同终止

1. 甲方或乙方如要提前终止本合同，应提前 30 日正式书面并电话通知对方。双方在结清所有费用及承担相应责任后，本合同才能终止。

2. 合同终止后，合同双方仍应承担原合同内所规定之双方应履行而尚未执行完毕的义务与责任。

第九条　补充与变更

本合同可根据各方意见进行书面修改或补充，由此形成的补充合同，与合同具有相同法律效力。

第十条　不可抗力

任何一方因有不可抗力致使全部或部分不能履行本合同或迟延履行本合同，应自不可抗力事件发生之日起 3 日内，将事件情况以书面形式通知另一方，并自事件发生之日起 30 日内，向另一方提交导致其全部或部分不能履行或迟延履行的证明。

第十一条　争议的解决

本合同各方当事人对本合同有关条款的解释或履行发生争议时，应通过友好协商的方式予以解决。

如果双方通过友好协商不能解决争议，则可通过提起诉讼交有管辖权的人民法院裁决。

第十二条　生效条件

本合同自各方的法定代表人或其授权代理人在本合同上签字并加盖公章之日起生效。

第十三条　其他

本合同一式三份，具有相同法律效力。各方当事人各执一份，其他用于履行相关法律手续。

甲方：武汉×××餐饮有限公司   乙方：武汉××酒店管理公司

法定代表人：坞××   法定代表人：贾××

日期：2012年6月28日   日期：2012年6月28日

【评析】这则酒店餐厅承包合同采用条款式，围绕标的，约定了承包期限、付款金额及方式、甲乙双方的权利义务、违约责任、保密责任、合同终止、不可抗力、争议的解决、合同的法律效力等事项，结尾标注双方单位名称、法定代表人（或授权代表）签名、合同签署日期。合同层次清晰，内容具体，用语准确，格式规范。

● 病文诊断

茶叶买卖合同

合同编号：B09-068

签订日期：2013年10月10日

签订地点：张家界市天门山风景区

供方：张家界市××茶厂（甲方）   需方：武汉市××茶叶贸易有限公司（乙方）

法人代表：王××   法人代表：马××

为了繁荣市场，保证茶叶供应。根据《中华人民共和国合同法》的规定，双方代表经平等协商，订立本合同，以资共同信守。

一、需方购买供方一级云雾茶2 000千克，268元/千克；一级苦丁茶1 000千克，186元/千克；特级茉莉花茶500千克，196元/千克。总金额71万元。

二、供方自6月开始3个月分三批交货，由供方负责包装并将货物运抵武汉武昌火车站，包装费及运费由需方负责。

三、需方过秤验收后，一次性通过银行托收承付方式将全部货款及包装费、运费结清。

四、乙方拒绝收货，应处以货款总额20%违约罚金；甲方交货量不足，应处以货款总额20%违约罚金。如因不可抗力不能按时履行合同，供方应提前1个月通知需方。

五、供、需双方任何一方如要求变更或解除合同，应及时通知对方，并采用书面形式由双方达成协议。未达成协议前，原合同仍然有效。当事人一方接到另一方要求变更或解除合同的建议后，应在收到通知之日起15日内做出答复，逾期不做答复的，即视为默认。

六、执行本合同发生争议，由当事人双方协商解决。协商不成，双方同意由武汉市仲裁委员会仲裁，按达成的书面仲裁协议执行，不再向人民法院起诉。

七、违约金或赔偿金，应在供、需双方商定的日期内或由有关部门确定责任后10日内偿付，否则按逾期付款处理。

本合同一式二份，供需双方各执一份。本合同自签订之日起生效，至双方义务履行完毕之日失效。

【评析】这则合同问题较多，主要有：（1）标的物质量要求不明确，一级茶如何判断表述不清。可采用样品标准，并约定"各类茶叶按供方提供并经需方认可的样品为标准验收，样品由双方各自封存"。（2）包装标准不明确。（3）合同履行方式、履行时间、货款支付时间不清，可规定为："供方于6月开始，在6月、7月、8月每月中旬将各类茶叶分三批用火车运到武汉市武昌火车站，供方代需方办理货运手续。需方在收到最后一批货的一星期内通过银行托收承付方式付清货款、运费与包装费。"（4）验收方法不具体，可约定为"货到后，需方以样品为标准进行抽样验收，以商检部门出具的证明为准"。（5）此合同标的金额较大，应有保证条款，可规定需方先付20%货款为订金。（6）违约责任太笼统，应规定具体的违约情形及承担什么样的违约责任。

相关链接

劳 务 合 同

劳务合同是民事合同，是当事人各方在平等协商的情况下就某一项劳务以及劳务成果所达成的协议。劳动合同与劳务合同，一字之差，在性质上却是相差很大的。劳务合同适用于《中国人民共和国合同法》以及《中国人民共和国民法通则》和其他民事法律所调整，而劳动合同适用于《中国人民共和国劳动法》、《中国人民共和国劳动合同法》以及相关行政法规所调整。

以下两种情况只能认定为劳务关系：一是退休后与原单位的劳动关系解除，如果返聘则只能成立劳务关系；二是国外公司办事处与中国籍职工只能签订劳务合同。

智慧分享

世界上唯有两样东西能让我们的内心受到深深的震撼，一是我们头顶上灿烂的星空，一是我们内心崇高的道德法则。——（德）康德

项 目 实 训

一、阅读思考

1. 请分析下则招标公告存在的问题并提出修改意见。

招 标 公 告

我厂是一家老牌电冰箱生产企业，成立于改革开放初期的1980年，现有职工1 300人，其中工程技术人员300余人。我厂年产××牌电冰箱50万台，其中BCD-248WP3BD型电冰箱先后获得安徽省及原国家轻工业部优质产品奖、中国国际工业博览会金奖。为了提

高质量，降低成本，决定公开招标。

（1）招标项目：电容器、插头电源线、橡胶件、塑料件及镀锌件等。

（2）招标时间：2013 年 5 月 20 日。

（3）开标时间和地点：2013 年 6 月 20 日上午在本厂公开开标。

（4）招标文件发售：全套招标文件将于近期发售，价格面议。

以上招标欢迎国内外客户积极投标。未尽事宜，欢迎垂询。

特此公告。

×× 股份有限公司

2013 年 3 月 30 日

2. 请分析下列合同存在的问题并提出修改意见。

建筑工程合同

北京 ×× 机械厂（以下简称甲方）与湖南省 ×× 县建筑公司（以下简称乙方），经双方商定签订协议如下：

1. 工程内容：甲方原有厂房（均系平房）4 000 平方米，现扩建 8 400 平方米，其中拆除 2 000 平方米。新厂房要求四层钢骨水泥结构（详另见图纸，图纸略）。

2. 工程进度：首期工程 3 600 平方米要求在 2011 年 10 月底前完成，其余 2 800 平方米在 2012 年 8 月底前全部完成。

3. 建筑费用：全部建筑工程费用 140 万元（详另见清单），所有建筑材料均由乙方负责采办。订立合同后甲方先付给乙方工程费用 80 万元，余款在厂房建成验收后 10 天内全部付清。

4. 经济责任：甲方如不能按期付款，每超过一天应赔偿给建筑公司按工程费 1% 的赔偿金；建筑公司如不能按期完成施工任务，每超过一天，甲方可在工程费用中扣除 1% 作为赔偿。

5. 施工期间的人身安全由双方共同负责。

6. 本合同一式四份，双方各执二份。

甲方：北京 ×× 机械厂	乙方：湖南省 ×× 县建筑公司
代表人：×××	代表人：×××
2011 年 2 月 8 日	2011 年 2 月 8 日

二、情景写作

1. 2012 年 7 月 19 日 13：48，湖北某客运公司一辆车牌号为"鄂 A19386"的 ×× 牌大型客车行驶在杭州绕城高速公路上，距离下沙收费站约 1 千米时，车尾突然冒烟，车上 21 名乘客迅速撤离，司机拿出灭火器试图灭火，但火势很快蔓延。杭州江干区消防大队接到报警后迅速赶到现场将火扑灭。事故中没有造成人员伤亡，但这辆价值40万、使用仅18个月的车被烧成铁架子，所有乘客的行李物品均化为灰烬。经杭州市江干区消防大队鉴定，起火原因系客车电气线路短路所致。现请你代客运公司向生产并出售该车的××汽车集团有限公司起草一则索赔函。

2. 你们班级定于今年国庆节期间举办一次神农架三日游集体活动。经多方比较，你们选定了湖北省中国青年旅行社作为合作伙伴，经过初步洽谈，达成了合作意向。现请你起草这则意向书。相关信息可以查询网络。

项目六　礼仪交际

PROJECT

项目导言

有人把当今社会称为"全面公共关系时代"。随着社会生活的发展，人们交往的日益频繁，交际方式也日益增多。根据不同的需要，在不同的场合，针对不同的对象，运用恰当的文字处理各种社交中的人际关系，已成为社会生活的必然要求，礼仪文书恰恰满足了这种要求。迎来送往、节日庆典、婚丧寿贺、致谢慰问等各种交往活动中，都必然使用各种礼仪文体。它是人们在日常工作和生活中进行文明交往、密切人际关系、增强友好气氛、显示礼貌风范的一种重要工具。

本项目选取了礼仪交际中常用的五种文书来学习：邀请函、聘请书、祝贺信、迎送词、主持词。

学习目标

1. 了解邀请函的含义，区分邀请函与请柬的不同作用，熟练掌握邀请函的写法。

2. 了解聘请书的适用范围、作用，熟练掌握聘请书的写法。

3. 了解祝贺信的适用范围，掌握祝贺信的写法，能写出合乎规范的贺信。

4. 了解迎送词的特点，熟练掌握迎送词的写法。

5. 了解主持词的含义，区分活动主持词与会议主持词的不同特点，掌握会议主持词的写法。

6. 提高礼仪修养，提高传递信息、沟通感情、协调工作的能力。

任务一　邀 请 函

情景导入

近日，某大型国企有近10个管理岗位面向毕业生招聘，逾千人报名，经过筛选，有80多位同学进入复试阶段。其中，某知名大学新闻系的一位女生特别出众，其自荐材料表明，她不仅每年都获得奖学金，而且在报社实习时发表了厚厚的一摞作品。招聘人员告诉记者，他们当时决定，如果这名女生考试通过，就录取她专门从事企业宣传工作。考试中有一题是根据素材写一则邀请函，而这名女生的作答，不仅标题中没有"邀请函"字样，正文也没有写明具体时间，地点则被移到"备注"里面，令招聘人员大失所望。其他考生拟写的邀请函也"缺胳膊少腿"。招聘人员无奈地说，考这个题只是因为平时工作交往中常常会用到，没想到结果会是这样。

该案例对你有什么启发？如果你也是其中的应聘者，你会提交一份怎样的答卷？

知识聚焦

一、邀请函的含义

邀请函是单位、团体或个人邀请有关单位或人员参加重要会议或活动所用的礼仪书信，又称邀请书或邀请信。

在国际交往以及日常的各种社交活动中，这类书信使用广泛，更正式，可以盖公章。

文种辨析

与口头邀约相比，邀请函更正式、更郑重；与会议通知相比，邀请函包含表达尊重、联络情感的意味，具有礼仪性。

二、邀请函的种类

按用途分，邀请函分为三种：

(1) 会议类邀请函，用于庆祝会、答谢会、纪念会、座谈会等；

(2) 活动类邀请函，用于典礼仪式、活动宴请等；

(3) 工作类邀请函，用于成果评审、鉴定以及决策论证等。

三、邀请函的写作格式

（一）标题

标题通常为"邀请函"三字，有时也可以加事由，如《第 25 届国际开放与远程教育理事会（ICDE）世界大会邀请函》。

（二）称谓

顶格书写被邀请单位名称或个人姓名，个人姓名后加相关职务、职称或其他尊称。

（三）正文

这一部分体现邀请的实质性内容。开头可用问候语"您好"等，告知被邀请方举办活动的缘由、目的、事项及要求，写明活动的日程安排、时间、地点，并对被邀请方发出得体、诚挚的邀请。结语多为期盼性敬请，如"敬请莅临""敬请拨冗出席"等。

（四）落款

落款署上发文单位名称或发文者姓名和发文日期。邀请单位还应加盖公章。

四、邀请函的写作要领

第一，内容要周详。邀请的内容、时间、地点，邀请对象的姓名、头衔，必须准确无误。如有需要注意的事项，要在适当位置注明，如联系人、联系电话、食宿或携带物品、交通路线等。

第二，措辞要得体。措辞要与邀请对方参与的活动风格相适应；文辞须典雅得体，宜用谦敬、期盼性语言，以表诚邀之心。

第三，发送要提前。邀请函的发出必须与活动举行时间之间有一定的提前量，以便被邀请者有一定的准备，但也不宜过早，根据活动内容的易繁程度，一般以 3 ~ 15 天为宜。

> **温馨提示**
>
> 写作邀请函须突出"请"意，避免使用"务必"、"必须"之类强制性词语，不能有半点强求之意。

🖒 范文借鉴

邀 请 函

世界各地的华夏儿女：

中华民族的同胞：

泱泱中华大地，孕育了优秀的华夏儿女；灿烂的五千年文明，造就了智慧的中华民族。世界各地的华夏儿女，中华民族的同胞，都是龙之传人。我们同根同源、同宗同祖；血脉相连、骨肉情深。没有任何力量可以割断中华儿女相连的血脉，纵使千山万水，异地他乡，也阻隔不断中华儿女们心心相连、手足情深！

　　海上生明月，天涯共此时。殷殷期盼，魂牵梦萦！时值 2005 盛世年华的中秋到来之际，我们以拳拳之心、眷眷之情，殷切相邀世界各地华夏儿女和中华民族同胞，在 2005 年 9 月 18 日中秋那一天、回家团圆，一起遥望重逢团圆之月，共度中秋！共同欣赏 CCTV 大型中秋晚会，届时，晚会将特邀各界名流要人、文化名人、演艺巨星、工商界精英齐聚北京大联欢，盛况空前，由中央电视台多频道同时播出。在那一时刻，让我们共同祝愿世界和平！共同祈福华夏儿女幸福、健康、平安！阖家团圆！

　　这热切的邀请，来自 2005 年两岸四地大型中秋晚会主办单位——中国中央电视台和中国中外名人文化研究会。

　　让我们共同携起手来，共同致力于中华民族伟大复兴！

　　谨致最诚挚的邀请！

2005 年中秋晚会组委会

2005 年 8 月 10 日

（新浪网：http://ent.sina.com.cn/v/m/2005-08-18/1039813871.html）

　　【评析】中秋佳节，是中华民族向往和平、万家团圆的传统节日。值此佳节来临之际，中央电视台 2005 年中秋晚会组委会向全球的亿万华人发出了这封情真意切的《邀请函》，犹如"万金家书"，蕴涵了母子连心、兄弟情深的人间至情。该函发出之后，获得巨大关注和响应。

邀　请　函

尊敬的 ××× 先生：

　　我公司定于 2013 年 × 月 × 日举行公司成立二十周年纪念活动，当日上午 9：00 整在公司会议中心一楼举行纪念活动，恭请莅临并在主席台就座。会后，还请您为本公司产品展示馆开幕式剪彩。

　　此致

敬礼！

×× 市 ×× 公司（公章）

2013 年 × 月 × 日

　　【评析】这是一篇简短的邀请函，标题、称谓、正文及落款写法都较为规范。正文写明了邀请的缘由、目的、内容、时间和地点，语言简洁，措辞得当。

🈲 病文诊断

××× 同志：

　　为了纪念陶行知诞辰 120 周年，我会定于 2011 年 10 月 18 日举行陶行知教育思想研讨会。

听闻您对陶行知教育思想研究颇深，特邀您在全体大会上做演讲嘉宾，食宿费用由我们负责，如蒙应允，请寄来内容提要，10月17日中午12：00前到会议地点报到。

联系人：刘××老师

××市陶行知研究会

2011年10月16日

【评析】该文存在以下问题：(1) 缺少标题"邀请函"；(2) 会议地点、活动要求（如回复时间）、联系电话等未注明；(3) 措辞不得体。如"听闻您对教育思想研究颇深"，说明对对方了解肤浅，措辞欠敬重，应改为"久闻"为好；(4) 发出邀请的时间不合适，有邀约不诚之嫌，此类具有研究性质的重要纪念活动的邀约，宜提前一周以上发出。

相关链接

请　柬

请柬又称请帖，是为邀请客人参加有关的会议、晚会、典礼、仪式或各种喜庆、纪念活动而发出的礼仪性的通知书。单位或个人均可用请柬，一般用套红制成帖子形式，所以又叫柬帖。随着互联网的发展，电子请柬逐渐流行。

── 文种辨析

请柬与邀请函

请柬与邀请函都是一种邀约性文书，都具有庄重性和礼仪性的特点，请柬偏重于礼仪性的、例行性的具体活动，如迎宾会、开幕式、庆祝会等；邀请函则还可用于邀请对方前来参加某项具有实质性而非礼仪性的活动，如学术会议、成果鉴定会、展销订货会等。比较而言，邀请函的使用范围更广泛，信息容量更大；请柬的制作比邀请函更精美，在装帧、款式设计上更讲究艺术性。

智慧分享

礼貌是人类共处的金钥匙。──（西班牙）松苏内吉

任务二　聘请书

情景导入

为加强提案工作与有关各方的联系与合作，保持提案工作连续性、提高提案工作质量，某市政协准备向市直属各部门、各民主党派、有关人民团体和县（市）区政府的100人颁发

聘请书，聘请他们为新一届市政协的提案工作联络员。

如果你是该市政协工作人员，请问此聘请书该如何写作？

知识聚焦

一、聘请书的含义

聘请书，简称聘书，是机关、团体、企事业单位聘请有专业特长或有名望权威的人完成某项任务或担任某种职务时所发出的专用书信。

二、聘请书的写作格式

（一）标题
聘请书的标题即"聘书"或者"聘请书"字样。有的聘请书还在标题下方注明编号，如"××聘字第×号"。也有的聘请书制成带封面样式，标题书写在封面上。

（二）称谓
顶格书写受聘者的姓名、称呼，再加冒号；也可以在正文中间写明受聘人的姓名、称呼；印制好的聘请书则大都在第一行空两格写"兹聘请××"字样。

（三）正文
正文通常包括以下内容：

（1）交待聘请的原因和聘请担任的工作及所担任的职务。

（2）写明聘任期限，何时起，何时止，为期多久。

（3）说明聘任待遇。聘任待遇可直接写在聘请书之上，也可另附详尽的聘约或公函写明具体的待遇，具体视情况而定。

（4）有的聘请书还写上对被聘者的希望。

（5）最后可以"此聘"作结，也可写上表示敬意和祝颂的结束用语，如"此致，敬礼"等。

（四）落款
标明聘请单位或聘请负责人的姓名、职务，并加盖公章，下方再签署行文日期。

三、聘请书的写作要领

第一，郑重严肃。聘请的原因和目的，受聘方的姓名、职责，要交代清楚，同时，书写要整洁、大方。

第二，简洁明了。聘请书一般较为简短，语言应简洁。

第三，加盖公章。聘请书常以单位名义发出，要加盖公章，方视为正式、合法、有效。

👍 范文借鉴

聘　书

颜××同志：

兹聘请您为××通信集团维修总工程师，聘期自 2013 年 10 月 1 日至 2014 年 9 月 30 日，聘任期间享受集团高级工程师全额工资待遇。

此聘。

××通信集团公司（章）
2013 年 9 月 20 日

【评析】这是一份公司聘用专业人才的聘请书，涉及聘请担任的职务名称、聘任的时限、聘任的报酬等内容，交代清楚，文字简明，合乎规范。

💬 病文诊断

聘　书

兹聘请您为我校计算机中心兼职教师，承担日常授课和机器维护工作，聘期一学年。

此致。

××大学
2012 年 6 月 28 日

【评析】此聘请书的问题有：（1）缺少称谓，聘请对象不明；（2）聘期不明，只说聘请一学年，但没有具体的起止时间；（3）结语不妥，应改为"此聘"。

☞ 相关链接

劳 动 合 同

劳动合同是劳动者与用工单位之间确立劳动关系，明确双方权利和义务的协议。建立劳动关系的，应当及时订立书面劳动合同。《中华人民共和国劳动合同法》第 17 条规定："劳动合同应当具备以下条款：（一）用人单位的名称、住所和法定代表人或者主要负责人；（二）劳动者的姓名、住址和居民身份证或者其他有效身份证件号码；（三）劳动合同期限；（四）工作内容和工作地点；（五）工作时间和休息休假；（六）劳动报酬；（七）社会保险；（八）劳动保护、劳动条件和职业危害防护；（九）法律、法规规定应当纳入劳动合同的其他事项。"

文种辨析

表 6-1　劳动合同与聘请书的区别

文种 区别	劳动合同	聘请书
性质	双方协商一致	只是用人单位的单方意思表示
内容	有法定条款	无法定条款，一般只有聘用期限、工资标准等

智慧分享

哪里有理性、智慧，哪里就有尊严。——（法）马丹·杜·加尔

任务三　祝　贺　信

情景导入

　　刘先生是西部某市知名律师所的一名律师，6 年前毕业于北京某政法大学法律系，为响应国家支援西部的号召，他和同学选择了到西部就业。经过几年的努力，刘先生和同学已在西部政法界立足，并小有成就。不久前他接到母校将举办建校八十周年庆典活动的消息并受到邀请，但很遗憾，他和同学因故不能前往参加，同学们特此委托他作代表给母校撰写一份贺信，以表达他们对母校的感激之情和对母校诚挚的祝愿。

　　如果你是刘先生，你将如何撰写这封祝贺信？

知识聚焦

一、祝贺信的含义

　　祝贺信，简称贺信，是单位和个人向取得重大成就、有突出成绩或喜庆之事的有关单位或人员表示祝贺或庆贺的一种专用书信。电报形式的祝贺信，称为贺电。

　　现在，祝贺信已成为表彰、赞扬、庆贺对方在某一方面所做贡献的一种形式，是双方表达良好祝愿、加深相互情谊的一种重要的交际方式。

二、祝贺信的写作格式

（一）标题

祝贺信的标题多用"贺信"或"祝贺信"标出。也可以在"贺信"前写上谁给谁的贺信以及被祝贺的事由，如《××大学致××中学百年校庆贺信》。

（二）称谓

顶格书写受文单位名称或个人姓名，后缀职务、职称或其他尊称。若是几个单位合作取得重大成绩，向其表示祝贺，则每个单位的名称都要写上，注意排列次序。祝贺会议的祝贺信则须写上会议名称。

（三）正文

正文须写明"谁祝贺""祝贺谁""祝贺什么""为什么祝贺""祝颂语"等。一般包括以下内容：

1. 向对方表示热烈祝贺

开头常用"欣闻（欣悉）……谨代表……向……表示衷心的祝贺"之语，或是"值此……之际，特表示热烈的祝贺"等语。

2. 阐述对方取得成果的意义

如果是祝贺对方取得突出成绩，就要充分肯定和赞扬对方在这些方面取得的成绩和意义，并且要分析对方取得成绩的主观原因和客观原因；如果是祝贺会议的召开，就要侧重说明会议召开的重要意义和深远影响；如果是寿诞祝贺信，应概括地说明对方的贡献和品德；如果是祝贺对方担任新职务，就要侧重于祝贺对方荣升，并祝愿对方在新的岗位上取得成绩。

3. 以表示敬意、希望的祝颂语收尾

如"祝取得更大的成绩""祝大会取得圆满成功"等。

（四）落款

落款署祝贺单位或个人名称以及日期，以单位名义发出的要加盖公章。

> **温馨提示**
>
> 祝贺对象不同，祝贺信的主体内容与措辞也应有区别。如果是上级给下级的贺词，可以提出希望和要求；如果是下级给上级写的贺词，要表示自己的态度和决心；如果是平级之间的贺词，要表示虚心向对方学习，以及保持和发展双方关系的良好愿望。

三、祝贺信的写作要领

第一，感情热烈。祝贺信的写作目的是向对方表示祝贺，字里行间要始终充满着热情、喜悦、激动的气息，使对方确实感到温暖和鼓舞。

第二，评价得当。赞美、评价对方时要做到有针对性、实事求是、恰如其分，力戒过度恭维、过分渲染，否则容易给人以献媚之嫌。

第三，语言精练。祝贺信的篇幅应短小、精练，不宜过长，用词应大方得体，富于感染性、启发性和鼓动性。

范文借鉴

习近平致2013成都《财富》全球论坛的贺信

尊敬的比克斯先生，尊敬的各位嘉宾：

值此2013成都《财富》全球论坛开幕之际，我谨向论坛的举办表示热烈的祝贺！向各位代表表示诚挚的欢迎！

借此机会，我代表中国政府和人民，向为四川汶川特大地震、芦山强烈地震抢险救援和灾后恢复重建提供支持帮助的各国企业和各方朋友们，表示衷心的感谢！

由时代华纳集团主办、全球跨国公司广泛参与的《财富》全球论坛，是世界上最有影响的经济发展论坛之一。这次论坛以"中国的新未来"为主题，表明国际社会关心关注中国的未来。

当前，世界多极化和经济全球化深入发展，各国相互依存更加紧密。中国的发展离不开世界，世界的发展也需要中国。

面向未来，中国已经确定了"两个一百年"的奋斗目标。一是到2020年，即中国共产党成立100年时，国内生产总值和城乡居民人均收入在2010年的基础上翻一番，全面建成惠及十几亿人口的小康社会。二是到本世纪中叶，即中华人民共和国成立100年时，建成富强民主文明和谐的社会主义现代化国家。

实现中华民族伟大复兴的中国梦，是中国各族人民的共同愿景。为此，我们将坚持把发展作为第一要务，坚持以人为本，坚持改革开放，全面推进经济建设、政治建设、文化建设、社会建设、生态文明建设，促进现代化建设各个方面、各个环节相协调。

实践将证明，一个充满生机活力的中国，一个不断发展进步的中国，将给各国人民带来更多机遇和福祉。

中国坚定不移走和平发展道路、奉行互利共赢的开放战略。改革开放以来，一大批跨国公司来华投资发展，获得了巨大收益，也为中国经济社会发展作出了重要贡献。今天，我们依然热忱欢迎全球优秀企业来华兴业，参与中国现代化进程，共享中国改革发展成果。中国政府将一如既往保护投资者合法权益，加强知识产权保护，为各国企业提供良好服务。

我预祝2013成都财富全球论坛圆满成功！

中华人民共和国主席：习近平

2013 年 6 月 5 日

（中国中央人民政府网：http://www.gov.cn/ldhd/2013-06/07/content_2421522.htm）

【评析】这是习近平致 2013 成都《财富》全球论坛开幕的贺信。习近平在贺信中先向论坛的举办致以热烈的祝贺，向各位代表表示诚挚的欢迎，继而分析了论坛举办的世界背景和现实意义，展望了中国发展的美好前景，并热忱欢迎全球优秀企业来华兴业，共享中国改革发展成果，最后预祝论坛圆满成功。贺信围绕论坛举办和论坛主题进行撰写，主旨鲜明集中，情绪饱满，用词充满鼓励和希望，让人备受鼓舞和激励。

中国当代文学研究会致莫言的贺信

尊敬的莫言先生：

欣闻先生获得 2012 年度诺贝尔文学奖的殊荣，我们万分惊喜，至为辛欣，谨向先生表示最热烈的祝贺！致以最诚挚的敬意！

你从 1981 年步入文学创作以来，立足本土文化锐意创新，勇于"拿来"兼收并蓄，从而为当代文坛奉献出《透明的红萝卜》、《红高粱》等优秀的中篇小说，《丰乳肥臀》、《檀香刑》、《生死疲劳》、《蛙》等杰出的长篇小说，并形成自己在小说艺术上鲜明的个性化与突出的原创性，以及率性与野性相呼应，雄气与豪气相激荡，瑰丽与诡异相辉映的独特风格。你的小说创作，一直葆有深邃的人性深度与持续的反思精神，总在历史与个人的互动关系中，探悉各色人等的命运走向。无论是写人还是记事，述史还是写实，都力求写出一定地域的底蕴，一定社会的属性，一定时代的烙印；传奇性的故事，往往卓具浓郁的民间性，独特的人物，常常富于鲜明的民族性。这些追求，使得你的笔下的一切，都是人之情性与民族精神相贯通的个人化呈现与艺术化象征。你当之无愧地属于当代中国作家一流群体中最为杰出的一位。荣获诺贝尔文学奖，是对你的出色创作成果的高度肯定，也是对你经年以来辛勤耕耘的最好回报！

你荣获诺贝尔文学奖，为你本人赢得了崇高的荣誉，给中国作家以莫大的激励，对于整个当代文学从业者增强文学自信心，提升文化自觉性，乃至加深认识文学在社会文化和精神文明建设中的重要意义，都会有很大的促进作用，也使当代文学批评与当代文学学科进而获益和从中受惠。我们深深地感谢你，更会高度珍重你为当代文学赢来的这一切！

衷心地祝愿您在新的文学道路上，为中国和世界文学奉献出更多更好的作品，为中国当代文学的繁荣与发展继续增光添彩！

中国当代文学研究会
2012 年 10 月 18 日

（中国作家网：http://www.chinawriter.com.cn/2012/2012-10-19/144427.html）

【评析】这是 2012 年莫言获诺贝尔文学奖时，中国当代文学研究会给莫言的贺信。贺信首先祝贺他获奖，接着充分肯定了他在小说创作上的突出成就，并说明了莫言获奖的重要意义和深远影响，最后表达对莫言的美好祝愿。全文层次清楚，感情真挚，对其文学成就概括精练，语言如诗般美丽，激情洋溢。

病文诊断

致××大学校庆贺信

××大学：

　　你们好，值此母校建校八十周年之际，我们怀着与你们同样激动兴奋的心情，向你们表示衷心的祝贺与问候！

　　作为2002届毕业生，转眼间从学校毕业已经十年了。现在的我们，在法学的殿堂中畅游，却时刻未敢忘记母校教给我们的"尚德、睿智、唯实、创新"校训。作为今后法律天平的执掌者，我们愈加感受到这种精神的可贵，正是在这种精神的指引下，我们逐渐领悟到了一名时代青年所肩负的责任，今后我们将不断完善自我，也将会沿着这样的方向继续下去。

　　最后，衷心祝愿母校在未来更加激烈的教育竞争中拥有更强大的师资力量和管理队伍，赢得更大的发展空间，为社会培养更多、更好的人才！

　　此致

敬礼

2002届学生：×××

　　【评析】该贺信虽然基本格式无误，层次也较为分明，但还是存在一些问题：（1）标题应改为"致母校××大学校庆贺信"，显得一目了然。（2）称谓过于生疏，若改为"尊敬的母校各位领导、全体老师"则体现尊重、亲切感。（3）正文应充分写出对母校追忆、思念和感激之情。（4）结尾处，除了祝愿母校外，还应祝福母校的老师，并再次表示感谢。（5）落款未写明日期。

相关链接

祝词与贺词

　　祝词与贺词，都是指在一定场合下发出的友好的、热情的祝贺。它们都富于强烈的感情色彩，针对性、场合性也很强。因此贺词和祝词在某些场合可以互用，如祝寿也可以说贺寿，祝事业的祝词常常也兼有贺词的意思。

文种辨析

　　虽然祝词与贺词有时可以互用，但二者所包括的含义并不相同：祝词的一般对象是事情未果，表示祝愿、祈求、祝福的意思，如祝事业、祝酒等；贺词一般的对象是事情已成，表示庆贺、道喜、赞扬的意思，如贺竣工庆典、大会召开、荣升任职等。简言之，祝词在事前祝，贺词在事后贺。

智慧分享

悲伤可以自行料理，而欢乐的滋味如果要充分体会，你就必须有人分享才行。——（美）马克·吐温

任务四　迎　送　词

情景导入

2008 年 8 月 8 日晚，举世瞩目的北京第二十九届奥林匹克运动会开幕式在国家体育场（鸟巢）隆重举行。具有两千多年历史的奥林匹克运动与五千多年传承的灿烂中华文化交相辉映，共同谱写人类文明气势恢弘的新篇章。夜幕下，"鸟巢"造型的国家体育场华灯灿烂，流光溢彩。可容纳九万多人的体育场内座无虚席，群情激动。北京市市长刘淇代表 2008 北京奥运会组委会在开幕式上致了热情洋溢的欢迎词，既表达了欢迎、感谢和祝愿之情，又有礼有节，情理交融，展示了主办方的良好形象。

观看过北京奥运会的开幕式后，你对刘淇的欢迎词有何感想？若单位需要你为新员工的到来写一篇欢迎词，你该如何撰写？

知识聚焦

一、迎送词的含义

迎送词是欢迎词和欢送词的统称。欢送词是在迎接宾客的仪式上，主人对宾客表示热烈欢迎的致词。欢送词是欢迎宾客的仪式上，主人对宾客即将离去表示友情欢送的致词。

二、迎送词的写作格式

（一）标题

迎送词的标题可以有以下几种形式：

(1) 直接以文种命名，即《欢迎词》或《欢送词》。

(2) 致词场合或致词对象＋文种，如《致日本东京汉诗研究旅游团的欢送词》。

(3) 致词人＋致词场合＋文种，如《周恩来在欢迎尼克松及夫人的宴会上的讲话》。

(4) 双标题形式，其中主标题揭示主旨，副标题可以采用上述（2）、（3）形式，如《跨越六十年的握手——胡锦涛欢迎词》。

迎送词的标题只是一种写作形式，在致辞时并不宣读。

（二）称谓

顶格书写被迎送宾客的全名、职务、头衔等，前面加表示亲切、尊重的修饰语，如"尊敬的××公司各位同仁"；如果出现多个称呼，要安排好次序，一般以先长后幼、先上后下、先疏后亲为宜。

迎送词有特定的情境，常常是在交际场合中对着所有在场的人宣读，所以在主要宾客名下，还要用泛称，如"女士们，先生们""同志们""朋友们"，以表示对所有到场者的尊重。

（三）正文

1．开头

开头通常应说明现场举行的是何种仪式，发言者代表什么人，以及向哪些来宾表示欢迎或欢送。

2．主体

欢迎词一般要说明欢迎的缘由，来访的意义及作用，还可以叙述彼此之间的交往、友谊，以及友好合作的成就。如果对方是以个人名义来访，亦可向到场的其他人介绍宾客的成就、品行等。对初次来访者，可多介绍本组织的情况。

欢送词要根据不同的送别对象展开，如回顾双方在合作或访问期间取得的合作成果，肯定对方来访的积极意义，感谢对方的指导和帮助，勉励对方在以后的岁月里开拓进取，展望双方日后的合作和交流等。

3．结语

欢迎词一般应再次用祝颂语向对方表示祝愿，预祝活动圆满成功和合作愉快，并表达自己对今后合作往来的展望和期待。

欢送词一般要再次向来宾表示真挚的欢送或惜别之情，以及良好的祝愿。

（四）落款

单纯用于讲话的迎送词一般无须落款。如刊发，可在标题之下或文末署名，一般署上致词的单位名称和致词者的身份、姓名，并署上成文日期。

三、迎送词的写作要领

第一，态度热情，情感真挚。迎送词的灵魂和核心是个"情"字，因此情感表达要真挚亲切、自然得体。在尊重事实的基础上恰如其分地表达，以不卑不亢为宜。

第二，注意礼节，尊重习俗。要根据社交场合、对象、地区习惯的不同，选择最为贴切恰当的称呼。赞誉对方的话要直接表达；意见分歧之处要么避而不谈，要么委婉含蓄地表达。措辞要慎重，要尊重对方的风俗习惯，以免发生误会。

第三，言简意赅，形式活泼。迎送词是一种礼节性的社交或公关辞令，宜短小精悍。用词要力求生动，营造一个宽松友好的氛围。

范文借鉴

燃烧激情奋发有为　创造更加美好未来

——第26届世界大学生夏季运动会组委会副主席王荣致辞

尊敬的胡锦涛主席和夫人，尊敬的乔治·基里安主席，尊敬的各位来宾，女士们，先生们：

今晚，我们相聚在中国，相聚在美丽的深圳湾。此时此刻，请允许我表达深圳市民的共同心声——深圳欢迎来自世界各地的朋友们！

深圳作为一座年轻的城市，也许会让青年朋友感到陌生。而正是这座青春盛会的邀约，让国际大学生体育联合会在四年多前选择了深圳。这是一份前所未有的信任与期待。2009年7月13日，当我在贝尔格莱德，从国际大体联主席乔治·基里安先生手上接过会旗，我们就开始用倒计时的方式为履行申办承诺而不懈努力。

年轻的深圳举办大运会，给了我们一个宝贵的机会，能够在筹办过程中充分展示创新和创意，履行承诺，共襄盛会。在中国中央政府的卓越领导下，为实现"从这里开始，不一样的精彩"的办会理念，我们精心修建比赛场馆，训练运作团队，寻求科技支持，创造安全条件，也不断使这座城市的功能与形象得到提升。

各位青年朋友，深圳这座在中国改革开放中诞生的城市，过去三十多年里一直在燃烧着青春激情，追逐着青春梦想。今晚，大运会的主火炬将在这里熊熊点燃，也预示着深圳将继续燃烧激情、奋发有为，创造一个更加美好的未来！

愿你们喜欢深圳的热情与活力，愿深圳的一切给你们留下美好的回忆！

谢谢！

（深圳新闻网：http://szsb.sznews.com/html/2011-08/13/content_1702544.html）

【评析】 2011年8月12日晚，第26届世界大学生夏季运动会（简称大运会）在中国深圳隆重开幕，本届大运会组委会副主席、深圳市委书记王荣首先致辞。全文五百余字，言简，情长，意丰，既表达了深圳市民欢迎世界各地朋友的共同心声，也说明了"这座青春城市对青春盛会的邀约"的不懈努力，还通过对未来的预示凸显了深圳的活力与自信，富有东道主色彩。

告　别

——华中科技大学校长李培根2013届本科生毕业典礼上的致词

亲爱的2013届毕业生同学们：

你们好！首先，向你们完成学业表示最热烈的祝贺！

过几天，你们中间的大多数就要告别大学生活，告别你们的同学、老师，告别华中科技大学。也许近一段时间以来，你们早就开始了告别活动。听说紫菘13栋的同学们用感恩心语向周凤琴阿姨告别："走得了的是人，散不去的是情。"我还知道，为了告别，你们很多人一定哭过、笑过、喊过；为了告别，你们拥抱过、沉默过、醉过。酸甜苦辣，个中滋味，只有你们最清楚。你们即将告别抢座位的日子，告别没有空调的宿舍，告别你怎么都不相信没赚你们一分钱的食堂；告别教室里的乏味，告别图书馆中的寻觅，告别社团中的忘我；告别留下你浪漫、青涩的林间小道和石凳，告别你至今还未看懂、读懂的华中科技大学，告别你们背后的靠山——喻家山。

的确，人生其实是在不断地告别。初中后，我才告别饥饿；"文革"中，我告别了雄心壮志；长大后，告别了一些豪言壮语，不再去想解放"世界上还没解放的三分之二的人民"；及至而立、不惑之年，我又告别"凡是"……那都是一些酣畅淋漓的告别。此外，还有很多不舍的告别，即告别那些我人生的征途中扶过我一把、陪伴过我一会儿的人。同学们，不知道你们是否真正懂得，为什么而告别？还应当告别什么？

你们应当为了"成人"而告别。

你的大学生活也许一帆风顺，成绩优异，运动场上吸引过不少异性的目光，社团中也不时留下你的身影。你觉得自己"成人"了，其实未必。也许，不久的将来你恰恰就会告别"一帆风顺"。你可能已有鸿鹄之志，志向满满没什么不好，但谨防志向成为你人生的束缚和负担。不妨让自己早一点有告别"一帆风顺"的思想准备，让志向成为你人生的一种欣赏，一种尝试。要离开学校了，也有少数同学突然发现要"成人"的恐惧。想着终将逝去的青春，自己似乎还未准备好，懵懵懂懂怎么能一下子走向社会？睡懒觉的时候很香甜，玩游戏（打Dota）的时候很刺激，翘课的时候很自在，挂科的时候很无奈，拿不到毕业证时两眼发呆……可生活还得继续，只是要永远告别游戏人生的态度。

为了"成人"，你们需要自由发展，这是华中科技大学教育的真谛。在日后寻求自我的过程中，你们要告别浑浑噩噩，告别人云亦云，告别忽悠与被忽悠。保持一份独立精神，那才不枉在华中科技大学学习过几年。

为了"成人"，你们又得告别过分自我。别太把自己当回事。在华中科技大学几年，你可能不觉得受到过学校的呵护，甚至宠爱，你可能就像天之骄子。可是，真正到社会上，没有人再把你视为天之骄子，社会甚至会让你面目全非！为了"成人"，你们需要告别过分的功利、过分的精明。过分的功利会腐蚀你的心灵，过分的精明会扭曲你的人格。不要把与别人的交往看成实现你自己的预期和目的的工具。你自己太精明，别人可不是傻瓜；不如"傻"一点，糊涂一点，别人不至于对你使"精明"。让心灵对社会开放，对他人开放！

我相信，你们的告别更多的是为了相约和再见。很多同学踌躇满志，跃跃欲试。你们相约，十年、二十年再相见。那时候，你们可以交流服务国家社会的心得，可以交流奋斗的体会，可以分享成功的喜悦；那时候，你们再来喻园，让母校以你们为荣。告别了，有一天，与老师相约，与母校相约，与同学相约，与初恋相约！

有些告别特别艰难。比如，你成绩优异，深具研究潜质，你将来有条件成为一个科学家；同时，你综合素养很好，今天已经是学生领袖，将来也有条件成为一个好的政治家。现在，无论你选择其中哪一个，意味着你可能告别另一个你将来并不难得到的东西。你或许彷徨、犹豫、纠结了吧？亲爱的同学，只要懂得舍弃，就很容易告别选择的艰难。

告别某些风气或习俗也很艰难。尽管如今有"拼爹"的现象，但毕竟不是成功之道。有一个"好爸爸"，不妨告别对你爸的依赖；没一个"好爸爸"，那就告别"羡慕嫉妒恨"。过几年你们可能面临谈婚论嫁。要结婚，是否一定要有自己产权的房子？有些年轻人为此而不惜"啃老"。华中科技大学的小伙子们、姑娘们，千万告别"啃老"，告别"俗气"。

在物欲横流的世风下，很容易忘记人的意义与生存价值，忘记信仰和独立精神等。中华民族的复兴可不能仅仅是经济的跃进，还需要精神的崛起。同学们，希望你们有告别麻木、告别粗鄙、告别精神苍白的自觉，为国家，为你们自己！

如果使你自己置身于更大的天地，就会懂得有些告别特别伟大，如三十年多前党中央对"文革"的否定。否定"文革"，使国家告别了封闭，告别了破坏，告别了对人的蔑视；使人民告别了斗争，告别了恐惧，告别了贫穷。那是多么伟大的一场告别！最近习近平总书记强调"党自身必须在宪法和法律范围内活动"，"依法治国，首先是依宪治国；依法执政，关键是依宪执政"，"把权力关进制度的笼子里"，等等。告别权力崇拜同样是一场伟大的告别。希望你们今后在党的领导下，投身于其中，告别对法律的任何藐视！

虽然人生在不断地告别，但有些东西是不能告别的。亲情是不能告别的。曾经我告别乡村，告别与我相依为命的奶奶。但直到今天，我内心从来没有告别奶奶的亲情，尽管她已经去世四十多年。我的一个已经去世的工人朋友，有一个儿子，上了大学，出国了，多年不与母亲联系。他可是告别了亲情啊！我就不明白，亲情是在什么情况下能告别的呢？学习是不能告别的，你们可以告别学过的知识，但不能告别学习的习惯。努力奋斗是不能告别的，不然，你一生大概都会不断地告别机会。改革与开放是不能告别的，如果你们尚有家国天下之情怀，一定铭记于心。

同学们，关于告别，很难说尽，关键还得靠你们自己体悟。

不多说了，我也要向你们告别啦！让我们告别，其实也将是各自新的抵达！

（人人网：http://blog.renren.com/share/139673352/16009394589）

【评析】"根叔"的此篇欢送词以"告别"为主题，向毕业生传达了应该告别的物欲横流和不应该告别的纯真情感，谆谆教导了同学们做人、做事的道理，寄托了对同学们的厚望。整篇欢送词富于哲理，通俗易懂，也饱含激情，对学子教益匪浅。

◉ 病文诊断

欢 迎 词

（说明：××旅游学院部分师生去东湖宾馆参观学习，宾馆总经理在欢迎仪式上的致词）

尊敬的各位教师、各位同学们：

在此谨代表本宾馆的全体员工欢迎阁下同志们光临东湖宾馆。

东湖宾馆坐落于风景秀丽的东湖岸边，三面环水，环境幽雅，具有岛国风情，是山阳市委、市政府接待和开放的窗口。希望我们的服务能够让阁下有宾至如归的感觉，在此将宾馆内设备及服务向你们做一介绍。

我们将忠诚地为阁下服务效劳，并希望你们能够提出宝贵意见。

东湖宾馆
总经理谨致

【评析】如果不看题下的"说明"，应该说这是一篇不错的宾馆经理致即将入住的宾客的欢迎词。但问题恰恰就在这里，欢迎的对象不是即将"入住的旅客"，而是前来"参观学习"的师生。因此，这样的欢迎就显得有点"错位"了。具体来说，问题有四：（1）称谓不准确，应改为"尊敬的各位老师、同学"。（2）欢迎之意有些失当，比如"希望我们的服务能够让阁下有宾至如归的感觉"、"忠诚地为阁下服务效劳"等语句，与场合不符。（3）有些内容欠缺，如关于宾馆的介绍过于简单，"在此将宾馆内设备及服务向你们做一介绍"没有下文；结尾处宜再一次表示欢迎或希望互相学习之意。（4）落款不全，"总经理谨致"可删去。

◉ 相关链接

答 谢 词

答谢词，是指在特定的公共礼仪场合，主人致欢迎词或欢送词后，客人所发表的对主人的热情接待和关照表示谢意的讲话，或是客人在举行必要的答谢活动中所发表的感谢主人的讲话。

答谢词的内容通常包括：（1）开头，应先向主人致以感谢之意；（2）主体，先是用具体事例对主人所做的一切安排给予高度评价，对主人盛情款待表示衷心感谢，对取得的收获给予充分肯定；然后谈自己的感想和心情，如颂扬主人的成绩和贡献，阐发访问成功的意义，讲述对主人的良好印象等；（3）结尾处，再次表示感谢，并对双方关系进一步发展表示诚挚的祝愿。

智慧分享

人生最美丽的回忆就是他同别人的友谊。——（美）林肯

任务五 主持词

情景导入

在 2009 年中央电视台春晚首次彩排中，青年歌手王莉在上场的时候不慎摔倒，单膝跪地。虽然由于她的舞台经验丰富，没有影响声音的效果，但现场气氛未免显得尴尬。面对王莉的摔倒，著名主持人董卿临场发挥说了这样一段话："刚才歌手王莉不小心摔倒，好在没影响她的演出。其实春晚就是这样一个舞台，能站在这里的都是最优秀的演员，大家都是摔倒了又爬起来才走到这里的！"通过幽默的话语巧妙地化解了现场尴尬的气氛。

如果你是某个活动的主持人，活动进程中出现类似意外，你会如何应对？

知识聚焦

一、主持词的含义

主持词是在有关会议或者各种仪式、活动中，主持人用于说明活动主旨，引导、推动活动展开，串联和衔接前后内容，总结和概况活动情况的一种文书。

二、主持词的种类

按照主持的场合划分，主持词可以分为活动（如文艺演出、庆典活动、节日活动等）主持词和会议主持词。

三、主持词的写作格式

（一）标题
主持词的标题由会议或活动名称加文种组成，如《×× 公司 2013 年总结表彰大会主持词》。标题下方顶格处，可分行写明会议或活动的时间、地点、主持人。

（二）称谓
视不同的与会人员、不同的场合，选用不同的称呼，一般用泛称，如"各位领导""各

位来宾""同志们""同学们"等。在特殊情况下，如地位、职务较高的领导、贵宾莅临，可先用特称，如"尊敬的 ×× 董事长和夫人"等，后面加泛称。一般是身份从高到低，性别先女后男，并尽可能覆盖全体参加对象。

（三）正文

虽然不同类型的主持词的正文一般也都是由开场、中间串词、结尾三部分组成的，但由于主持活动的性质不同，其写作格式、内容侧重点、风格等均有所不同。比如活动主持词的写作就没有固定格式，它最大的特点就是富有个性，特别讲究开场的精巧、串词衔接的自然与结尾的策略。而会议主持词则有通常的写作格式，与活动主持词相比较，其附属地位更突出，篇幅更短小，语言更平实，其写作更重在头尾，中间部分分量较轻，只要简单介绍一下会议议程就可以了。

> **温馨提示**
>
> 介绍领导和嘉宾时要注意两点：① 次序得体，一般按身份从高到低，身份相同时可按资历高低或先宾后主；② 被介绍者的身份、职务、姓名须清楚准确。

这里，主要介绍会议主持词的写法。会议主持词通常包含以下内容：

1．开会原因

首先要简单介绍一下召开会议的原因，使与会者对会议的背景以及召开会议的必要性有所了解。

2．会议主题

一定要开门见山地交代清楚会议的主题是什么。

3．会议对象

介绍会议对象，主要是向与会者介绍参加会议者的身份，与会人数，会议的服务、联络组织等情况。要着重介绍出席会议的主要领导和嘉宾，以及每一位致辞人或发言人。

> **温馨提示**
>
> 在顺次介绍议程时，切忌千篇一律，要讲究灵活性和多变性，如不要一概用"下面请……"，可用"接下来""下一个议程是"之类的话。

4．会议议程

一般先简要全面地介绍会议的内容步骤，然后分列逐项进行（视具体情况而定，也可直接进行议程）。每项程序结束后，主持人应对发言者表示感谢，可作简短的小结，阐明致辞、发言或具体活动的意义。

> **温馨提示**
>
> 如果主持人的地位或职务较高，主持词则可突出自上而下的口吻，在总结评价和提出要求部分，可以根据需要适当展开。如果主持人地位或职务与主讲者平级或较低，主持词就要尽量简短，用词要突出谦恭、礼让成分，切忌冗长或补充强调其他内容。

5．总结评价

会议议程进行完之后，主持人要对会议的内容以及会议的质量进行概括和总结评价，使与会者进一步从总体上了解把握会议的主要内容及意义，也使与会者、组织者、服务者为会议付出的劳动得到肯定。

6. 会议要求

主持词的最后一部分要对会议精神如何贯彻落实提出明确要求，使与会者明白散会之后应结合实际及时做好学习汇报、研究部署、督查落实以及信息反馈等工作。内容要有号召性，引起听众强烈的共鸣，从而使会议的效果化作听众的自主意愿和自觉行动，成为促进工作目标实现的强大动力。

四、主持词的写作要领

第一，清楚议程，精心策划。在写一篇主持词之前，一定要清楚地知道会议或活动的背景和每一项议程，并认真分析每项议程之间"孰轻孰重"，然后认真考虑如何写开场白、前后如何串联、如何形成高潮、如何收尾，还应充分考虑可能出现的一些情况，做好随时应变的准备，因此要尽量提前介入、认真策划。

第二，注意条理，串接自然。主持词的主要作用在于提示和串联，没有条理，主持词将失去它存在的价值，也无法将整个会议或活动"串"起来。要"串"得自然、流畅，这就需要在选词造句时特别要注意考究，要学会提炼、总结、适当评论，才能恰到好处、浑然天成。

第三，把握分寸，表现适度。主持词毕竟只是起把握节奏、控制程序、穿针引线的作用，因此需要把握分寸，从结构到内容乃至遣词造句、语言风格、讲话口气等，都要服从并服务于整个会议，不能喧宾夺主，也不能随意增减活动议程。

范文借鉴

××公司年终总结会主持词

会议时间：2013 年 12 月 30 日

会议地点：公司八楼一号会议厅

会议主持：张 ×（销售部经理）

尊敬的各位领导、亲爱的同事们：

大家上午好！

在这辞旧迎新的日子，我们召开一年一度的公司年终总结会，大家欢聚一堂，总结过去，相互交流，展望未来。参加今天会议的主要领导有——公司总经理刘 ×× 先生，副总经理高 × 先生，部分管理人员及员工代表，共210人。欢迎各位的光临！

大会进行第一项：请公司高 × 副总经理做 2013 年度工作总结。

让我们再次用掌声向高总表示感谢。2013 年是我们 ×× 公司不同寻常的一年，取得了丰硕的成绩。这些成绩的取得，离不开公司领导的英明决策，更离不开所有员工的辛勤付出。

下面，大会进行第二项：请公司领导宣布 2013 年度优秀员工名单，并请优秀员工到主席台前领奖。

再次祝贺获得表彰的同事们！向你们学习！向你们致敬！接下来，大会进行第三项：有请优秀员工代表人力资源部赵 × 同志发言。

谢谢赵 × 同志的精彩发言！我想他的发言也代表了全体受奖人员的心声，成绩只代表过去，面对崭新的一年，我相信，公司的优秀员工一定能带动所有人员在各自的岗位上创造新的业绩。

最后进行第四项：请公司刘 ×× 总经理做总结讲话。

谢谢刘总！刘总在肯定公司成绩的同时，也客观分析了存在的问题，并指明了我们 2014 年的发展目标，提出了新的要求，相信在新的一年，随着我们公司管理水平的不断提高，经营范围的不断扩展和科研创新能力的不断增强，我们公司的发展一定会越来越好！

新年快到了，预祝各位新年快乐！家庭幸福！祝 ×× 的明天更辉煌！

会议到此结束！感谢大家的参与！散会。

【评析】这篇会议主持词结构完整，层次清晰，承接自然，语言简洁、大方，较好地起到了串联进程、把握节奏、营造氛围的作用。

● 病文诊断

××公司2013年年中工作会议主持词

各位领导、员工代表、同志们：

今天，我们在这里召开 ×× 公司 2013 年年中工作会议。

下面进行第一项：请公司总经理 ×× 同志做年中工作报告，大家欢迎。

各位代表，刚才 ×× 总经理对今年来的工作进行了全面的总结和回顾，并对当前公司面临的形势进行了深刻的分析，从四个方面指出了公司当前工作中存在的问题和困难，对下半年的工作从六个方面进行了具体的部署，希望与会代表认真学习领会，在今后的工作中认真贯彻落实。

下面进行第二项：请公司生产部、市场营销部和人力资源部负责人发言。

首先请生产部 ×× 同志发言。

请营销部 ×× 同志发言，大家欢迎。

请人力资源部 ×× 同志发言，大家欢迎。

下面进行第三项：请江北分公司 ×× 同志和江南分公司 ×× 同志分别做表态发言。

感谢以上两位同志的发言。

下面进行第四项：请公司党委书记××同志做总结讲话。

各位代表、同志们，××公司2013年年中工作会议所有议程进行完毕，公司各位领导对重点工作分别做了强调，各单位会后要及时认真贯彻这次会议精神，力争全面超额完成年度目标任务。

现在，我宣布，散会。

【评析】这篇会议主持词实际上只起到了简单告知议程的作用，并没有很好地起到画龙点睛、牵线搭桥的作用，问题如下：（1）开场白未明确交代会议召开的背景、意义，也没有介绍与会领导、嘉宾。（2）主体部分，除了第二项议程外，其他所有议程之间都没有串联词。特别是第三项和第四项，没有说明为何发言，发言主题是什么；第五项议程领导讲话后，应对领导讲话作简要小结。（3）全文语言太过平淡，没有较好地渲染积极向上的工作氛围。

相关链接

节目主持词的语言风格

节目主持词应根据活动安排、活动主题以及观众的主要成分（如教师、学生、干部、军人或社会各界人士）来确定语言风格，显现个性和特色：（1）主题活动文艺演出，如国庆节、党的生日、建军节等的节目主持词多采用庄重、深情、赞美的语言；（2）开幕、闭幕式类的主持词应具备喜庆、热烈的风格，格调轻快而又不失庄重；（3）联欢类、广场类、互动性活动的节目主持词应运用幽默、风趣、交流性的口语化语言；（4）表演比赛类的主持词一般仅做简要介绍，如参赛序号、节目形式、选送单位、表演者姓名，其他情况一般不做过多的叙述。

智慧分享

博观而约取，厚积而薄发。——苏轼

项 目 实 训

一、阅读思考

第26届世界大学生夏季运动会开幕式上，大运会组委会副主席王荣首先致辞，随后，大运会组委会主席袁贵仁、国际大体联主席基里安分别致辞欢迎；就在当天下午，国家主席胡锦涛在开幕式之前的欢迎宴会上也发表了致辞。请上网搜索这些欢迎词，体会其不同特色。

二、情景写作

1．你是否还记得我们青涩的笑容？是否还记得我们一起度过的那个难忘的迎新晚会？是否还记得为了荣誉我们在运动场上的疯狂？……在毕业十周年到来之际，老班长提议举办毕业十周年同学聚会，请以老班长的名义，给原班级同学书写一份邀请函。

2．我校不久将成立××教学研究会，拟聘请××教授为顾问，指导本校的教学研究工作，聘期为两年。请根据以上内容撰写一封聘请书，要求格式规范，简洁明了。

3．小张是××服装公司的总经理秘书，公司的业务往来单位××商场即将举行开业十周年庆典活动，总经理要求小张以服装公司的名义写一封贺信，请你代小张撰写。

4．日前，武汉市招商局邀请香港某投资集团的黄总及夫人一行来到武汉进行商务考察，为期一周的考察顺利结束了，并有了初步的投资意向，在送别晚宴上，招商局领导要致欢送词，请你代为撰写。

5．××公司举办新进员工培训大会，会议议程有：介绍公司领导；请公司刘总致欢迎词；请新进员工代表吴×发言；培训部陈部长做主题培训；公司周董事长讲话。人力资源部部长为培训大会主持人，请你代为撰写一份主持词，要求主题明确、条理清晰、衔接自然。

项目七　信息传播

PROJECT

项目导言

　　传播是指为扩大组织、人物、商品或某一事件的影响，向公众进行有目的的宣传的各种方式和手段的总和。传播的内容即信息。信息是一种宝贵的软资源，是社会发展的潜在财富，被称为"空中流动资金"，是开展工作和各项活动的"体温计"和"晴雨表"。在市场经济条件下，信息往往意味着成功，意味着智慧。

　　信息传播的种类繁多，本项目选取了信息传播中常用的五种文书来学习：启事、简报、消息、广告文案、产品说明书。

学习目标

　　1. 了解启事的含义、特点和种类，熟练掌握启事的写法。

　　2. 了解简报的含义、特点、用途，掌握简报的写法，能编写内容实在、反映及时、形式灵活、篇幅简短的简报。

　　3. 了解消息的含义、特点，掌握倒金字塔结构的写法，能根据提供的材料撰写消息；培养善于发现的意识。

　　4. 了解广告文案的含义、特点，掌握广告文案的格式要求，能根据提供的材料写作广告文案；培养创意意识。

　　5. 了解产品说明书的特点，明确产品说明书与广告的异同，掌握产品说明书的写法；培养责任意识。

任务一　启　　事

情景导入

某市闹市区有一家刚开业的胶水店，几天过去不见有顾客光顾。为此，老板很是苦恼，最后老板在商店橱窗里贴了一张活动启事。大致的内容是本店将举行活动，活动当天老板将现场用店里的胶水将特制的金币粘在墙上，如果有人能将墙上的金币取下来，那金币就属于那个人。启事张贴出来后很是轰动，活动当天连记者都来免费采访。最后，没人能将金币取下来，但从第二天开始，这家胶水店生意火爆。

你从中受到了什么启发？如果是你，你如何写这份启事？

知识聚焦

一、启事的含义

"启"即"告启"、"陈述"的意思；启事，就是公开陈述事情。单位或个人将需要向公众说明或请求予以支持的事情简要写出，通过传媒公开，这就是启事。

启事具有广告性质和传递信息的作用。凡是需要公众知道，求人协助办理的一般事项，都可采用启事。

> **温馨提示**
>
> 不要把"启事"错写成"启示"。启事是公开陈述某事，而"启示"则是因为某事有所领悟的意思。

二、启事的特点

（1）周知性。启事所涉及的内容必须是需要向社会大众公开陈述的有关事项。为了便于周知，它往往采用多种多样的发布途径和发布形式。既可以抄写张贴在公共场所，也可以制成印刷品广泛传播；既可以在报刊登载，也可以利用广播、电视、互联网播发。

（2）祈请性。启事的目的不仅在于向人们公开告知有关事项，更侧重于请求人们协助办理，常以商洽的语气向大众陈述有关事项。

文种辨析

启事和通知、通告一类的公文虽然都具有周知性，但它不像通知、通告等公文那样具有行政的强制性和约束力。它不能硬性规定人们必须阅读、收看或者收听，更不能强制别人必须办理、执行。它所周知的事项，知悉者可以参与，也可以不参与。

三、启事的种类

启事的种类很多，常见的有三类：（1）告知类启事，如用于开业、停业、迁址、更名、竞赛、讲座、庆典等；（2）征招类启事，如用于招生、招聘、招领、征文、征婚、征订等；（3）寻找类启事，如用于寻人、寻物等。

四、启事的写作格式

（一）标题

通常采取"事由＋文种"的写法，如《房屋出租启事》；有的"启事"前冠单位名称，如《人民网湖北频道"3·15"消费维权线索征集启事》；有的单纯以事由做标题，如《诚聘幼儿教师》；若事项重要或紧急，可在"启事"前面加"重要"或"紧急"字样。

（二）正文

正文一般包含启事目的、原因、具体事项、要求等。如果内容较多，可分条列项，逐一交待明白。正文部分是体现各种启事不同性质和特点的关键部分，应依据不同启事的内容和要求变通处置，注意突出启事的有关事项。

1．寻物启事的正文

（1）失物名称、外观、规格、数量，以及丢失的时间、地点；

（2）交代拾物者送还的具体方式；

（3）感激之意、送物往返费用、酬金等。

2．征文启事的正文

（1）征文的缘由、目的、单位；

（2）征文的具体要求；

请你思考

寻物启事与招领启事关于物品的描述是否都要求详尽具体？

（3）征文的评选、评奖方法和奖励形式；

（4）对投递稿件的具体要求及方法。

3．招聘启事的正文

（1）招聘方情况，如经营业务、工作范围、地理位置、招聘缘由等。

（2）招聘职位，包括岗位与人数。

（3）应聘条件，包括硬件条件（如年龄、学历、职称、经历、技术专长等）、软件条件（如吃苦耐劳精神、沟通协调能力等）。

（4）聘后待遇，如月薪或年薪数额，工休待遇，是否解决住房、安排家属等。

（5）应聘方法，如需验证件、应办手续、应聘时间、联系地址、联系人、联系电话等。

4．开业启事的正文

（1）开业的具体时间；

（2）经营范围、服务项目等；

（3）邀请顾客惠顾光临的谦辞；

（4）有关联系事宜（开业企业的地址、电话、企业负责人、业务联系人等）。

（三）落款

落款须写明启事单位名称或个人姓名。视具体情况，有的还要写上地址和启事时间。

五、启事的写作要领

第一，标题要简短醒目。尤其是广告性、宣传性的启事，标题要能吸引公众。

第二，内容要单一完整。启事要求内容单一，最好一事一启；事项完整，不遗漏应启之事，表述清楚。

第三，用语要恳切文明，以使公众产生信任感。

范文借鉴

来，一起分享你我的梦想
——"中国道路中国梦"征文启事

一个国家在一定时期的流行词，往往反映着这个国家的脉动。

中国梦，这一意涵深刻的词汇，叩动中华儿女心弦，激发无数心灵共鸣。国家富强、民族振兴、人民幸福，"中国梦"承载了一个国家对未来的信心，饱含着亿万人民对生活的憧憬。

"中国梦是民族的梦，也是每个中国人的梦。"人民对美好生活的向往，对人生出彩机会的渴望，正是中国梦最富生命力的构成。无数追梦者、圆梦人的努力，塑造出一个时代、一个社会的精神气质。

即日起至 2013 年 6 月底，本报将举办"中国道路中国梦"征文活动，欢迎广大读者踊跃参与，分享那些刻印在生命中的追梦之旅，畅谈对中国梦内涵、价值与意义的理解，展现蕴藏于每个中国人心中的光荣与梦想、自信与希望。

征文可结合自身经历与个人思考，夹叙夹议，字数在 1 500 字之内。入选作品将在评论版"中国道路中国梦"栏目刊发。

投稿地址：北京市金台西路 2 号，《人民日报》社评论部，邮编 100733，来稿请注明"中国道路中国梦征文"字样。

电子邮箱：rmrbpl@people.cn

传真：（010）65368684

（人民网：http://politics.people.cn/n/2013/0408/c1001-21048261.html）

【评析】这是一则征招类启事。征文启事目的明确，主题突出，对征文的范围、要求、时间等介绍全面、具体。全文条理清楚，格式规范，语言简练得体，典雅热情。

寻 物 启 事

本人不慎，于 2013 年 3 月 5 日上午 8 时左右在 ×× 市解放公园遗失棕色公文包一只，内有身份证、驾驶证、工作证等证件以及带有瑞士小军刀的钥匙一串。恳请拾到者拨打电话 ××××××××××× 与本人联系，定当面酬谢。

启事人：童 ××
2013 年 3 月 5 日

【评析】这则寻物启事，写明了所遗失物品的时间、地点、遗失物品的名称及有关特征，联系人、联系电话及答谢方法等具体信息，事项完备，条理清楚。

病文诊断

招 领 启 事

本人昨天中午在荷香苑拾到女士手表一只（九成新），浪琴牌，银色，请失主速与本人联系，联系电话：××××××××××。

启事人：×××
2012 年 10 月 24 日

【评析】招领启事与寻物启事不同，描述拾到物品不需精确，并最好要求认领者携带证件，以防冒领；该启事中拾到物品的地点"荷香苑"和时间"昨天"表述宜更明确。

××宾馆诚聘

（1）业务助理：数名，大专文化，懂电脑操作，能熟练运用 Office 办公软件。
（2）业务员：数名，有业务经验者优先。
有意者请带好个人简历和相关证件来面试。
联系人：何 ××
联系电话：××××××××

【评析】本则招聘启事缺乏招聘单位基本情况介绍，比如招聘方的性质、企业的基本经营状况及地理位置等；招聘条件也不够具体明确；招募人员受聘后的待遇亦无说明。因此，该启事的可信度不高，操作性不强。

相关链接

声 明

声明,是公开说明的意思。声明具带有庄重性、严肃性,它是组织或个人在日常生活、工作中遇到一些重大的或紧要的事情,需要郑重其事地告知有关人员时所用的一种应用文体。声明主要有两类:一类是当自己的某种合法权益受到侵害,为维护自己的合法权益、引起公众关注,并要求侵权方停止侵害行为的声明;另一类是在自己遗失了支票、证件等重要凭据或证明文件时,为防止他人冒领冒用而发表的声明。

文种辨析

表 7-1 声明与启事的区别

区别 \ 文种	声 明	启 事
使用主体	更广泛,国家,党政机关、社会团体、企事业单位、个人均可使用	相对狭窄,多为社会团体、企事业单位或个人所使用
内容	一般是比较重大的内容,常有"严重声明"、"严正声明"等	一般不那么严重,比如:遗失一般事物用启事,遗失转账支票用声明;结婚用启事,离婚用声明
态度	较启事慎重、强硬	较谦和,旨在寻求他人的理解、帮助和支持

智慧分享

经理站柜台,信息从中来。——民谚

任务二 简 报

情景导入

虹景社区有户居民家中自来水管爆裂,他拨通了《虹景之声》上公布的最新求助热线电话,不到10分钟,社区维修组就赶到他家修好了水管。这位居民感慨地说,《虹景之声》真实用。一份小小的自办简报,受到社区居民的青睐。这是虹景社区党总支在开展党员网格化管理活动中,虚心接受群众意见,提高社区服务质量,为社区居民办好事、办实事的一个缩影。

　　虹景社区是今年 6 月创办的这份简报，面向辖区每户居民，每月出一期，每期发行 2 000 份。简报内容有和谐社区建设、社区动态、社区新闻、文化走廊、服务园地、便民直通车、便民调剂台和健康知识等。简报由专人编辑、印刷，免费发放到每户居民手中。

　　退休职工岳加农说，她很喜欢这份简报，简报里的生活小常识、好人好事、信息窗、便民直通车、便民调剂台都是她很关注的内容。虹景社区书记张芝英说，《虹景之声》报主要是为了让社区居民了解更多的社区政务信息、党建信息、各项政策以及生活中的大事小情，同时为更好地开展社区工作收集信息。办简报的宗旨，就是面向社区居民、服务社区百姓、倡导健康生活，让简报成为居民与社区沟通的桥梁，特别是帮助老年居民了解虹景社区的动态，帮助他们解决实际困难。

（常州市天宁区人民政府网：http://www.cztn.gov.cn/node/News_Jcxx_hm/2012-9-2/1292921928776977.html）

　　工作、生活中也有这样的简报吗？你能否说说你对简报的认识？

🔍 **知识聚焦**

一、简报的含义

　　简报是党政机关、社会团体和企事业单位编发的用来反映情况、交流经验、沟通信息的简短的内部小报。常见的"工作动态""情况反映""简讯""内部参考""信息摘编"等，都属简报范畴。

　　简报既可以上报上级机关，也可以抄送平级单位，还可以分发下属部门。由于它可以比较快地反映和沟通情况，交流经验，传递信息，加之篇幅简短，内容灵活，编写制作方便，因此受到党政机关、社会团体和企事业单位的欢迎，使用非常普遍。

二、简报的特点

请你思考

　　简报是一种文章的体裁吗？简报是简要的工作报告，还是简要的消息报道？

　　（1）简。这是简报区别其他报刊的最显著的特点。一期简报甚至可以只登一篇文章、几段信息，读者可以用很短的时间把它读完。这就要求简报内容集中，篇幅短小，文字简练。

　　（2）快。简报具有新闻性，追求时效性，要求发现、汇集情况快，撰写成文快，编印制发快。

　　（3）专。公开的报纸，一般是综合性的，内容广泛，没有保密性，读者越多越好；而简报用于单位内部交流，通常有固定的发送对象，内容较专业，有些还有一定的机密性，不能任意扩大阅读范围。

三、简报的写作格式

简报通常由报头、报身、报尾三部分构成。

（一）报头

报头又称版头，在简报首页，占三分之一的上方版面，用间隔红线与报身分隔开。报头一般包括：简报名称、期数（有的还注明总期数）、编发部门、印发日期。此外，如有特殊需要，还可加上编号、密级或"内部刊物，注意保存"等字样。

（二）报身

报身是简报的内容部分，又称报核，即简报的核心部分，一般由按语、目录、标题、正文、署名等组成。

1．按语

按语也叫编者按，是表明编发机关编发意图和观点的言论，对刊发文章带有引导和指导的作用。它视需要而使用，并非每篇必有。一般来说，重要的简报必须加上按语，开宗明义，使读者迅速把握简报的主要精神。

按语可分三种类型：

（1）说明性按语，主要对文稿产生过程、作者情况、主体内容作简要介绍；

（2）提示性按语，侧重于对简报内容的理解揭示或是针对当前实践应注意事项的提醒；

（3）批示性按语，往往援引领导人原话或上级机关指示，结合简报内容对实际工作提出批示性意见。

2．标题

根据简报的体式，标题也有不同写法。动态性较强的内容多采用单行式新闻标题，简短明快地交代事实、揭示中心；在总结体简报和其他体式简报中，一般使用文章化标题。

3．目录

简报文稿若是一组文章，则须在报头下设计"目录"一栏，将各篇文章标题先印于此，然后依次刊出每篇文章。

4．正文

因体式各异，简报正文结构也各不相同。根据文体性质和文稿来源，简报的体式可分四种：

（1）报道体，它及时、简明、准确地叙述、报告部门、行业、系统、领域内最新发生的新情况、新动态。其文体十分类似动态消息。

（2）汇编体，这是在众多稿源基础上剪辑而成的类似综合消息的简报文体。其信息量大，涉及面广，能做到点面结合，反映全局性情况。

（3）总结体，其文章即一般意义的总结，但内容有典型性、有推广价值，编入简报能发挥其指导作用。

（4）转引体，即将其他单位的有参考借鉴意义的材料完整地或片段地摘编转引。

报道体、汇编体简报往往前有导语，后有主体、背景等；总结体简报可完整地将"总结"刊载；转引体简报则因所引文章不同，正文可能是片段章节，也可能是整篇文稿。

5．署名

署名用来说明文章由何人提供，或说明稿件来源，并用小括号标上；若是编发机关自己写的，可不另外标明。

（三）报尾

报尾在简报末页的下三分之一处，用间隔线与报身隔开。报尾的内容包括简报的发送范围和印发份数。

四、简报的写作要领

第一，选材要准。

温馨提示

简报的编写不像公务文书那样程式化，无论文字、语言、标题制作都要求清新活泼，具有较强的可读性。

选材的"准"有两方面的含义：一是"真"，简报的材料必须真实，决不能偏离事实；二是"新"，简报所选的事情要有价值，反映新情况、新问题、新经验。

第二，编发要快。

简报类似新闻报道，要及时捕捉信息，快速成文，快速传递。

第三，篇幅要短。

简报以简短取胜。除综合简报外，一般一事一报。

范文借鉴

××市××区消协简报

（第12期）

××区消费者协会编印　　　　××××年×月×日

商品房的"水分"有多大

近期本协会对我区新建的19幢商品房进行了为期40余天的调查、走访、测量，发现这19幢大楼均存在"水分"，尤其成问题的是，有两幢系不合格商品房。现将有关情况综述如下：

一、居住空间的楼层高度普遍达不到有关部门规定的2.8米，一般在2.7米左右，其中"甲9"、"甲11"、"乙3"三幢只有2.61米。

二、商品房的建筑面积普遍被夸大，平均夸大程度达 4.8%，其中"乙 2"、"丙 2"两幢楼的夸大程度达 5.4%。

三、墙体厚度普遍不够，在安全、隔音等方面都不理想。

四、共用面积的计量与分摊有不合理之处。26 户居民意见很大，31 户居民勉强表示接受，不少居民认为不合理，而且认为说了也没有用。

五、原定的配套设施自行车棚、花坛绿地等均未建设。

由上述诸项可见，目前我区新建商品房"水分"实在不小，望有关方面加大监管力度，以保障消费者的权益。

报：××市技术监督局

（共印 30 份）

（方有林：《商务应用文写作》，28 页，上海，同济大学出版社，2007）

【评析】这是一份反映问题的工作简报。提问式标题，十分醒目，吸引人。正文导语概述基本情况，突出商品房"水分"；主体部分从高度、面积、质量、设施等方面具体说明，由面到点，有事实，有数据，材料充实，叙述简明；结尾呼应题旨，对多大"水分"做出不容置疑的结论。全文格式规范，结构紧凑，主旨鲜明。

◉ 病文诊断

简　报

区委召开"为人民服务，对人民负责"讨论经验交流会

区委于 8 月 19 日召开了"为人民服务，对人民负责"讨论经验交流会。局和基层党、政、工、青、妇负责同志参加了会议。服务公司、×××医院、××二小、×××办事处、农机服务公司和××服装厂在会上介绍了他们各自的做法和经验。区委副书记×××同志就如何把"为人民服务，对人民负责"的讨论深入持久开展下去的问题讲了话。

服务公司等六个单位的经验说明，只要党委重视，把"为人民服务，对人民负责"的讨论列入党委议事日程，发挥党团员的先锋模范和工会、共青团、妇联等组织的作用，注意从本单位的实际出发，突出解决群众中的"急"、"难"问题，就能够取得实效。

在总结前段开展讨论情况之后，区委对今后如何把讨论深入持久地开展下去提出了如下要求：第一，要抓好思想政治工作。第二，要把开展"为人民服务，对人民负责"的讨论和学习《决议》结合起来。第三，要把开展"为人民服务，对人民负责"的讨论作为一项重要工作列入党委议事日程，切实加强领导。第四，各级党组织都要结合自己的工作性质和特点，制定各种切实可行、行之有效的规章制度。第五，要认真总结经验，抓好典型，以点带面，推动一般。希望各单位认真总结前段开展讨论的情况，没有动起来的单位要尽

快动起来。党委对下一步讨论如何开展要做好安排部署，结合学习《决议》，把这场讨论再向前推进一步，取得重大成效。

（赵志强：《财经应用文实训教程》，78～79页，北京，科学出版社，有改动）

【评析】这份简报的问题，首先是格式上不规范，报头、报尾不齐全，更严重的问题是全文空洞，极其概念化。该简报主题名曰"经验交流"，却看不出"经验"在哪里。相反，全文的重点是区委提出的五点要求。这五点要求虽无原则性错误，却是"放之四海而皆准"的一般性要求，不需做多大改动就可以应用于别的工作，别的单位甚至若干年以后拿出来改改日期、换换标题也可适用。而且，全篇没有一个实际事例，没有一两句新鲜语言。这样的简报，对上级领导机关并没有多大参考价值，对下级机关也难以起到用先进经验来推动工作的作用。

⊙ 相关链接

海　报

海报是人们常见的一种招贴形式，多用于电影、戏剧、文艺演出、体育比赛、学术报告等活动。

海报这一名称，最早起源于上海。旧时，北京金司百海报是用于戏剧、电影等演出或球赛等活动的招帖。上海人通常把职业性的戏剧演出称为"海"，而把从事职业性戏剧的表演称为"下海"。作为剧目演出信息的具有宣传性的招徕顾客性的张贴物，也许是因为这个，人们便把它叫作"海报"。

海报中通常要写清楚活动的性质、主办单位、时间、地点等内容。

海报的语言要求简明扼要，形式要做到新颖美观。

⊙ 智慧分享

你有一个苹果，我有一个苹果，互相交换，各自得到一个苹果；你有一种思想，我有一种思想，互相交换，各自得到两种思想。——（爱尔兰）萧伯纳

任务三　消　　息

⊛ 情景导入

2013年6月14日，《××日报》文教部主任对小黄、小肖两位实习生说："神舟10号航天员将于6月20日首次开展太空授课和天地互动交流等科普教育活动，届时中央电视台将进行现场直播，教育部办公厅已发文要求各地教育部门组织中学生收看。你们这几天跑

跑市教育局和相关学校，跟进这一事情，写几篇不同的消息。"

假使你就是实习生，你能否完成这项任务？

知识聚焦

一、消息的含义

新闻有广义、狭义之分。广义的新闻是消息、通讯、评论、特写等各种新闻文体的统称；狭义的新闻专指消息，消息是"新近发生的事实的报道"，因其在新闻诸文体中使用频率最高，使用数量最多，是新闻报道中最常用的文体，因此，人们常把消息称为新闻。

二、消息的特点

（1）真实性。真实是消息的生命。消息必须完全真实地反映客观事实，绝不允许虚构和添枝加叶；与其他新闻文体比较，消息更加注重用事实说话，强调如实陈述某一客观事实或客观存在，而不要求直接表明作者自身的观点结论或思想倾向（评述性消息除外）。

（2）时效性。消息在反映现实的速度方面居于各种文体之首。它必须迅速及时地把最新的事实传递给读者，传递上稍有耽搁，就失去了其应有的价值和效应。

（3）简短性。简短是消息区别于其他新闻文体的主要标志。消息要用较小的篇幅、简练的文字来叙述事实、传达信息，要求内容集中、言简意丰。

三、消息的种类

我国新闻界的习惯分法是把消息分为四类：

（1）动态消息，是新闻媒介中最常见的一种消息，是对国内外重大事件和社会生活中的新情况、新变化、新成就、新动向的报道。动态消息中有不少是简讯（短讯、简明新闻），内容更加单一，文字更加精简，常常一事一讯，仅几行文字。

（2）综合消息，是反映带有全局性、综合性的情况、动向、成就和问题的消息报道，常常把不同行业、不同地区的活动和事例围绕同一个中心概括起来加以报道。

（3）典型消息，是对某一部门或某一单位的典型经验或成功做法的集中报道，用以带动全局，指导一般。

（4）述评消息，是一种报道事实和评论事实兼而有之的消息种类。夹叙夹议，读后让人既有新知，又有新悟，是述评性消息的突出特点。

四、消息的写作格式

写作消息要设想并回答读者问的问题，这些问题就构成了新闻六要素，即：When（何时）、Where（何地）、Who（何人）、What（何事）、Why（何因）、How（何果）。在这六要素中，最主要的是 What（何事）、Who（何人）。

消息通常由标题、导语、主体、结尾组成，可在文中穿插背景材料。其结构比较固定、简单，大多数消息的结构都是倒金字塔式的，即最重要的材料放在开头，次要材料放在后面。

（一）标题

标题是消息的"眼睛"，是消息的内容或主题的集中表现。标题力求精当、醒目、新颖，具有强烈的吸引力。

一般而言，消息的标题由主题和辅题两部分组成。主题，也叫正题，是标题的核心部分，通常揭示新闻中最重要、最吸引受众的信息。辅题，主要用来辅助主题，起到引导、补充、说明、解释主题的作用。辅题又包括引题和副题两种：引题，位置在主题之前，一般用来交代背景，说明原因、烘托气氛、揭示意义等，多作虚题。副题，位置在主题之后，一般用来补充、注释和说明、印证主题，多作实题。

在消息写作中经常使用的标题有三类：单行标题、双行标题、多行标题。

1. 单行标题

单行标题指只有一条主题。消息的单行标题，不可是虚题，而应是实题，至少要虚实结合，如《马歇尔歇马华莱士来华》。

2. 双行标题

双行标题指"引题＋主题"，或"主题＋副题"。这类标题要求讲究虚实搭配，如："（引题）中国国民党主席率团抵南京，迈出历史性第一步（主题）连战：返大陆兮恨太晚"。

3. 多行标题

多行标题指"引题＋主题＋副题"，表明消息内容较重要。如："（引题）跨越三个世纪走过 106 年传奇人生 （主题）宋美龄辞世 （副题）她是宋庆龄的妹妹，她是蒋介石的妻子，她是一个时代的风云人物，她在孤独中终老异国"。

> **请你思考**
>
> 下列新闻标题有何不妥？
> ①不恋"天南海北"主动申请到"新西兰"
> ②盖俊和女儿结婚不收彩礼
> ③拳击卫冕战将在中国举行霍利菲尔德要来揍人
> ④九辆汽车搞死亡之吻

（二）导语

导语是消息的开头，是用来提示新闻要点与精华、发挥导读作用的开头句子或段落。写作导语，一要抓住新闻事件的核心，二要吸引受众看下去。

导语按照其表现形式，大体可分为直接性导语和延缓性导语。

（1）直接性导语，即把新闻中最主要、最新鲜的事实，简单直接地概括叙述出来。它是最常见的一种导语，通常用于重要的、突发性的、时间紧迫的新闻事件。例如，1945 年 8 月 14 日，美国杜鲁门总统宣布，日本已无条件投降。美联社在抢发这条爆炸性的新闻时，导语干脆利落："日本投降了！"

（2）间接性导语，它不直接概括主要新闻事实，而是通过设置一种现场或创造一种气氛，间接、迂回地引出新闻的核心事实。例如，1974 年，我国在西安出土了秦始皇兵马俑，引起了国内外的强烈关注。当兵马俑复制品在比利时首都布鲁塞尔巡回展出时，美国《国际先驱论坛报》记者罗娜·多布森发了一条消息，导语妙语惊人："有一支中国军队到达了布鲁塞尔。威武的士兵身穿紧身盔甲，随后行进的是军乐队和骑兵，最引人注目的是他们的身材。"

（三）主体

消息主体又称新闻躯干，是新闻的中心部分。主体紧接在导语后面，通常是导语的具体化。主体按时间顺序或逻辑顺序写作，但通常仍然要先写主要的，再写次要的。如下文：

日本宣布无条件投降

（美联社 1949 年 8 月 14 日电）日本投降了！

杜鲁门总统今晚 7 时宣布，日本已无条件投降，造成历史上空前巨大破坏的战争随之结束。盟国陆、海军已停止攻势。

总统说，日本是遵照 7 月 26 日三强致日本的最后通牒所规定的条款无条件投降的。这项最后通牒，是三强柏林会议期间发出的。

8 天以前，日本遭到有史以来第一枚原子弹——一种威力最大的炸弹的轰炸；两天以前，俄国宣布对日作战。在这种情况下，日本被迫于本星期五宣布接受最后通牒中包括的全部条款，但要求继续保留天皇制。

次日，美、英、俄、中四国对此做出答复；声称如天皇接受盟军最高司令部的命令，则可继续在位。

杜鲁门总统今天还宣布，道格拉斯·麦克阿瑟将军已被任命为占领日本的盟军武装部队总司令。

杜鲁门总统说："现在正在做出安排，以便尽早举行接受日本投降的正式签字仪式。"

他说，英国、俄国和中华民国也将派出高级将领，代表各自的国家在受降书上签字。

（黎信、蓝鸿文：《外国新闻通讯选评》，37 页，北京，长征出版社，1984）

这则消息的第一段是单元素导语——"何事"，其余七个自然段都是主体部分。其中，第二段是注释导语中的事实，是"何事"要素的展开。第三段继续注释导语中的事实，是"如何"要素的展开。第四段继续注释导语中的事实，是"为何"要素的展开。如果记者到此搁笔，这条消息也可以发出。但对细心的受众，还没有完全提供他们想知道的事实。比如：战胜国对保留天皇制度怎样答复？盟军将派谁去统帅占领日本的军队？日本投降正式签字仪式何日举行？届时有哪几个国家在受降书上签字？对于这些，消息的第五、六、七、八自然段分别做出了交代，这就是主体对导语的补充。这则消息也是典型的倒金字塔式结构。

温馨提示

> 背景并非必不可少，根据新闻事件的具体情况决定是否需要，不要喧宾夺主。

（四）背景

这是消息中帮助受众了解所报道事件产生的环境、原因等方面的材料，目的是更好地突出主题，从而增加新闻报道的深度和分量。背景材料在消息中的位置灵活，可独立成段，也可穿插于导语、主体或结尾之中。

（五）结尾

这部分常是消息的最后一句话或最后一段。其作用不仅在于使结构更趋完整，还能有助于明确主旨，加深印象，增强回味。有的消息在主体部分写完时即可自然收笔。

五、消息的写作要领

第一，消息必须准确。用事实说话是消息写作的基本方法和要求。消息准确的前提是记者对事实的认识必须准确。要把事实写成消息传播出去，还必须准确表达，否则，会影响消息的真实性。

第二，消息必须迅速。在新闻各体裁中，唯独消息可以作为新闻的代名词，因为它最集中最鲜明地体现了新闻的基本属性"新"。只有快写，才能够快传播，才能称得上"新闻"。因此，消息写作必须"迅速"。

第三，消息必须简明。消息总是用尽可能经济的文字，简明地反映新闻事实。

范文借鉴

浙江百名农业局长集体吃鸡鸭

【新华社杭州2月8日电】（潘海平 胡志渊）"只要是检疫检验合格的鸡鸭，大家可以放心地吃。"浙江省委常委、常务副省长章猛进一边吃着鸡腿一边笑着对大家说。8日中午，这个省农业工作会议的工作午餐显得特别"丰盛"。

大盘的鸡肉，整锅的老鸭煲，摆上了全省各市（县、区）一百多位农业局长和专家的餐桌。章猛进首先带头，把面前的一只鸡大腿放到了自己的碗中，随后，又为各局长分起了鸡。"你们都是农畜方面的专家，检疫合格的鸡肉鸡蛋煮熟煮透可以放心吃，那我就带头先吃了。"章猛进反复地说，"你们的责任很大，要帮老百姓把好关。"

在餐前的会议上，浙江省领导强调，全省要全面抓好防治禽流感工作措施的落实工作，把责任落实到位，任务分解到位，制度执行到位，经费物资保障到位，决不让一只病禽流入，决不让一只病禽上百姓的餐桌。

近来，浙江永康发生了禽流感疫情。浙江省一手抓防治禽流感不动摇，一手抓发展畜牧业不放松，统筹抓好疫病防治和发展畜牧业的各项工作，并采取多种形式引导消费，扩大市场需求。

（新浪网：http://news.sina.com.cn/s/2004-02-09/13001754976s.shtml）

【评析】这条会议消息，读者是肯定喜欢读的，因为它写得好。好，就好在选材上。这篇四百多字的消息，作者对于会议的主要精神仅用四个"到位"和两个"决不"一笔带过，却对会议的花絮大做文章，重点写章猛进副省长在餐桌上带头吃鸡腿，又为各局长分鸡的事情。作者为什么要这样写？笔者认为，作者是发现了浙江百余名农业局长和专家集体吃鸡鸭这个新闻亮点。因为禽流感发生后，老百姓怕染病都不敢吃鸡鸭了。把这个新闻亮点放大，可以起到更好的宣传效果。至于会议上的领导报告，是专门对那些农业局长来说的，专业性很强，对老百姓来讲，其实并不重要。

读者喜欢读，还因为该消息用了一个反常的标题。记者巧妙地利用人们痛恨大吃大喝的心理，用《浙江百名农业局长集体吃鸡鸭》做题，设下悬念吸引读者的阅读兴趣。

病文诊断

满目春色入镜来
——瑞典Sebra电影公司摄制组到我镇取景，拍摄《中国的乡村义务植树》电视专题片

本报讯（记者 陈康水）4月14日至16日，瑞典Sebra电影公司摄制组，在国家林业局宣传中心副处长杨波、广东省绿化委员会办公室副主任宋尚豪以及东莞市绿化委员会办公室主任赖观生、副主任郑志时的陪同下，在我镇取景拍摄《中国的乡村义务植树》专题电视片。我镇副镇长黄炳仪以及农办有关人员热情地接待了摄制组一行，并陪同摄制组分别到我镇各景点，协助组织开展拍摄工作。

据悉，这次摄制的《中国的乡村义务植树》专题电视片，是根据国家林业局领导有关加强林业对外宣传的指示，国家林业局宣传办公室、国际合作司决定，并经外交部、国家广播电视总局批准，而特邀请瑞典Sebra电影公司拍摄制作的。该电视专题片选择在北京、山西以及广东取景拍摄。广东省把拍摄对象选择在东莞市，而东莞市则把拍摄地点选择在长安镇，这充分说明了上级各级领导对我镇义务植树、绿化美化工作的肯定。改革开放以来，我镇在经济发展的同时，镇委镇政府高度重视植树造林、绿化美化工作。从1990年至今，先后投资5 000多万元，高标准、高起点地做好规划，高质量地抓好建设和管理，通过几年的不懈努力，使我镇的绿化、美化建设取得了可喜的成就。目前，全镇林业用地的绿化率97%，道路绿化率达100%，全镇绿化覆盖率达40%以上；逐步形成了高、中、低层次分明，布局设计合理、品种多样、色彩丰富、纵横交错的绿化格局，初步形成了园林式现

代化城镇的雏形。1992 年我镇实现绿化达标，1994 荣获"全国植树造林绿化百佳镇"称号，还多年被评为省、市植树造林绿化先进单位。这次摄制组一行分别到了我镇长安门、一环路、二环路、长青街、长安广场、笔迹山公园、体育中心、中心小学、莲花山、莲花山庄、乌沙、沙头、街口、友讯电子厂等地进行实地取景拍摄，还采访了我镇副镇长黄炳仪以及街口村绿化队负责人邓富兄，详细了解了我镇的义务植树绿化美化工作情况。摄制组一行对我镇在植树造林、绿化美化建设方面所取得的成就给予了高度的赞扬。

摄制组一行在我镇完成取景拍摄工作后。于 16 日下午离开我镇，乘机返回北京，继续开展北京、山西之行的拍摄工作，估计此专题片可在今年上半年拍摄制作完毕，将在欧洲、美洲及亚洲等地播出。届时，全球将会有 5 亿以上的观众收看到此片，一睹我国乡村义务植树、绿化美化方面所展示的风采。

（陈力丹：《试着写一条倒金字塔结构的消息》，载《新闻与写作》，2001（5），29~30 页）

【评析】这篇报道选择的事实在当地应该具有较高的新闻价值，但是报道本身的业务性问题较多，具体如下：（1）标题不当。这是典型的通讯标题。消息标题一般应是直接报告事实，让事实本身的张力来吸引读者。（2）导语没有突出主要事实。导语中一开始就把一堆陪同官员搭配到这个事实中，结果基本事实反而因此被冲淡了。（3）自我宣传的意图太明显。文中"这充分说明了上级各级领导对我镇……"等语，是明显的自发议论。

相关链接

新闻价值五要素

（1）时新性。事件发生和公开报道之间的时间差越短，新闻价值越大；内容越新鲜，新闻价值越大。

（2）重要性。重要性指事实信息的重要程度。内容越涉及国计民生，越与人们的利害攸关，新闻价值越大。

（3）显著性。事实信息涉及的报道对象（包括人物、团体、地点等）的知名度越高，新闻价值越大。

（4）接近性。事件发生的"距离"（包括地理空间距离和文化心理距离）越近，新闻价值越大。

（5）趣味性。事实信息越能引发人们的兴趣或喜怒哀乐的情感反应，新闻价值越大。

智慧分享

文字是神圣的。它们值得尊敬。如果你用正确的顺序，正确地使用它们，就能够将世界向前推进一小步。——（英）汤姆·斯托帕

任务四　广告文案

情景导入

[画外音] 如果你问我："这世界上最重要的一部车是什么？"那绝不是你在路上能看到的。30 年前，我 5 岁，那一夜，我发高烧，村里没有医院，爸爸背着我，走过山，越过水，从村里走到医院。爸爸的汗水，湿遍了整个肩膀。我觉得，这世界上最重要的一部车是——爸爸的肩膀。今天，我买了一部车。我第一个想说的是："阿爸，我载你来走走，好吗？"

[广告语] 中华汽车，永远向爸爸的肩膀看齐。

（崔晓文、李连壁：《广告文案》，218 页，北京，清华大学出版社，2011，略有改动）

这是一则流露着强烈感情色彩的广告文案，读了它，你有什么感受？其中最打动你的是什么？

知识聚焦

一、广告文案的含义

任何一则广告都不能没有文案。

广告文案指已经完成的广告作品中的全部语言符号，包括有声语言和文字。如报刊广告的文字、影视广告的字幕；广播电视中的人物对白、画外音等。它往往与非语言符号（包括图片、色彩、画面、音乐、音像等）共同构成有效传达信息的广告作品。

广告文案是广告的核心，是广告信息功能的主要承担者。

文种辨析

> 广告文案不等于广告方案。广告方案指的是在策划、创意广告活动中所有的文字蓝本，属于计划类文书，它是幕后的、隐藏的，不直接面对广告受众的。而广告文案只存在于已经完成的广告作品中，是幕前的，经过媒介传递给受众的，受众可以一目了然或一听即明。

二、广告文案的特点

（1）创新性。创新性是广告文案成功与否的关键。广告文案制作者要正确把握市场趋势和消费心理，精心构思、独特创意，给人留下深刻的印象。

（2）实效性。广告文案无论以何种方式呈现，其内容必须传达出广告的核心诉求点，有关广告商品的利益和功能必须在文案中与人们有所沟通。

（3）艺术性。广告是付费的艺术。为了实现诱导激发消费的目的，广告文案往往采用艺术的表现手法来吸引受众注意。

（4）真实性。广告是具有责任的信息传递，内容必须真实无误、立诚守信。

三、广告文案的写作格式

广告文案通常包括标题、正文、广告语、随文四大部分。

温馨提示

不同的广告媒体，其文案的结构是不同的。文案撰稿人须在四个基本结构的基础上进行适应性、创意性的操作，以使广告文案体现出各种不同的特点，符合不同的媒体特征。

（一）标题

标题，是广告内容的高度概括，是整个广告最重要的部分。标题必须有足够的吸引力。

一般来说广告文案标题有三类：

1．直接标题

直接标题即以简明的文字直接表明广告的主要内容。如："得利，确有两把刷子"（得利涂料）。

2．间接标题

间接标题即不直接反映广告的对象和内容，而是用耐人寻味的语句吸引受众的兴趣，诱导人们去阅读正文。如"鞋上有342个洞，为什么还能防水？"（Timberland野外休闲鞋）。

3．复合标题

复合标题像新闻标题那样，由引题、正题、副题等多行标题组成。如："（正题）在时速60英里的时候，劳斯莱斯新车中最大的噪声来自电子钟（副题）什么原因使得劳斯莱斯成为世界上最好的车子？一位知名的劳斯莱斯工程师说：'说穿了，根本没有什么真正的戏法——不过是耐心地注意到细节。'"

（二）正文

正文是承接标题，对广告信息进行展开说明、对诉求对象进行深入说服的语言或文字部分，是广告文案的主体部分。正文必具有说服力。出色的正文对于建立消费者的信任、令他们产生购买欲望起关键性作用。

广告正文一般由起（引言）、承（主体）、合（结尾）三部分构成。引言是个引子，在标题和正文之间起着承上启下的作用。主体是整个广告文案的重要部分，紧紧承接开头的内容，表现广告的主题。必须突出一种产品或一种服务的不可取代的特点，要通过关键的有说服力的事实进行说明。结尾部分一般是敦促消费者或客户迅速付诸行动。

根据诉求方式的不同，广告正文分为以下三种类型：

1．理性型广告文案

这种文案以摆事实、讲道理、提出确凿的证据和事实为诉求方式，以商品或劳务的优点、特质和特别的利益为诉求重点。多适用于新产品、竞争性产品和生产资料产品。

2．情感型广告文案

这种文案以人们的喜、怒、哀、乐的情绪和道德感、群体感、美感等情感为诉求方式；以异性的喜爱、大众的赞美、亲友的情谊、美丽的景色协调等诉求重点。多适用于装饰品、化妆品、时髦商品以及其他软性商品。

3．情理交融型广告文案

此类文案是将理性诉求和感性诉求融为一体的广告文体，既动之以情，又晓之以理，双管齐下，说服消费者。多运用于电视机、音像、汽车等耐用消费品和贵重商品。

（三）广告语

广告语又称广告口号、广告标语，是在广告中反复出现的一句简明扼要的口号性语句。广告语在广告运作中有着画龙点睛的作用，一般而言都很简短、易于视听表达和记忆。一句好的广告语能让品牌随之进入千家万户，深入人心。

广告语一般展示优势，承诺利益，唤起感情等。如："味道好极了"（雀巢咖啡）；"人头马一开，好事自然来"（人头马葡萄酒）；"真诚到永远"（海尔集团）。

（四）随文

随文又称附文，是广告文案的有机组成部分，主要交代公司名称、地址、网址、邮编、电话、传真等，便于消费者与其联系。随文将有助于将受众的兴趣和欲望变成具体的行动。

广告随文的写作，如果没有特殊的原因，不应加任何修饰。

> **请你思考**
>
> 广告语和广告标题有何不同？

四、广告文案的写作要领

第一，真。我国《广告管理条例》第三条规定："广告内容必须真实、健康、清晰、明白，不得以任何形式欺骗用户和消费者。"这是广告文案写作最基本的要求。

第二，准。广告文案必须准确表达广告主题和诉求点。

第三，新。文案创意要别出心裁、不落俗套，能提供有价值的广告信息。

第四，奇。文案表达要有奇特的艺术魅力，能促成购买行为。

🔥 范文借鉴

咕咚咕咚、呼噜呼噜、滋溜滋溜

无论怎么喝，总是不一般香浓！这种不一般，你一喝便明显感到。伊利纯牛奶全乳固体含量高达 12.2% 以上，这意味着伊利纯牛奶更香浓美味，营养成分更高！

广告口号：青青大草原　自然好牛奶

嘎嘣嘎嘣、咔嚓咔嚓、哎呦哎呦

一天一包伊利纯牛奶，你的骨骼一辈子也不会发出这种声音。每 1 100 毫升伊利纯牛奶中，含有高达 130 毫升的乳钙。别小看这个数字，从骨骼表现出来的会大大不同！

广告口号：青青大草原　自然好牛奶

哗啦啦、啾啾啾、哞哞哞

饮着清澈的溪水，听着悦耳的鸟鸣，吃着丰美的青草，呼吸新鲜的空气。如此自在舒适的环境，伊利乳牛产出的牛奶自然品质不凡，营养更好！

广告口号：青青大草原　自然好牛奶

【评析】这三则系列广告，标题新颖，通过一系列的象声词，分别表现人们迫不及待地喝牛奶的声音、因缺钙而导致的骨骼碎裂的声音以及乳牛在舒适的环境中惬意地吃草鸣叫的声音，调动受众的想象和联想，形成视觉冲击力。而广告正文又作了形象的说明、注释和深化，道出了伊利纯牛奶诱人的浓香、纯真精美的品质和饮用后的效果及其根源，非常有说服力，很能打动消费者，是以文案写作为主要表现形式的典型佳作。

⊙ 病文诊断

柴油机的广告

本产品设计合理，外观美观，结构紧凑，性能优良，价格低廉，欢迎选购，代办托运，实行三包。

【评析】这则广告虽然四字一句，音感铿锵，但并没有说出该柴油机与其他柴油机的不同之处；更糟糕的是，这几句既适用于柴油机，又可适用于发电机、汽油机甚至打火机及其他产品，毫无特色。这种通用化的广告文案引不起消费者的兴趣。

相关链接

广告的由来

"广告"一词来源于拉丁文，意思是"大喊大叫"。传说，古罗马人做生意时，常常雇人在街头闹市大喊大叫，请大家到商品陈列处去购买商品，人们把这种方式称为"广告"。随着商品经济的发展，广告的式样也越来越多。美国纽约百老汇的广告牌，曾是世界上最早的广告牌。世界上最早登载广告的报纸是英国的《伦敦报》。

我国广告的历史可以追溯到三千多年前。殷周时期，有个叫格伯的人，他把马卖给了一个叫棚先的人。这笔交易用铭文的形式，记录在专门为刻铭而铸的青铜器上。《周礼》记载，凡做交易都要"告于市"。到了宋代，我国已经出现了图记广告，这就是商标。据宋代画家张择端的《清明上河图》，汴梁城东门附近十字街就有各类横额、竖牌等广告牌三十多块。上海博物馆收藏着一枚宋制针作坊银牌，上面有"请认白兔儿为记"的字样。后来，随着印刷术的发明，又相继出现了报刊和印刷广告。

智慧分享

如果事实支持你，而你也相信自己，在一路为创意而战的途中，绝少会败下阵来。——（美）李奥·贝纳

任务五　产品说明书

情景导入

1995 年 3 月，北京某餐厅发生一起卡式炉爆炸事故。经调查，是燃气罐使用不当引发了此次事故。该燃气罐的英文说明书提及"Never refill gas into empty can"（空罐绝不能再次充气），而其中文说明书却翻译为"若本罐使用无损坏，可再次充气"。事主按照中文说明书的意思，对燃气罐进行了再次充气，所充进的非专用燃气导致了燃气罐的爆炸，在场的一位 17 岁少女脸部被严重烧伤。

请讨论：我们需要怎样的产品说明书？我们应该怎样撰写产品说明书？

知识聚焦

一、产品说明书的含义

产品说明书又叫商品说明书，简称说明书，是对产品的性能、用途、使用和保养方法

以及注意事项等做书面介绍的文书，主要用来指导用户选择产品，帮助用户了解产品，确保用户正确、安全地使用产品。

┌─ 文种辨析 ────────────────────────────────────

表7-2　说明书与广告的区别

区别＼文种	说明书	广　告
写作目的	指导使用	引发注意，激发购买
内容	比较全面具体、深入细致，注重科学性、实用性	简明扼要，不拘一格，突出艺术性、感染力
表达方式	以说明为主	叙述、议论、描写、抒情兼用
传播方式	相对自由灵活，一般由企业独立撰写印刷，随商品赠送	一般需付费并通过一定媒介直接或间接地介绍、推销

二、产品说明书的特点

（1）科学性。科学性的要求就是实事求是。说明书对产品的介绍应恰如其分、准确客观，不能为了达到推销目的而夸大其词，表达上要精确明了、周全细致。

（2）条理性。产品说明书在介绍产品的性能、用途、特点、具体操作方法等情况时，要条理清晰、次序分明，让用户易懂好记，使用便捷。

（3）通俗性。产品说明书是写给广大用户看的，要让大多数人看得懂，因此语言要通俗易懂。

三、产品说明书的写作格式

产品说明书一般由标题、正文、标记三部分组成。内容复杂的说明书，可印制成册，因此有封面、目录、前言、正文、封底等部分。

（一）标题

产品说明书的标题一般为产品名称＋文种（说明书、说明、使用说明、使用手册、用户手册等），如《××银行××理财产品说明书》《××电子书阅读器使用手册》。

（二）正文

产品说明书的正文是说明书的主体，内容、长短和写法因具体产品而异，没有固定的模式。一般应写明产品名称及生产厂家；规格型号及品牌；性能指标和技术原理；功能或用途；使用方法、操作程序；保养和维护，保修和售后服务等。正文常用写法有概述式、短文式、条款式、图文结合式、故事式、对话式等。

（三）标记

标记包括产品商标、厂家名称、地址、电话、邮编以及批准文号、生产日期等。不同的产品说明书，落款的项目有所不同，应根据实际需要标记。

> **温馨提示**
>
> 产品不同，需要说明的内容各有侧重。例如：食品说明书重在说明其成分、使用方法及保质期限；药物说明书重在说明其构成成分、基本效用及用量；电器说明书重在说明其使用和保养方法等。

四、产品说明书的写作要领

第一，突出重点。产品品种繁多，性质各异，因此说明书不能千篇一律地依照一个模式来写，而必须突出重点。要突出所写产品的独特之处，使它有别于其他产品。

第二，实事求是。撰写说明书，必须本着对消费者负责的态度，实事求是反映产品的作用、性能等实际情况。

第三，准确易懂。说明书用语务必准确，尤其是对事关人身、财产安危的产品的说明，更要做到字斟句酌、周到细致。同时，尽量避免使用过于专业的术语，尽可能图文并茂，形象直观地说明产品。

📖 范文借鉴

续航移动电源H5/P5用户手册

感谢您购买我公司生产的续航移动电源 H5/P5。本产品具有电量充足，携带方便，使用简单等优点，是您出差旅行、居家办公永续动力（不断电）的必备选择。

本产品采用优质环保锂聚合物电芯，充放电效率达 85% ~ 96%，具有输出过流保护，短路保护功能，安全可靠，绝无爆炸危险。

一、产品外观示意图（略）

二、使用范围（略）

三、产品配置规格参数（略）

四、产品功能接口示意图（略）

五、使用方法

★给手机等设备充电时：

1. 将充电线把移动电源和手机等设备相连；

2. 按下输出按钮（圆形电源开关键），即可为您的手机等设备充电；

3. 放电指示灯长亮蓝色；大约剩下 10% 电量时，低电指示灯长亮红色（还在继续充电中）；

4. 如果按下输出按钮（圆形电源开关），放电指示灯和低电指示灯都不亮，表明移动电源电量已消耗尽，需要给移动电源补充电能。

★给本移动电源补充电能：

1. 将充电线把移动电源和电脑 USB 接口或者任一款带 USB 输出的电源适配器连接即可；

2. 充满电后，电量指示灯亮蓝色。

六、注意事项：

1. 切勿重压，撞击，重摔，拆卸或短路本产品。

2. 切勿将产品接触高温或放置水中。

3. 三个月内至少为电源充电一次。

4. 如果发现有鼓胀现象请停止使用。

5. 当儿童使用电源时，须家长指引并按照说明书内容操作，确保其正确使用电源；请根据移动设备的型号选择正确的转接头；使用时，请正确区分输入口和输出口。

6. 因使用不当造成设备的损坏，生产商不承担任何责任。

附：包装内清单（略）

【评析】这是一份电子产品说明书。全文条理清晰，重点突出，图文并茂，通俗易懂，对该移动电源的功能、规格、适用范围，特别是使用方法和注意事项等做了具体明确的说明，体现了说明书的科学性、条理性、通俗性。

病文诊断

××口服胶囊是最新出产的广谱抗菌药。本产品疗效好，使用方便，无毒副作用。

使用方法：成人口服每次 150 mg，每日两次。20 ~ 40 千克的儿童每次 100 mg，每日两次。12 ~ 20 千克的儿童每次 50 mg，每日两次。

产品规格：150 mg/ 粒

产品有效期：有效期暂定一年半

生产厂家：××××制药厂

地址：××市××街××号

电话：×××××××

【评析】如果你是消费者，看到这样的药品说明书，恐怕你不敢服用此药了。这种对药品的不信任感，主要来自该说明书的以下问题：（1）没有批准文号；（2）药品名称不规范，也没有成分标识；（3）是处方药还是非处方药，没有说明；（4）有效期模糊；（5）使用方法不具备实际可操作性；（6）缺乏有关注意事项的提示；（7）没有标题。

◉ 相关链接

专利说明书

专利说明书是对发明创造的具体说明。它是申请专利文件中最重要的文件之一，其撰写的好坏直接影响专利申请的效果，同时，它又是申请人向社会公布其发明创造的重要法律文件，其撰写的好坏直接影响到专利保护的程度。

根据《中华人民共和国专利法实施细则（2010 修订）》规定，专利说明书应当包括下列内容：（1）技术领域，写明要求保护的技术方案所属的技术领域。（2）背景技术，写明对发明或者实用新型的理解、检索、审查有用的背景技术；有可能的，并引证反映这些背景技术的文件。（3）发明内容，写明发明或者实用新型所要解决的技术问题以及解决其技术问题采用的技术方案，并对照现有技术写明发明或者实用新型的有益效果。（4）附图说明，说明书有附图的，对各幅附图作简略说明。（5）具体实施方式，详细写明申请人认为实现发明或者实用新型的优选方式；必要时，举例说明；有附图的，对照附图。

◉ 智慧分享

不信不立，不诚不行。——晁说之

项 目 实 训

一、阅读思考

1. 请阅读下段文字，回答相关问题。

1783 年的时候，一个名叫保罗·朱利叶斯的犹太人，为把自己的马口铁卖出去，突发"怪想"，手写了 60 张推销马口铁的"宣传纸"，贴在伦敦一条大街的 30 根街灯柱子上。由于这一举动，朱利叶斯被认为是创意了历史上第一张广告的人。

但朱利叶斯为他的创意付出了巨大的代价，就在"怪招"实施的第三天，愤怒的同行冲击了朱利叶斯位于伦敦郊区的工厂，并放火将堆放马口铁的仓库烧毁。不幸的朱利叶斯因此死去，成为轰动一时的"马口铁事件"的殉难者。

200 多年后，创办了世界上第一家新闻事件策划公司的英国人爱德华·劳埃德，非常独特地评价了这一事件，他说："保罗·朱利叶斯没有失败，虽然他把命和工厂都搭上了，从推销马口铁这一点上来说，保罗恰恰是成功的，他死后，几乎整个欧洲都了解和熟悉了马口铁，知道了它的作用和价值。不过，我非常坦率地告诉大家，在我认为，60张广告招贴算不了什么，它至多只能为保罗多招徕几位买主，而保罗·朱利叶斯的死和工厂被封、仓库被烧毁等这些新闻事件，才是真正的最有效的广告，否则，马口铁不可能如此迅捷地被整个欧洲所接受。"

（1）说说新闻宣传和广告宣传的区别。

（2）如果要将上段文字改写为不少于两则动态消息，你发现了哪些新闻点？请拟写相关标题（可查找"马口铁事件"相关资料）。

2．请欣赏广告大师伯恩巴克为艾维斯汽车出租公司制作的一则广告文案，说说对你的启示。

老二主义——艾维斯的宣言

我们在租车业，面对业界巨人只能做个老二。最重要的是，我们必须学会如何生存。

奋进中，我们也学会在这个世界里，做个老大和老二有什么基本不同。

做老大的态度是："不要做错事，不要犯错，那就对了。"

做老二的态度却是："做对事情。寻找新方法。比别人更努力。"

老二主义是艾维斯的信条，它很管用。

艾维斯的顾客租到的车子都是干净、崭新的。雨刷完好，烟盒干净，油箱加满，而且艾维斯各处的服务小姐都是笑容可掬的。

结果艾维斯转亏为盈了。

艾维斯并没有发明老二主义。任何人都可采用它。

全世界的老二们，奋起吧！

3．近年来，随着人们生活水平的不断提高，养生保健意识也随之提升，相对应的保健品种类更是越来越繁多。然而目前的保健品市场鱼龙混杂，良莠不齐。面对形形色色的各类保健品说明书，你是否能辨其真假？请举例说明。

二、情景写作

1．假设你所在的××公司最近要乔迁新址，为方便新老客户办理业务，乔迁之前要发文告知，并将该文张贴于旧址，以便客户知照。同时，公司因迁新址后业务扩张，需招聘业务员10名，经与当地各报刊媒体联系后，发文登报向公众告知此事。请完成这两篇文稿的写作。

2．假定你是所学专业对口企业的人力资源部经理，现要招聘你所学专业的普通工作人员和业务主管各一名，请认真思考这两个职位的岗位工作要求和人员基本素质要求，并据此拟定一份人员招聘启事。

3．请结合工作实际，编写一则反映当前工作新成绩或新问题的简报。

4．没有发现，就没有新闻。请就你"发现"的新闻事件，写一则动态消息，不超过1 000字。

5．为你熟悉的一件家用电器（如手机、移动电源、电熨斗、电饭锅、家用电脑等）写一篇产品说明书。

6．为你自己的家乡特产拟写一则广告文案，要求四大要素齐全。

项目八 法律诉讼

PROJECT

项目导言

日常工作和生活中会遭遇到各种各样的纠纷。解决纠纷，双方可以协商自行和解，可以由第三方进行调解，也可以通过仲裁机构裁决，还可以通过向法院提起诉讼来解决。法治国家中，司法诉讼已成为最具权威性的纠纷解决方式。这就需要我们掌握一些法律诉讼文书的写作方法。

本项目主要介绍法律诉讼中常用的三种文书来学习：委托书、起诉状、答辩状。

学习目标

1. 了解委托书的含义、用途，熟练写作委托书。
2. 了解起诉状、答辩状的含义、用途，掌握起诉状、答辩状的基本写法。
3. 增强法律意识，学会依法维权。

任务一 委 托 书

🧩 情景导入

2012 年 3 月，张某与王某签订了房屋买卖合同，约定转让价为 150 万元，还约定了合同具体内容。由于张某的房屋到 2012 年 4 月办理房产证的时间才满 5 年，为减免税费，双方约定到 2012 年 4 月再支付房款，办理产权过户手续。2012 年 3 月底，张某因急事要出国三个月，便联系王某希望提前交易。由于办理房产证未满五年，税费相差很多，双方便商定了一个变通方案：王某将全部房款支付给张某，张某与王某一起到公证处办理房屋委托买卖公证，由张某委托王某买卖房屋，收取房款，待房产证满五年后，王某直接凭公证书到房管局办理产权过户手续，张某就不需要去房管局了。于是双方就按这个方案进行了交易。

2012 年 6 月，张某出国不久就接到了法院的传票，诉状称他签订房屋买卖意向合同后没有履约，将房屋高价卖给了其他人，要求他赔偿房屋买卖意向合同约定房款 180 万元的 10%，即 18 万元违约金。张某百思不得其解：他已经把房屋以 150 万元的价格卖给了王某，现在怎么又说他卖了 180 万元，还签了房屋买卖意向合同？后来，他终于明白，王某在取得房屋委托买卖公证的授权后并没有在房产证满五年后将房屋转让给他自己，而是以张某委托人的名义去中介公司挂牌出售房屋，并与案件的原告签订了房屋买卖意向合同，转让价是 180 万元，但此后双方对合同一些条款产生了分歧，王某一气之下将房屋卖给了其他人，结果案件的原告就以卖方违约为由起诉法院，因此他就被告上了法庭。

由于本案违约的事实十分明显，张某不但在房屋买卖中损失了 30 多万的差价，而且承担了部分违约金，损失十分惨重。

（《每日商报》，2012-11-25，12 版，略有改动）

如果你是张某，如何"委托"才能避免这种情况的出现？

🔍 知识聚焦

一、委托书的含义

委托书，又称授权委托书、代理证书，是民事法律文书的一种，具体指公民、法人或其他组织在民事法律事务中委托代理人实施某项民事法律行为时，授予受委托人代理权的凭证文书。委托书是委托人实施授权行为的标志，是产生代理权的直接根据。

《中华人民共和国民法通则》第 63 条规定："代理人在代理权限内，以被代理人名义实施民事法律行为。被代理人对代理人的代理行为，承担民事责任。"因此，委托代理，如果涉及民事法律责任，必须用书面形式载明授权代理的事项和权限，否则就会由于"口说无凭"而在实施代理过程发生越权代理或被代理人反悔等纠纷。同时，对于民事诉讼和仲裁活动的代理，按照程序规定，应当向人民法院或仲裁委员会提交委托书。

二、委托书的特点

（1）单方授权。委托书是单方民事法律行为的结果。一般来说，委托书只要授权内容合法，委托人签字（表明委托人的真实意思表示）即有效，不需要受托人明示同意。

（2）单独的证明力。实践中，代理人实施代理行为时，只需出具委托书，即可表明其代理权的存在，而不以出示委托合同为必要。

三、委托书的写作格式

（一）首部

1.标题

委托书的标题通常为"委托书"或"授权委托书"，前面也可表明委托人姓名。

2.当事人基本情况

委托书当事人基本情况即委托人（被代理人）和受托人（代理人）的基本情况。

当事人是公民的，写明姓名、性别、身份证号码、工作单位或职业等身份概况；是法人或其他组织的，列项写明单位名称、所在地址、法定代表人或者负责人的姓名、职务等。

一般是委托人的基本情况写在前，受托人的基本情况写在后。有两人或两人以上的委托人或受托人，应分别写明上述各项内容。

（二）正文

正文是委托书的主体部分，应具体写明委托的事项、权限和期限。

（三）尾部

委托人与受托人签名盖章，委托人系单位的务必加盖单位公章；然后注明具文的具体日期。

温馨提示

要写明授权的范围，不能简单写"全权委托"，而应当逐项写明授权的内容。如委托代理诉讼，就应写明在诉讼过程中委托代理人的权限，有无代为承认、放弃、变更诉讼请求的权利，有无反诉、上诉权，有无和解权等。如果未写明，则认为不具备这些具体权利，只有诉讼代理权。

四、委托书的写作要领

第一，内容真实合法。在民事代理中，代理人受托的事项必须真实合法，是具有法律意义的，能够产生一定法律后果的民事行为。我国《民法通则》第63条第3款明确规定："依照法律规定或者按照双方当事人约定，应当由本人实施的民事法律行为，不得代理。"如具有人身性质的遗嘱、收养子女、婚姻登记等法律行为，就不能代理。

　　第二，权限具体明确。代理事项和代理的权限范围应明确、具体，不易发生歧义。依照法律或者惯例应予特别授权的代理行为，代理证书未特别指明的，视为未予授权。

▲ 范文借鉴

委 托 书

　　委托人：王××，男，身份证号码××××××××××××××××
　　委托人：李××，女，身份证号码××××××××××××××××
　　受委托人：张××，男，身份证号码××××××××××××××××
　　委托人王××是位于××市××区××路×号房屋的所有权人（产权证号为：××××××），李××是产权共有人。现我们同意出售上述房产。因为我们在外地，不能亲自办理该房产的买卖及相关手续，故委托张××为我们的合法代理人，代为办理如下事项：

　　1. 在符合依法出售的前提下，代我们办理此房的买卖交易手续；代为签署以上房屋的买卖合同；

　　2. 代为到房地产交易管理部门办理此房产权转移、过户等相关事宜；

　　3. 代为办理与出售此房相关的物业管理费、水电、燃气、暖气、公共维修基金等交割手续；

　　4. 协助买方以买方名义办理银行贷款相关手续并签署相关文件。

　　委托期限：2013年3月3日至2013年9月30日
　　受托人无转委托权。

委托人：王××（签名） 李××（签名）
受委托人：张××（签名）
2013年3月3日

授权委托书

　　委托单位：××××有限公司；地址：××市××开发区××路××号；电话：××××××××；法定代表人：齐××，职务：公司总经理

　　受委托人：赵××，男，××市××律师事务所律师；住址：××市××区××路××号

　　根据《中华人民共和国律师法》和《中华人民共和国民事诉讼法》等相关法律、法规的规定，现委托××市××律师事务所的赵××律师，作为本公司与××公司有关××

合同纠纷一案第一审的诉讼代理人。

代理权限为特别授权，即代为参加庭审、申请回避，代为承认、放弃、变更诉讼请求，代为提起上诉、进行调解、签收法律文书等。

注：此书一式二份，一份由委托人存查，一份由委托人交由受委托人递交人民法院。

委托单位：××××有限公司（盖章）

法定代表人：齐××（签章）

受委托人：赵××（签章）

2013年6月16日

【评析】以上两文分别属民事代理委托书和诉讼代理委托书。委托书明确了双方当事人及委托事项和权限，内容清楚，要素齐全，具有代表性。

💬 **病文诊断**

委 托 书

委托人：×××市电力集团公司，法定代表人：顾××，职务：总经理

受委托人：××市建设工程委托招标代理公司，法定代表人：文×，职务：总经理

兹委托×××建设工程委托招标代理公司，全权代理我公司组织工程招标相关工作。

×××市电力集团公司（公章）

【简析】这是一份可能带来很多"麻烦"的委托书。突出问题有三：（1）缺乏明确具体的授权事项和授权期限；（2）落款处没有委托方法定代表人的签字与时间；（3）当事人身份信息不齐全，应补上地址与联系电话。

📡 **相关链接**

委 托 合 同

委托合同是委托人和受托人约定由受托人处理委托人事务的合同。委托合同一般包括以下条款：（1）当事人基本情况；（2）委托处置的事务；（3）双方当事人的权利、义务；（4）报酬；（5）完成委托事项的质量要求；（6）完成委托事项的期限；（7）违约责任等；

文种辨析

委托书不同于委托合同。委托书是单方民事法律行为的结果，而委托合同是双方法律行为的结果；委托书一般只解决代理权是否形成的问题，委托合同则一般只解决双方的权利义务问题，并不当然解决代理权的问题。在实践中，为防止纠纷发生，最好的办法是在出具授权委托书的同时，由委托人和受托人签订一份委托合同，详细规定双方的权利义务。

智慧分享

受人之托，忠人之事。——冯梦龙

任务二　起 诉 状

情景导入

天津 20 岁女大学生佳佳走出超市安检门时，警报响起，被超市人员掀开其毛衣翻找。在未找到可疑物品的情况下，一名超市女员工将其带进女厕所继续检查，最后，该女员工将佳佳牛仔裤内侧一条疑为引起警报的布质商标剪掉。事后佳佳委托其母李女士以超市侵犯名誉权为由状告超市。

2009 年 12 月底，河西区法院一审认定超市侵害佳佳人格尊严，判决赔偿医疗费、精神损害抚慰金共 10 171.40 元，同时在卖场大厅张贴道歉公告。

（每日甘肃网：http://gansu.gansudaily.com.cn/system/2013/04/08/013828670.shtml）

如果你不幸遇此遭遇，想通过诉讼的途径来讨个说法，你会写这份"状子"吗？

知识聚焦

一、起诉状的含义

起诉状，是当事人（公民、法人或其他组织）因自身合法权益受到侵害或与他人发生争议，向人民法院提起诉讼的法律文书。俗称"状子"。它是法律诉讼文书中应用得最广泛的一类文书。

起诉状是人民法院受理案件、提起诉讼程序的前提和依据，也是法院对案件进行审判的一种依据。

> **温馨提示**
>
> 不要把"起诉状"写成"起诉书"。起诉书是由人民检察院就较重大的刑事案件，代表国家机关，向人民法院提起公诉所用文书。

二、起诉状的特点

（1）自主性 。起诉状和其他诉状相比较，最明显的特点就是写作的自主性。写作与否，提出什么请求，如何陈述事实和理由，都由当事人依据实际情况自行决定，而且总是采用正面陈述的方法。

（2）阐述性。起诉状的写作思路与其他应用文不太一样，具体是：首先提出请求，让法官了解原告的诉讼目的；然后举出事实，阐述道理，以之证明自己的诉讼请求是有事实依据的、符合法律规定的，也是合乎情理的。

三、起诉状的种类

根据诉讼案件的性质，起诉状分为民事起诉状、刑事自诉状和行政起诉状等。

(1) 民事起诉状，是当事人在认为自己的民事权益受到侵害或与他人发生争议时，向人民法院提起诉讼的书状。这类纠纷应属于民法、经济法、婚姻法的调整范围。

(2) 刑事自诉状，是法律规定的自诉案件中，由被害人或者他们的代理人、法定代理人或近亲属，直接向人民法院控告刑事被告人，要求法院追究其刑事责任所递交的书状。其使用范围是：告诉才处理和其他不需要进行侦查，由人民法院直接处理的轻微的刑事案件，如情节轻微的侮辱罪、诽谤罪、干涉婚姻自由罪、虐待罪和轻伤害罪等。

(3) 行政起诉状，是当事人认为行政机关和行政机关工作人员的具体行政行为侵害其合法权益，向人民法院提起诉讼的书状。

四、起诉状的写作格式

（一）首部

起诉状的首部包括标题和当事人基本情况两部分。

1. 标题

标题由"案件性质＋文种"组成，如《民事起诉状》《刑事自诉状》《行政起诉状》。

2. 当事人基本情况

当事人在民事诉讼状和行政诉讼状中分别称"原告"和"被告"，在刑事自诉状中分别称"自诉人"和"被告人"。

如果当事人是个人，要依次写明姓名、性别、年龄、职业、工作单位、住所、联系方式；如果当事人是单位，要依次写明单位名称、住所和法定代表人或者主要负责人的姓名、职务。如果当事人委托了律师或其他诉讼代理人，应当在当事人身份事项后再写明律师或其他诉讼代理人的姓名、性别、职业、工作单位等。如果一方当事人是两个以上，则依次逐项写明。

（二）正文

起诉状正文一般包括诉讼请求、事实与理由、证据与证人三部分内容。

1. 诉讼请求

诉讼请求是原告提起诉讼的目的与要求，即通过打官司要达到什么目的，解决什么问题，目的要明确，要求要具体。如有多重请求，则按顺序逐一列明。

温馨提示

有"明确的被告"是人民法院受理案件的条件之一，因此被告或被告人的基本情况一定要写清楚。原告，在民事案件中必须是有直接利害关系的个人或单位；在刑事自诉案件中必须是犯罪行为的被害人或其法定代理人、近亲属，在行政案件中专指认为受国家行政机关或其工作人员具体行政行为侵害的个人或单位，被告的国家行政机关不能提出起诉。

2．事实与理由

事实与理由是起诉状的核心部分，是支持诉讼请求的依据，也是人民法院审理要审查的主要内容。

温馨提示

刑事自诉案还必须写明案由，即控告被告人犯何罪。

（1）事实部分，主要用叙述的表达方式，围绕诉讼请求写清楚事情发生的前因后果，体现以事实为依据的原则。

如果是民事案件，民事诉状就要写明被告的侵权行为或当事人双方纠纷的具体情形，要把双方发生民事权益争议的时间、地点、原因、经过、情节和后果特别是争议的焦点具体写清楚。

如果是刑事案件，刑事诉状就要写明被告人的犯罪事实，即犯罪的时间、地点、动机、目的、手段、情节和危害结果。如果附带民事诉讼内容，还要写明由于被告人的犯罪行为而使被害人遭受物质损失的具体情况和实际数额。

如果是行政案件，行政诉状就要写明被告侵犯原告合法权益的事实经过、原因及造成的结果，指出行政争议的焦点。如果是经过行政复议后不服提出起诉，还要写清楚复议行政机关做出复议决定的过程和结果。

（2）理由部分，主要用议论的表达方式，对案件事实进行分析，论证其性质和责任，并援引法律、法规，阐明诉讼请求的合法性、合理性，体现以法律为准绳的原则。

民事起诉状在阐述理由时，应当通过事理分析，论证纠纷的性质，论证权利与义务的关系，并援引法律、法规（如民法、经济法、婚姻法等），阐明诉讼请求的合法性、合理性。"谁主张，谁举证"是民事诉讼的基本要求。

刑事自诉状的理由，要简析被告人的行为性质、社会危害性，并引用相关的刑法条款，论证其行为已触犯刑法，构成何罪。自诉人对自己的主张依法负有举证责任。

行政起诉状的理由，一般围绕以下方面进行论证：具体行政行为所依据的事实是否清楚，证据是否确实充分、定性正确，程序是否合法，有否超越职权、滥用职权等。行政诉讼采取"被告负举证责任"的原则。

3．证据和证人

案件事实是否存在，需要证据证明。《民事诉讼法》规定了原告的举证责任；刑事诉讼法也规定了自诉人对自己的主张依法负有举证责任；虽然行政诉讼采取"被告负举证责任"

的原则，但原告有支持己方诉讼请求的证据，也应向人民法院提交，尤其是因具体行政行为侵权造成的损害赔偿。

这一部分常采用清单式列举方法，即只需要依一定顺序列举出证据和证据来源，以及证人姓名和住址，而不需要写出证据的具体内容，也不需要对证据进行分析。

因现在一般都实行庭前交换证据，所以，证据和证据来源，证人的姓名和住址等，一般不具体写在诉状里，只是在诉状末"附：起诉状副本 × 份"后简要提到"相关证据复印件 × 份"。如果证据较多，最好另行按一定顺序制作证据清单（表格），并简要说明每份证据说明的主要问题，做到条理清楚、一目了然。

（三）尾部

尾部包括呈送机关、落款和附件三部分。

1. 呈送机关

一般在起诉状的正文结束后另起一行空两格写明"此致"，然后在下一行顶格写明所呈送的机关名称"×××人民法院"。

2. 落款

在正文的右下角，起诉人要签名并盖章，同时写明具状的具体日期。

3. 附件

在落款下一行左起空两格标明起诉状的副本数量，物证、书证的数量、名称，等等。

五、起诉状的写作要领

第一，起诉须符合条件。不论是民事起诉、刑事自诉，还是行政起诉，都必须在法律许可的范围内进行。比如《中华人民共和国民事诉讼法》第119条就明确规定，起诉必须符合以下四个条件：（1）原告是与本案有直接利害关系的公民、法人和其他组织；（2）有明确的被告；（3）有具体的诉讼请求和事实、理由；（4）属于人民法院受理民事诉讼的范围和受诉人民法院管辖。这四个条件，缺一不可。

第二，请求要明确具体。诉讼请求是原告要解决的问题和要达到的目的，应该明确、具体，否则法院无处审理。

第三，叙事要真实全面。诉状中所列举的事实必须真实可靠，而不能伪造、推测、夸大；必须全面、完整、有条理，而不能片面、凌乱。还要注意突出事实的关键环节。

第四，理由要合法有据。诉状应重点论证纠纷的性质、被告应担负的法律责任、原告诉讼请求的合法性。要有针对性地援引相关法律条文，论证是非曲直，以获得法律上的支持。诉状所列举的证据必须经过查对核实、准确无误，写作则应对照事实一一列举。

🖐 **范文借鉴**

民事起诉状

原告：××，男，汉族，19××年××月××日出生，住所：××省××县××镇××村××号，联系电话：×××××××××××

被告：××市××区交通运输局，住所：××市××区××路××号，法定代表人××，局长

被告：××市××区环境保护和城市管理局，住所：××市××区××路××号，法定代表人××，局长

诉讼请求：

1. 判令两被告向原告支付侵权损害赔偿金×××××元，明细如下（略），两被告互负连带责任。

2. 本案诉讼费由两被告负担。

事实与理由：

2011年6月3日19时30分许，原告骑自行车在××市××区××路上正常行驶时，自行车前轮突然陷入路上没有加盖的沙井中，导致自行车失去平衡，原告随车猛然摔倒在地并受伤，当场有××、××人作证。

原告当日入院治疗，至2011年6月18日出院，共住院16日，支出治疗费31 658.84元。经××中心鉴定，原告伤情达十级伤残，后续治疗费不低于10 000元。

2011年6月中旬以前，××市××区的道路管理和维护职责均由××市××区环境运输和城市管理局履行；2011年6月中旬××市××区政府机构调整，根据《中共××市××区委、××市××区人民政府关于印发〈××市××区党政机构调整方案〉的通知》，××市××区环境运输和城市管理局被第一被告和第二被告取代，原××市××区环境运输和城市管理局履行的职责中，交通运输管理职责划归第一被告，交通运输管理以外的职责则划归第二被告。

因两被告拒绝赔偿，根据《中华人民共和国侵权责任法》第91条规定："窨井等地下设施造成他人损害，管理人不能证明尽到管理职责的，应当承担侵权责任。"特诉诸贵院，请依法裁判。

此致
××市××区人民法院

具状人：×××

2011年6月15日

附：1. 本诉状副本2份

2. ××医院出院证及医疗费清单复印件

3. ××中心伤残鉴定书复印件

【评析】这份民事起诉状，有明确的被告，有具体的诉讼请求，事实清楚，有证可查，令人信服；援引法条准确，理由充足。窨井频频伤人，当事人维权最重要是证据的收集，如果责任方对人身损害的因果联系表示质疑，则难以胜诉。本诉状值得借鉴。

◉ 病文诊断

离婚起诉书

原告人：秦×，女，住××市××区×号

被告人：晋×，男，住××市××路×号

诉讼请求：请求离婚

事实和理由：

我和被告系夫妻，婚后两人感情一直不好，两人经常吵架，无法生活在一起，特向法院提出诉讼，请法院判决我们离婚。

此致

××市××区人民法院

具状人：秦×
2012年11月11日

【评析】这是一份法院不能受理，连诉讼程序也不能引起的"起诉状"。问题如下：

（1）标题不正确，应改为"民事起诉状"。（2）当事人身份事项不完整，应补充年龄、职业、工作单位、联系方式，以便法院核对身份。（3）诉讼请求不完全。离婚一般还涉及财产分割、子女抚养等问题。（4）事实与理由部分，过于笼统，没有说法力，一般应从婚前基础，婚后感情，感情破裂的原因、事实，有无和好可能等方面阐述，并提供证据支持。（5）没有列明附项。比如起诉状副本是必须提交的。

◎ 相关链接

上诉状与申诉状

上诉状是诉讼当事人或其法定代理人，不服一审法院的判决或裁定，在发生法律效力之前，依照法定程序和期限，请求原审法院的上一级法院依法撤销、变更原审裁决，或者重新审理而制作的法律文书。它既是诉讼当事人不服人民法院做出的一审裁判的"声明"，也是第二审人民法院开始第二审程序的依据。

申诉状是诉讼当事人及其法定代理人、被害人及其家属或者其他公民，对已经发生法律效力的判决、裁定认为确实有错误，向法院或者检察院提出申请复查纠正的法律文书。它是运用特殊程序维护申诉人的合法权益的文书。

文种辨析

上诉状和起诉状最明显的不同是，它针对的是一审法院的判决，是当事人不服一审法院的判决、裁定，认为其不公正而写作并向上级法院提出的。而起诉状是针对侵害合法权益的另一方当事人。

和上诉状相比较，申诉状也是当事人不服法院的判决或裁定而向法院或检察院提出来的。不同的是，上诉状是对还未执行即未发生法律效力的判决或裁定，而申诉状是对已经执行即已经发生法律效力的判决或裁定。提出申诉并不能停止判决、裁定的执行不一定引起审判监督程序的发生，而上诉状递交后即可引起二审程序发生。

🌀 智慧分享

自由就是做法律许可范围内的事情的权利。——（古罗马）西塞罗

任务三　答　辩　状

✪ 情景导入

2008 年 12 月 18 日，××县××小区杨先生在楼下停放的电动自行车丢失，几经寻找未果，无奈之下，杨先生向公安机关报案并要求小区门卫帮助寻找，但一直没有结果。金先生认为自己的电动车在小区内丢失，小区的物业应当承担责任，他找到所在小区管理的××物业管理有限公司负责人进行理论，但物业公司认为自己属于物业服务企业，门卫的任务是负责维护小区公共秩序，而丢失电动自行车属于治安刑事案件，应当由公安机关负责处理，与物业公司无关。杨先生非常气愤，便将物业公司告上法庭，要求物业公司承担丢失电动自行车的责任，赔偿丢失电动自行车价款 3 100 元。

（曾辉等：《应用文写作》，211 页，北京，高等教育出版社，2011，略有改动）

面对金先生的一纸诉状，物业公司该如何应诉呢？物业公司的答辩状该怎样写呢？

🔍 知识聚焦

一、答辩状的含义

答辩状是民事、行政案件的被告或被上诉人、被申诉人，刑事自诉案件的被告人或被

上诉人、被申诉人，针对起诉状或上诉状、申诉状的内容做出回答或辩护的法律文书。

答辩状的提出是一种应诉的法律行为，是被告（被告人）和被上诉人、被申诉人依法享有的一种诉讼权利。答辩状的使用，有利于法院全面查明案情，做到兼听则明，公正判决或裁定，防止误判或误裁，有利于维护当事人的合法权益。

二、答辩状的特点

温馨提示

> 刑事答辩状是相对于刑事自诉状而言的。只有自诉的部分案件如侮辱、诽谤、虐待、遗弃家庭成员等才可以对自诉人提出答辩，其他严重的刑事犯罪由公安与检察机关负责追究，被告人不能提出答辩但可以进行辩护。

（1）行文的被动性。答辩状是应诉文书，处于被动地位。

（2）时间的限定性。答辩状必须在规定期限内提出。《中华人民共和国民事诉讼法》规定，被告收到人民法院送达的起诉状副本后15天内应该提交答辩状，人民法院收到答辩状后，应当在5日内将答辩状副本送达原告；被上诉人收到原审人民法院送达的上诉状副本后15日内应当提出答辩状。《中华人民共和国行政诉讼法》规定，被告应在收到起诉状副本之日起10日内向人民法院提出答辩状。

（3）内容的针对性。答辩状必须针对起诉状、上诉状、申诉状的内容进行答辩。

三、答辩状的种类

根据审判程序，答辩状可以分为一审答辩状和二审答辩状。

根据法律适用范围，答辩状可以分为民事答辩状、行政答辩状和刑事答辩状。

四、答辩状的写作格式

（一）首部

答辩状的首部包括标题和答辩人基本情况。

1. 标题

答辩状的标题须写明"民事答辩状""刑事答辩状"或"行政答辩状"字样。

2. 答辩人基本情况

答辩状须写明答辩人的姓名、性别、年龄、民族、职业、工作单位、住所、联系方式，法人或者其他组织的名称、住所和法定代表人或者主要负责人的姓名、职务、联系方式。

（二）正文

答辩状的正文包括案由、事实与理由及答辩意见三部分。

1. 案由

案由，即对什么案件进行答辩。一般写为"因×××一案，被诉人根据原告（或上诉人、申诉人）提出的起诉状（或上诉状、申诉状）答辩如下"。

2. 答辩理由

这是答辩状最重要的内容。答辩理由的写作主要采用反驳的方法，一般是针对起诉状或上诉状所叙案情不实、证据不足、法律适用错误、诉讼请求不当等方面进行反驳。除此之外，还可以从考虑原告是否具有主体资格、被告是否具有主体资格、原告自认为受到侵害但其实际是否具有该权利，以及起诉是否超过诉讼时效期间、法院的受案范围如何等方面入手答辩。

民事案件、刑事自诉案件的当事人、行政案件中的具体行政机关负有举证责任，因此在答辩状中要举证，回答或反驳均要有证据支持。

3. 答辩请求

答辩人在充分阐述自己答辩理由的基础上，向人民法院提出维护自己合法权益的请求。如果是一审答辩状，答辩请求主要有：请求驳回起诉，不予受理；要求否定原告请求事项的全部或一部分；提出新的主张或要求。如果是二审的答辩状，答辩请求一般为：支持原审判决或裁定，反驳上诉人的要求。

（三）尾部

这部分格式和内容，与起诉状相同，即写明呈送机关、署名、日期和附件等。署名应为"答辩人×××"。

五、答辩状的写作要领

第一，充分做好答辩准备。要认真研究起诉状或上诉状的副本，抓住关键性、实质性的问题，做好答辩准备。

第二，充分论证答辩理由。着重从实体上进行反驳，即针对对方起诉或上诉的事实和理由，依据有关法律条文，从事实和理由上进行辩驳；有时也从程序上进行反驳。

第三，明确提出答辩意见。即对原告诉状中的请求是全部或是部分不接受，对本案的处理意见依法提出自己的主张。

范文借鉴

民事答辩状

答辩人：××县××物业管理有限责任公司，住所：××县西街××号，电话：×××××××××；法定代表人：××经理因××小区杨××诉答辩人赔偿丢失电动自行车一案，现提出答辩如下：

原告请求答辩人赔偿丢失电动自行车3 100.00元没有法律依据。

一、答辩人自接管××小区以来，一直严格按着《××物业管理条例》和相关法律法规为小区业主提供物业服务。

对于原告丢失电动自行车一事，答辩人一直以积极的态度处理。接到原告称电动自行车在本小区丢失开始，答辩人及当班门卫人员积极协助原告到公安机关做笔录，提供证据及相关线索，尽到了应尽的义务。而且答辩人属于物业服务企业，门卫的任务是负责维护小区公共秩序的，视小区人群居住情况制定管理制度，要求定时巡逻，发现火警、治安、交通事故时协助相关单位及时处理，对可疑人员进行盘查。而丢失电动自行车属于治安刑事案件，应当由公安机关负责处理，与物业公司无关。

二、答辩人属于原告所在小区的物业服务单位，根据《××物业管理条例》第39条第4款和第42条规定，小区门卫的职责范围只是维护小区公共秩序的良好与稳定，是对安全、消防、交通等事项的协助管理。并且，原告的电动自行车属于私有财产，答辩人没有与原告签订私有财产的保护合同，也没有与原告签订电动自行车的保管协议。原告将其所丢失的电动自行车停放时，没有交给答辩人，也没有告知答辩人的工作人员所停放的具体位置，答辩人的工作人员也并不知情。因此，答辩人没有法定义务对原告电动自行车进行保管，相应的，也没有赔付原告3 100.00元的义务。

综上，在法律规定的范围内，原告的诉讼请求都是不合理的，也没有任何法律依据，故请求人民法院在查清事实的基础上，驳回原告的诉讼请求，以保护答辩人的合法权益。

此致

××县人民法院

××县××物业管理有限责任公司（公章）

20××年×月×日

附：本答辩状副本1份

（曾辉等：《应用文写作》，215～216页，北京，高等教育出版社，2011，略有改动）

【评析】此份答辩状是根据"情景导入"提供的案例写作而成的，格式正确，针对性强，理据兼具，语言准确精练，具有较强的思辨力量，可资借鉴。

⊙ 病文诊断

民事答辩状

答辩人：新颖灯饰有限公司，住所：××市人民路48号，邮政编码：×××　×××，法定代表人：李×，职务：经理

委托代理人：张××，××律师事务所律师

答辩人因与华天灯饰制造厂（以下简称华天）诉新颖灯饰有限公司（下简称新颖公司）还款一案，现提出如下答辩意见：

华天与新颖公司曾签订10万元借款合同，由答辩人对有关的款项进行担保，答辩人也在合同上确认了这一点。但是，这种担保只是一般担保，而不是连带担保，按照我国担保法的规定，被告新颖公司有还款能力的，不应由答辩人承担担保责任。而且原告、被告曾就还款事项修改过合同内容，又没有通知答辩人，因此答辩人不应承担担保责任。请法院考虑上述原因，做出公正的判决。

此致
××区人民法院

答辩人：永耀灯饰有限公司
××××年×月×日

【评析】该答辩状存在的主要问题是：（1）论述事实不清。答辩人在案件中的关系没有交代清楚，尤其是与本案的原告、被告的关系以及案件的由来都含混不清。（2）没有列明答辩要点。为了观点鲜明，最好用小标题或概括性的句子来表示要点。（3）答辩状也没有针对原起诉状的内容进行反驳。例如，起诉状要答辩人承担连带责任，实际上答辩人要承担的只是一般担保责任，答辩人应当结合合同内容来强调这一点。（4）缺附件。应提供必要的证据，如答辩人签名担保的原告与被告签订的"借款合同"的复印件等。

相关链接

仲裁答辩书

仲裁答辩书，就是仲裁案件的被诉人为维护自己利益，针对申请人仲裁申请书所列事实和请求，进行答复和辩驳时出具的书面材料。被诉人在规定的期限内向仲裁委员会提交答辩书，利于仲裁庭全面了解案情，查明案件的事实，做出公正的仲裁。当然，决定是否提交仲裁答辩书是被申请人的权利，被申请人不提交答辩书并不影响仲裁程序的进行。

智慧分享

我不同意你说的话，但是我愿意誓死捍卫你说话的权利。——（法）伏尔泰

项 目 实 训

一、阅读思考
现实生活中常见因授权委托行为导致的被动局面，如下种种：

（1）授权不明。比如：A 公司授权公司职员 B 某负责对 C 公司应付账款的谈判和收款事宜，但未出具相关文书，导致 B 某收款后携款潜逃。再如：M 公司向 N 业务员出具授权委托书，但使用对象不明，有效期限不明，该授权委托书被 N 在其他地方冒用，以公司名义做私活儿，侵犯了公司的业务资源。

（2）授权行为不谨慎。如：A 公司授权 B 某全权处理 C 市市政工程项目，B 某使用假冒商标的工程材料，导致被质量监督局罚款，责任由 A 公司承担。

（3）授权委托书的书写和处理中出现严重问题。律师处理诉讼案件时，往往会以委托人不懂法律为由，自行书写授权委托书内容，并让委托人签字。但为了规避自己的风险，有些律师会在委托人已经写明的委托事项之后，另行添加新的内容。委托人手中又没有原本予以佐证，律师在工作中侵犯委托人利益之后，委托人将会非常被动。

这种现象给我们的警示是什么？我们在制作委托书时应该注意什么？

二、情景写作

1. 京都西天取经科技发展有限公司委派齐 ×× 投标京都极乐世界房地产开发有限公司极乐商务中心大楼智能安防工程招标项目。请以适当的方式出具一份授权委托书，并认真思考授权委托书该如何使用。

2. 下面一则消息节选自《载人被罚 200 元　汕头一市民状告交警》[①]。关于这一案件，你的看法是什么？请同学们分成两组，一组以蔡先生的名义拟写一份起诉状，一组以汕头市公安局交警支队的名义拟写一份答辩状。

去年 9 月 28 日晚 7 时 48 分，汕头市民蔡先生驾驶一辆二轮摩托车载着妻子急急忙忙往家赶，当时蔡先生本人佩戴了安全头盔，而其妻杨女士却因一时疏忽没有戴头盔，这一幕恰好被公安局设置的"电子眼"摄下。

不久，蔡先生就收到了汕头市公安局交警支队电子监控工作室寄出的交通违法通知书。一个多月后，蔡先生与其妻一起来到交警支队接受处理，警方认为蔡先生存在交通违法行为的事实清楚，遂制作了"公安交通管理简易程序处罚决定书"，对他处以 200 元的罚款。

蔡先生缴纳了罚款，但临走时留下一句话："你们会把钱退还给我的。"

两天后，蔡先生将一纸诉状递进了汕头市金平区人民法院，状告汕头市公安局交警支队处罚对象错误，适用法律错误。

蔡先生在起诉状中认为，原告当时戴了安全头盔，并没有违章，违章的是乘坐人，依罪责自负的原则，被告汕头市公安局交警支队对原告进行处罚依法无据。对于乘坐人没有戴安全头盔，应根据《中华人民共和国道路交通安全法》第 89 条，对乘坐人处以 5 元以上 50 元以下的罚款，被告汕头市公安局交警支队弄错了处罚对象，以《中华人民共和国道路交通安全法》第 90 条作为执法依据处罚原告，适用法律错误。

---

① 南方网：http://www.southcn.com/news/dishi/shantou/ttxw/200607140103.htm。

蔡先生请求法院撤销被告所做的处罚决定。

面对被处罚人的指控，被告交警方面却另有说法。根据《中华人民共和国道路交通安全法》第 114 条："公安机关交通管理部门根据交通技术监控记录资料，可以对违法的机动车所有人或者管理人依法予以处罚。对能够确定驾驶人的，可以依照本法的规定依法予以处罚。"

被告认为，本条对承担道路交通违法责任的主体顺序做了明确的规定，即能够确定驾驶人的，机动车的驾驶人应首先承担法律责任。原告作为机动车驾驶人，理所当然要承担交通违法的法律责任，所以将原告作为处罚对象是合法、恰当的。

另外，根据《中华人民共和国道路交通安全法》的规定，机动车行驶时，摩托车驾驶人及乘坐人员应当按规定戴安全头盔。蔡先生在其搭载的乘坐人员没有戴安全头盔的情况下仍继续驾驶二轮摩托车上路行驶，其行为违反上述该规定，理所当然地要为其交通违法行为承担相应的法律责任。

项目九　科学研究

PROJECT

项目导言

　　科学研究从来没有像今天这样在世界上被尊重，中国甚至提出了科学研究是发展的推动力，这把科学研究推向了更加重要的位置。科学研究并不神秘，也并非遥不可及，很多发明创造都源自工作、生活中碰到的问题。解决问题的方法无非三种：老方法解决新问题；新方法解决老问题；新方法解决新问题。第一种强调发现问题的能力；第二种强调新方法的创造能力；第三种强调"无中生有"的能力，既要提出新问题，也要创造新方法。但是不管哪一种，我们都需要新意，没有新意就谈不上科学研究。

　　科研成果需要用文字表达出来，因此，我们还需要掌握这类文体的写法。本项目选取了科学研究最常用的两种文书来学习：学术论文、实验报告。

学习目标

　　1. 了解学术论文的含义、特点，掌握学术论文的格式要求，能够在教师的指导下撰写较为规范的学术论文。

　　2. 了解实验报告的特点，掌握实验报告的格式要求，能够写作合乎规范的实验报告。

　　3. 增强科学研究的意识，敢于创新。

任务一　学术论文

情景导入

当许多青少年把宝贵的业余时间浪费在玩电子游戏上的时候，北京市平谷区的李颖男同学却一直潜心研究潜叶蛾的活动情况，并写出了一篇题为《板栗潜叶蛾生活习性初探》的科技论文。目前，该论文获得了北京市中小学生科技最高奖——"金鹏奖"并获奖金1万元。

现就读于平谷中学的李颖男同学，经常到父母承包的农场帮助干一些力所能及的农活儿，板栗树出现的潜叶蛾病虫害引发了他观察研究的兴趣。在父母和平谷区科技中心教师的帮助指导下，他对定期如实记录的病虫害进行了仔细分析，并写出了《板栗潜叶蛾生活习性初探》一文。由于潜叶蛾研究在我国尚属首例，突出了"创新"二字，在首届全国青少年创新大赛中荣获了金奖。时隔不久，周凯旋基金会主动与平谷区科技中心联系，告知此文又获得了周凯旋基金会科技三等奖并获资金2万元，其中5 000元奖励给李颖男本人。

（人民网：http://bj.people.com.cn/GB/21881/23810/955261.html）

读罢这则消息，你还觉得科学研究高深玄妙吗？其实，只要你具有一定的专业知识，平时注重观察、思考，你也一样能进入"学术"的领域。如果你有所发现，勇于创新，那就写出来吧！不过，学术论文是有规范要求的，你必须有所了解。

知识聚焦

一、学术论文的含义

学术论文指的是人们对某个特定领域中的学术问题进行较为系统和专门研究后所写的表述研究成果的文章，也称论文。

学术论文是科学研究的重要手段，又是学术思想交流的工具。它是人类知识宝库的基本单元，也是人类精神财富的一部分，并能为科学界有效地利用，对经济建设和社会进步起推动作用。

> **请你思考**
>
> 科学领域内的所有文章都是学术论文吗，如科幻、科普作品？

二、学术论文的特点

（1）学术性。这是指研究、探讨的内容具有专门性和系统性，即以科学领域里某一专业性问题作为研究对象。学术论文是论文作者运用其系统的专业知识，去论证或解决专业性比较强的学术问题。学术论文的学术性，表现在作者修养的专业化，选题、内容具有很强的专业性，语言的专业化。

（2）科学性。学术论文的科学性，可以用"实事求是"高度概括，具体来讲，首先要以老老实实的态度从事研究。其次，运用的研究方法要科学。再次，内容要具有科学性，即论点要正确，能反映客观事物的本质规律；概念的外延和内涵须明确、准确和确定；材料在质量上要求真实而典型，在数量上要求充分。最后，表达要科学，即要求结构清晰严谨，推理严密，语言精确、明快。

（3）创新性。这是学术论文的生命力和价值所在，学术论文的意义就在于不断发现新现象、探索新问题、提出新见解、取得新进展。这种创新性可以是理论上的新发现，实践方法上的创新，也可以是对以往的错误的纠正，对已有成果的补充发展等。

（4）理论性。学术论文以议论为主要表达方式，需要具备理论思维，运用各种论证方法，把感性认识上升为理性认识，实现认识上的飞跃。

三、学术论文的写作格式

根据国家标准 GB 7713—1987《科学技术报告、学位论文和学术论文的编写格式》的要求，学术论文主要由前置和主体两部分构成。

（一）前置部分

1. 题名

题名也叫标题，是以最恰当、最简明的词语反映论文中最重要的特定内容的逻辑组合。对论文题名的要求是：准确得体，简短精练，外延和内涵恰如其分、醒目。题名以不超过20字为宜，必要时可设副标题。

2. 作者

作者署名是作者对研究成果拥有著作权和具有责任感的体现。要署作者真实的姓名和单位及邮编。若有多个作者，通常按照对研究工作所取得成果的贡献大小排定先后次序。

3. 摘要

摘要又称提要，是论文的内容不加注释和评论的简短陈述。摘要主要包括研究目的、研究方法、研究结果和研究的主要结论，要求简洁明了，用最精练的文字表达最全面的内容。中文摘要一般不宜超过300字，外文摘要不宜超过250个实词。

4. 关键词

关键词是从论文标题和全文中抽选出的最能代表论文主

温馨提示

摘要有"自含性"，即摘要是对论文主要观点或主要内容的摘取，而不是对论文的评论，因此，摘要一般使用第三人称，而不用"我们"、"笔者"甚至"本文"等词做主语。

题的实质性词汇。关键词对文献检索有重要作用。一篇论文一般选用 3 ~ 8 个词作为关键词，多个关键词之间用"；"隔开。

（二）主体部分

1. 绪论

绪论又称引言、导语、前言等。目的在于引出论题，主要说明本课题研究的理由和意义。绪论应具有一定的分量，能统领全文，起提纲挈领的作用。文字尽量简练，要有吸引力，最好不超好 1 000 字，不少于 100 字。

2. 本论

本论是论文的主体和核心部分，占整个论文的主要篇幅。撰写时要有论点、论据和论证，内容要求实事求是、客观真实、材料可靠、数据准确、方法合理、合乎逻辑、层次分明、脉络清晰、纲举目张、简明易懂。

本论的写作形式由于论文涉及的学科类型不同也会有差异。一般正文会根据各层次内容要求划分为数个段落，各段落之间也带有一定的逻辑性，或并列式，或递进式，或推导式等。根据这些段落组合给予适当的小标题，以做到纲举目张，层次分明。

3. 结论

结论又称结语、结束语，它不是对文章前面部分内容的简单重复，而是从理论高度进行概括。结论可以是对论文要旨的简要总结，与绪论相呼应，对研究的课题做出结论性意见；也可以是对本课题无法解决或无法全部解决的问题做出的某些推想，或是提出进一步研究的方向。结论应写得干净利落。

4. 致谢

致谢非必写要素，视情况而定。致谢是指对课题研究和论文写作中给撰写者有很大帮助（如审题、审稿、指导、修改、提出意见建议、提供有关资料）的人员、单位公开表示谢意的文字，以示对别人劳动的尊重，也是一种谦逊品质的体现。

5. 注释

注释非必写要素，视情况而定。注释有两类，一是"注"，即注明引文（包括论文中出现的所有直接引用和间接引用）详细出处，告诉读者这些内容不是作者的原创，而是借用他人的观点；二是"释"，即对正文里需要在正文之外做出解释的文字进行阐释，多为名词解释、笔者疑议、背景介绍等。注释的方式有三种：夹注、脚注和尾注。

6. 参考文献

参考文献是论文构思和写作过程中作者曾经参考过的资料。在论文后注明参考文献，表示作者对他人劳动成果的尊重，又便于读者查找、阅读、理解引用文献的原文，还能从一个侧面反映出作者对本课题的历史与现状的了解程度。参考文献应注明作者、书名题名、版本、出版者、出版年等。

四、学术论文的写作要领

第一，精心选好题。选题是否适当，直接关系到学术论文的价值大小和写作成功与否。好的选题要遵循以下原则：（1）价值原则，即要有一定的学术价值或应用价值。（2）专业原则，即要适合自己的专业特长。（3）兴趣原则，即须是自己感兴趣的问题。（4）适度原则，即要论题的难度大小要适中。

温馨提示

平时做好待用资料的保存和来源记录，以供今后查阅和整理参考文献（包括网址等）；对于所据书籍、文章，则要记录好作者、作品名、信息所在页码、出版地、出版者、出版日期等。

第二，准备好资料。资料的准备包括搜集、整理、甄别和归类。资料搜集和选题紧密相关，平时不了解学科动向，没有一定积累，就不好确定论文的选题；只有确定了选题，才能按照选题方向去搜集更多的资料；有时也会因新资料的影响，产生新的看法，再次修订选题。资料搜集是具体研究问题的开始，没有资料就无从分析问题。因此，占有丰富的资料是写好学术论文的前提。资料可以通过直接调查的形式获得，也可以通过到图书馆、档案馆或者在网络上查阅获得。对搜集到的资料还必须做好进一步的分析研究工作。

第三，编制好提纲。在搜集材料、经过联系、比较、提炼之后，逐步形成一个或多个主题或论点，这时，就必须进一步整理这些论点和材料，形成论文的提纲。对论文作者尤其是对初写论文的人来说，拟写提纲是非常重要的。它可以帮助作者树立全局观念、疏通思路、安排材料并组成合理的结构，等等。

第四，撰写并修改。编制好提纲后，要趁热打铁，集中精力和时间投入写作，初稿尽可能一气呵成。初稿写成后最好马上修改。在修改时，主要斟酌论点是否新颖，论证是否合乎逻辑，结构是否需要调整，还要对语言措辞和标点符号进行仔细推敲。

第五，符合学术规范。学术论文有很强的规范性，这种规范性主要体现在论文写作的形式、技术和道德三方面。

论文写作的形式规范，主要指论文的组成部分与编排要符合相关标准和要求，如前所述。

论文写作的技术规范，主要指论文的写作应保证使用一手材料，不可恶意篡改原始数据和原始材料，观点的引用和引文的处理要尊重原始性，不可断章取义或故意歪曲。其理论依据要明确，推理要符合逻辑性。

论文写作的道德规范，主要指对前人和同行的研究应当了解充分，不可为了突出自己的研究价值故意回避与自己观点相同的他人研究成果；不可剽窃他人的学术观点和学术研究成果；学术争鸣应有尺度，不可进行人身攻击，不可侵犯他人名誉权。

👍 范文借鉴

"微时代"政务微博问政探析
——以2012年全国"两会"为例

汪青云　郑雄

（江西师范大学传播学院，江西南昌 330022）

摘要：目前，全国各省市纷纷开通政务微博，加入微博问政的潮流，以迎接"微时代"的到来。本文主要以2012年全国"两会"为例，梳理政务微博问政的发展现状，阐述政务微博问政的优势，分析政务微博问政存在的问题，提出政务微博问政的发展对策，以不断完善和发展政务微博问政这一新兴问政方式。

关键词：政务微博；微博问政；信息传播

近两年，微博作为一种新型网络沟通方式成为人们信息交流的重要媒介，相关数据显示，中国两大微博平台服务商新浪微博和腾讯微博注册用户数量都超过了3亿，"微时代"已经到来。随着微博的迅速发展，越来越多的政务机构和公务人员开通了政务微博，政务微博逐渐成为政务信息公开、政民互动的重要平台。

政务微博一般包括党政机构和公务人员开通的微博，主要用来发布政务信息，舆论引导，倾听民意和与民互动。2012年3月，中国人民政治协商会议和全国人民代表大会先后召开，许多政务机构微博对"两会"进行了直播，人大代表、政协委员"场上议政，场下织围脖"也成为一道亮丽的风景线。受"两会"推动，政务微博得到了迅猛发展。微博平台服务提供方新浪微博2012年3月8日发布的数据显示，目前该平台上的政务机构微博比2011年11月底上涨近七成。

一、政务微博问政发展现状

自2008年6月国家主席胡锦涛通过人民网"强国论坛"与网友在线交流以来，新的公众参政议政方式"网络问政"迅速发展，随之出现的BBS问政、博客问政也不断拓宽网络问政的渠道，政务微博问政则把问政于民、问计于民的网络问政推向新的高度。

政务微博的滥觞可以追溯到2009年下半年，当时湖南省桃源县政府开通官方微博"桃源网"，这是国内最早开通政务微博的政务部门。同年11月，时任云南省委宣传部副部长的伍皓，开通名为"云南伍皓"的政务微博，成为国内第一个实名开博的政府官员。此后，政务微博迅速发展，诸多政务微博陆续开通，截至2012年2月，政务微博发展已初具规模，仅在新浪微博开通的政务微博就达2万多个。

政务微博近两年发展迅速，其作用也逐渐显现。在2009年年底昆明螺蛳湾批发市场的群体事件中，云南省政府官方微博"微博云南"就显现了其强大的信息交流功能。随后，在

2010年和2011年的全国"两会"期间，政务微博的参政议政功能也初显锋芒。今年全国"两会"期间，政务微博更加活跃，公众与党政机构、公务人员利用政务微博这一平台，通过多种方式进行了交流和互动：

1. 越来越多政务人员如人大代表、政协委员开通政务微博征求民意，了解民众的意见和诉求，进而反映到自己的提案当中，从而提出真正符合人民愿望和心声的提案。如人大代表李东生早在2011年2月8日就在新浪微博上向网友征集提案；人大代表蔡奇更坦言其提交的建议中95%都是来自网友建言。

2. 通过微博对"两会"进行实时直播，第一时间呈现"两会"相关信息，使公众及时了解"两会"相关信息。如政府机构微博"上海发布"、"成都发布"对"两会"进程以及温总理做政府工作报告做了全程微博直播。

3. 通过微博设置议题，通过对议题的讨论和交流与公众进行观点互动。如政协委员詹国枢发布微博："中国书协名誉主席沈鹏发起提案：中小学停止评选三好学生。一是……此一提案，老詹等亦为联名提案人。网友有何看法？"此微博引起众多粉丝参与了讨论和交流。政务微博使广大公众与政务机构和政务人员找到了一种有效的参政议政方式，政务微博问政也成为今年"两会"公众问政的重要渠道和潮流。

二、政务微博问政的优势

政务微博迅速发展并在此次"两会"上绽放异彩，得益于政务微博互动性、即时性、便捷性、低门槛等优势。

政务信息的互动性，官民可以通过政务微博进行多层次的交流，这是政务微博问政最突出的优点。在微博平台上，每个用户既是信息的制造者，也是信息的传播者。基于微博平台的政务微博提供给用户多种信息交流的功能，用户可以通过发布微博就政府政策或公共议题阐述观点，通过评论或发私信与政务微博博主进行观点意见的交流，也可以通过转发政务微博的博文让自己的粉丝了解到政务信息。这样就形成了政务微博博主之间、政务微博博主与粉丝之间、粉丝与粉丝之间的信息互动。这样一种"一对一"、"一对多"、"多对多"的信息互动方式可以充分调动公众参政议政的积极性和参与性。

政务信息发布与获取的即时性与广泛性。（略）

政务信息发布与获取的便捷性。（略）

政务交流的低门槛。（略）

三、政务微博问政存在的问题

目前，全国各省市纷纷开通政务微博，加入微博问政的潮流，以迎接"微时代"的到来。一方面，政务微博的蓬勃发展为公众与政府搭建了一个良好的交流平台，政务微博也正以其上述优势，开启公众参政议政的新阶段。但是另一方面，我们应该看到通过政务微博进行问政并不是万能灵药，其中还存在一些需要注意的问题。

微时代背景下仍存在"数字鸿沟"，微博舆论难以体现大多数人的利益诉求。由于微博用户与现实公众存在不对称性，微博舆论不一定能体现真实的公众舆论，微博舆论难以体现大多数人的利益诉求。相关数据显示，截至2011年12月底，中国网民总数达到5.13亿。也就是说，目前仍有超过六成的中国人没有上网。而目前微博用户超过3亿，这也只是网民总数的一部分，更不用说真正通过政务微博进行问政的网民数量。我们还应注意到，中国作为发展中国家，城乡差异和地区差异都很大。根据国家统计局2010年第六次全国人口普查的数据显示，超过总人口数一半的乡村人口中，网民数量只有1.36亿，只占整体网民的四分之一左右。因此，通过微博问政渠道获得的公众意见具有不均衡性。

微博中存在"沉默的螺旋"效应，可能会导致错误的舆论意见。（略）

政务微博问政的效果很大程度上取决于政务微博博主的主动性。（略）

政务微博问政中，碎片化的传播内容限制了信息的深度与全面性。（略）

四、政务微博问政的发展对策

针对政务微博问政中存在的问题，我们需要对政务微博问政进行正确的角色定位和功能定位，不断完善和发展政务微博问政这一新兴问政方式。

通过多种媒体联动，形成多渠道的问政机制，以更准确地掌握民情民意。在问政过程中，仅靠政务微博问政获取的公众意见不一定准确，参政议政还需其他媒体的配合。可以把传统媒体问政与新媒体问政结合起来，把博客问政、BBS问政与政务微博问政结合起来，并明晰各自角色和功能，进行有效合理的分工，形成多渠道的问政机制，以更准确地掌握民情民意。

官民交流应以面对面的交流为根本。（略）

加强政务微博博主的主动性，需建立政务微博的常态化、制度化的机制。（略）

加强政务微博交流的频率、丰富博文内容，并链接其他媒体的信息来提高低传播的准确度。（略）

总之，政务微博的发展为公众的参政议政提供了有效渠道，为"人人皆可参政"的社会愿景提供了更多的实现途径，但是，我们对于政务微博问政不应过分乐观，在发展过程中应注意其自身固有的特点，并不断完善问政的机制，以实现政务微博问政的常态化、制度化。

[《东南传播》，2012（7），29～33页，有删改]

【评析】这是一篇具有时代感的学术论文。选题较新，切中热点；视角集中，以2012年全国"两会"为例，围绕论题——"微博问政"这一新兴问政方式，简明扼要地梳理现状，阐述优势，分析问题，提出对策，观点鲜明，论据充足，结构严谨，层次分明，文笔流畅，具有较强的学术价值和现实意义。

病文诊断

《论徐志摩的诗》论文大纲

一、徐志摩简介

二、徐志摩诗歌的创作思想

三、徐志摩诗歌的艺术风格

1. 纯艺术

2. 复沓变化

3. 口语艺术

4. 爱情诗的独特魅力

四、结语

【评析】这是一篇汉语言文学专科毕业论文初稿大纲。该选题基本符合专业要求，但从大纲上可看出该文存在如下问题：（1）论题宽泛，不够具体明确。对照文章主要内容来看，题目确定为《论徐志摩诗歌的艺术特征》较为恰当。（2）结构不合理。文章的第一部分"徐志摩简介"和第二部分"徐志摩诗歌的创作思想"都不是论文论及的主要内容，不必自成部分，可在前言作相应简介，引入正题。文章主体可根据徐志摩诗歌的艺术特征分成相应的3～4个部分，逐一论述。（3）艺术风格的归纳不合逻辑。其第四点"爱情诗的独特魅力"是从诗歌的类型来分析，而其他三点是从艺术风格的不同表现来分析，从这四点分述显然有悖逻辑。

相关链接

毕 业 论 文

毕业论文，是高校毕业生综合运用已学知识表述理论创造或表述分析应用能力的应用文。毕业论文本质上属于学术论文，其写作格式，略有不同的是署名。毕业论文的写作是在导师指导下进行的，因此，须在论文总标题下面署上作者姓名和导师姓名，有统一封面的则将作者和导师姓名写在封面的指定位置上。

毕业论文的完成需要经过开题报告、论文撰写、论文上交评定、论文答辩以及论文评分五个环节，其中开题报告是论文能否进行的一个重要指标，也是毕业论文答辩委员会对学生答辩资格审查的依据材料之一。开题报告的内容一般包括：题目；选题的目的、意义和必要性；国内外研究现状；研究的重点与主要研究方法、研究计划；研究思路（写作提纲）；参考文献；导师审定意见。

智慧分享

千古文章，传真不传伪。——袁枚

任务二　实验报告

⊕ 情景导入

贝克勒发现发射性在法国科学院的四次报告（摘要）

1896 年 2 月 24 日

用两块结实的黑纸，把溴化银照相底片包起来。……在纸包外面的纸上放上某种荧光物质（硫酸氢钾和硫酸氢铀），然后置于太阳光下若干小时。

将照相底片冲洗以后，在黑色的背景上出现了荧光物质和轮廓。

如果在荧光物质和黑纸中间放上钱币或有花纹的金属片，那么照相底片上也就会出现这物品的影像。

1896 年 3 月 2 日

我特别要提出如下事实，我认为是非常奇特的，虽然至今尚未直接观察到，当照相底片放在暗处时，这时荧光物质的荧光辐射因没有日光的作用而不可能产生，但同样会产生影像。1896 年 2 月 26 日、27 日，天阴了很久才出太阳。我放下已经准备好的实验，根本未去触动铀盐晶体，而把照相底片盒放在抽屉的暗角里。以后两天，太阳根本未出现过。3 月 1 日，我把底片冲洗后，发现上面有非常清楚的图像。

1896 年 3 月 9 日

铀盐发射出来的不可见射线能使带电的物质放电，像克鲁克斯管中的射线一样，可以用验电器观测到。

有趣的是，从 3 月 3 日至 7 日，即经过 72 小时后，黑暗中发生的辐射，其强度不曾有任何显著的改变。

1896 年 5 月 18 日

我研究过的铀盐，无论是发荧光的还是不发荧光的，结晶的、熔融的或是在溶液中的，都具有同样的性质。由之我得出如下结论：在这些盐中，和别的成分相比较，铀的存在是更重要的因素。

我用铀粉进行的实验证明了这个假设。

（司有和、蒋瑞松：《大学科技写作》，238 ～ 239 页，北京，光明日报出版社，1987）

贝克勒和居里夫妇共同获得 1903 年的诺贝尔物理奖。你知道贝克勒的实验报告和中学写的实验报告有什么不同吗？

🔍 **知识聚焦**

一、实验报告的含义

实验报告是在科学研究活动中人们为了检验某一种科学理论或假设，通过实验中的观察、分析、综合、判断，如实地把实验的全过程和实验结果用文字形式记录下来的书面材料。

二、实验报告的特点

（1）确证性。实验报告所记录的实验结果，能经得住任何人的重复和验证。

（2）纪实性。实验报告对实验的过程和结果，必须如实记录，常以图表帮助说明。

（3）格式固定。实验报告常使用专用的报告单或比较固定的报告格式。

三、实验报告的种类

实验报告按性质可分为两种：（1）检验型实验报告，通常又称实验报告单。这是一种反映项目单一，只需要以固定的格式填表，书写简单的实验报告。（2）创新型实验报告，具有明显的创造性，或者描述一个从过程到结果都是全新的实验；或者得出了更精确的结论，对前人的结论加以修正；或者是用新的实验方法，重新论证原有的结果；等等。

四、实验报告的写作格式

（一）标题

标题是对实验内容的高度概括，力求醒目，应集中反映该实验研究的内容。

（二）作者

作者是指该实验的制作者和承担主要工作、做出重要贡献的参与者，应按其贡献大小排列，同时署上工作单位、所属地区及邮编。

（三）摘要与关键词

摘要是对全篇内容的简要概括。

关键词也称主题词，往往从实验的目的、条件、方法和所产生的变化效应方面进行提炼，多以名词或名词词组形式出现。

（四）前言

前言即序言，简要说明实验的目的、范围、研究方法和实验方案等。

（五）正文

正文包括实验原理，实验设备、实验方法与过程，实验结果等。

1．实验原理

这部分简要说明实验的理论依据，实验涉及的重要概念和重要定律、公式等。

2．实验设备、实验方法和过程

这是报告的重要部分，要列出实验器材、设备装置和所需的原材料；叙述实验条件，以及对实验的具体要求、相关的参数等；介绍实验方法，重点介绍特殊方法。一般按操作的时间先后划分成几步，并加上序号，必要时还可以用图表加以说明。

3．实验结果

这一部分通过文字、数字、表格及图片，如实描述和分析实验中所发生的现象。实验结果必须真实、准确、可靠。

（六）结论和讨论

结论就是根据实验结果做出的最后判断，指出通过实验证实了某一理论。讨论包括对思考问题的回答，对异常现象和数据的解释，对实验方法及装置提出的改进意见等。

（七）参考文献

详细注明进行此实验过程中参考的资料与文献。

五、实验报告的写作要领

第一，要注意客观性。作者在实验中应尽量排除主观因素和外在环境的多种影响，客观、细心地观察实验现象，精密地测取各种数据并报告实验结果，绝不允许为了印证一些实验结果而修改数据。

第二，要注意准确性。写进实验报告中的实验结果、实验现象都应是必然的而不是偶然的，任何人在任何地点、任何时间再进行同样的实验都可以观察到完全相同的实验现象，取得完全相同的结果。同时，应在表述的范围、程度方面做到恰如其分。语言表达严明准确，适当采用专业书面语说明问题，一般不追求语言的形象性，尽量避免产生歧义。

第三，要注意分析性。实验报告在获得真实、可靠的材料的基础上，还应进行科学分析，这样，才能找到材料背后所隐藏的规律，才能抓住事物的本质。没有科学分析，所谓实验报告只能是一堆不会说话的数据和现象。

👍 **范文借鉴**

改善膨化米粉冲调性的实验报告

胡秋林　刘文

摘要：通过选择合适的大米原料，在膨化料中加入适宜的食品添加剂及控制膨化米粉的粗细度等方法，能够较好地改善膨化米粉的冲调性。

关键词：大米膨化食品；添加剂；冲调性

前言

食品膨化技术以其工艺简单，制品品质优良，设备投资低等特点，正日渐成为谷物类原料熟化（a化）的主要加工手段。膨化食品按其加工性质可分两大类：其一是直接膨化食品，其产品基本保持了膨化机出料时的几何形状，目前市场上流行的休闲膨化食品即为此类；其二是间接膨化食品，它是借助膨化工艺，使物料熟化，然后再经其他加工工艺生产的即食性食品，大多数谷物类冲调性食品就是用这种工艺生产的。

大米资源丰富，风味纯正，历来是膨化食品生产的主要原料之一，在冲调类膨化食品生产中更是如此。对于膨化大米粉，目前主要存在的问题是其冲调时物料的黏度过大，容易结团，水溶性较差等。笔者通过大米膨化实验，着重对改善膨化大米粉的冲调特性进行了探讨。

1 材料与方法

1.1 材料与设备

早籼标一大米（市售），早粳标一大米（市售），分子蒸馏单甘脂，卵磷脂等；SC-80型双螺杆挤压膨化机，IFQ-25粉碎机，BF-40型实验粉碎机，SY系列实验分级筛等。

1.2 实验方法

1.2.1 大米膨化工艺

原料大米首先用IFQ-25型粉碎机粉碎，粉碎机筛子的孔径为1.2 mm。称取经粉碎后的大米各20 kg，分批放入BF-40型拌粉机中，根据实验要求，分批加入各种添加剂，最后加入适量的水分，水分添加量多少以满足混合料中的水分含量达16%为准，然后开机搅拌10分钟，此即为预膨料。

预热膨化机30分钟，将预膨化料加入膨化机中，开机膨化。经膨化机加工出来的膨化料立即进入烘干机中烘干。刚从膨化机出来的物料比较疲软，经烘干后的物料变得松脆，一是便于粉碎成粉，二是便于控制成品的水分含量。从烘干机出来的物料用双层塑料袋密封保存备用。

1.2.2 粉碎与分级（略）

1.2.3 冲调性实验（略）

2 结果与分析

膨化米粉的冲调性是指膨化米粉加入温开水后，其水溶性、分散性、组织结构、黏度与口感等特性。具有理想冲调性的物料，在冲调时能迅速溶解，不结团，形成的糊状物黏性适度，质构细腻均匀，口感丰满。本实验的分析，将以上述的各种特性为指标，设每个指标的满分为10分，用感观评定的方法，对不同处理方法的样品冲调特性进行综合评分。

2.1 大米品种对膨化米粉冲调性的影响

早籼标一大米与早粳标一大米冲调性实验数据列于表1中，试样的细度为60目。

表1 不同品种大米膨化料冲调性比较

试样名称	冲调性得分				
	溶解度	分散性	组织结构	黏度	口感
早籼标一大米	7.3	7.6	7.0	7.5	7.0
早粳标一大米	6.4	5.5	6.8	5.2	6.0

从表1中的数据可以看出，用早籼大米做膨化米粉的原料，其冲调性要优于早粳大米。早粳大米膨化米粉的黏性较大，冲调时容易结团，分散性较差，搅拌过程中，糊状物料容易黏附在玻璃棒上，另外口感过腻。而早籼因为其黏度较小，组织结构较为松散，溶解性较好，其他特性也有所提高。这说明原料本身的性质对膨化米粉的冲调性有较大的影响，一般来说，所用原料的糊化黏度越小，其综合品质也就越好。所以在以下实验中，笔者只用黏度较小的早籼大米作为进一步实验的原料。

2.2 膨化米粉的粗细度对冲调性的影响（略）

2.3 添加分子蒸馏单甘脂对冲调性的影响（略）

2.4 添加卵磷脂对膨化米粉冲调性的影响（略）

3 小结

从上述的实验结果可以看出，通过选择合适的大米原料，在膨化料中加入适宜的食品添加剂及控制膨化米粉的粗细度等方法，能够较好地改善膨化米粉的冲调性。另外，在膨化米粉生产的后续工艺中，一般还可以添加诸如食用糖、盐、乳制品等具有良好助溶性质的调味料，进一步提高了其冲调特性，从而保证了膨化米粉具有良好食用品质。

参考文献（略）

（《武汉食品工业学院学报》，1998（2），6～9页）

【评析】这是一篇创新型的实验报告。针对膨化大米粉冲调时物料的黏度过大，容易结团，水溶性较差等问题，作者通过大米膨化实验，着重对改善膨化大米粉的冲调特性进行了探讨。实验目的明确，方法过程清楚，从四个方面对实验结果予以分析，语言简明、严密，图表运用恰当，由此得出的结论令人信服。

病文诊断

关于鸟和昆虫方言的实验报告

一、实验目的、原理——检验鸟与昆虫也有方言

二、实验材料、方法步骤

材料：八哥雌雄两对，百灵鸟雌雄两对，蟋蟀雌雄两对，蚂蚱雌雄两对。分别都是南方一对，北方一对。

方法：将南方一对带到北方，将北方一对带到南方。反复观察鸟和昆虫的叫声的不同，考察它们能否顺利地交流。

三、结果

	参加实验鸟类数量	参加实验昆虫数量	第一次交流叫声	第二次交流叫声	两次平均	与第一次比较
实验组	2只	2只	4声	18声	11声	+14声
对照组	10只	10只	128声	126声	127声	-2.0声

从上表看出，鸟类和昆虫都有方言。第一次交流叫声少，第二次交流叫声多，说明它们逐渐熟悉了方言。

××鸟类昆虫类方言课题实验组

2007 年 6 月 18 日

（程芳银、范钦林、马启俊：《新编应用文写作教程》，246 页，北京，外语教学与研究出版社，2008）

【评析】该实验报告存在如下问题：（1）概念模糊。什么是鸟类和昆虫的方言，有没有标准音，应有明确的界定。（2）实验对象混乱。把鸟类和昆虫两类实验放在一个实验报告里是错误的。一般是一项实验写一个报告，不能把不同类的东西混杂在一起。（3）统计表格混乱。应先把鸟类与昆虫分开，再把鸟类的不同类别分开，把昆虫的不同类别分开，单独制表，统计具体数据，对比分析。（4）结论错误。鸟的叫声多少与方言没有必然的联系，不能反映客观的实验结果。

● **相关链接**

毕 业 设 计

毕业设计是工科院校各专业的毕业生将所学的基础理论、专业知识和生产管理知识融会贯通，完成工程技术基本训练的最后一个教学环节。毕业设计和毕业论文一样，都是高校毕业生一种初步的科研成果。不同的是，毕业论文是理论性的独立作业；毕业设计是工程技术性的独立作业。毕业设计的结构一般有前言、综述、方案论证、论文主体、结束语、后记和参考文献七个部分。

（1）前言，主要介绍论文的选题，尤其是选题的背景和选题的意义。

（2）综述，主要阐述选题在相应学科领域中的发展进程和研究方向，尤其是近年来的发展趋势和最新成果。

（3）方案论证，在与文献资料的方案进行比较时，首先要阐述自己的设计方案，说明为什么要选择或设计这样的方案。如果自己的题目是总方案的一部分，要说明自己承担的部分以及对整个任务的贡献。

（4）论文主体，是作者对自己的研究工作详细的表述，应包括以下内容：① 理论分析部分，详细说明所使用的分析方法和计算方法等基本情况；指出所应使用的分析方法、计算方法、实验方法等哪些是已有的，哪些是经过自己改进的，哪些是自己创造的，以便指导教师审查和纠正。篇幅不宜过多，应以简练、明了的文字概略表述。② 调查说明部分，用调查研究的方法达到研究目的的，调查目标、对象、范围、时间、地点、调查的过程和方法等一定要简述，对调查所提的样本、数据、新的发现等则应详细说明。③ 结果与讨论，应恰当运用表和图得出结果并分析。

（5）结束语，要首先对论文工作做一个简单小结，然后将自己在研究开发工作中所做的贡献或独立研究的成果列举出来，再对自己工作的进展、水平进行实事求是的评论。

（6）后记，是指对于毕业设计的指导教师，对毕业设计提过有益建议或给予过帮助的同学，在论文的结尾部分书面致谢，言辞应恳切、实事求是。

（7）参考文献。

智慧分享

生活对于任何人都非易事，我们必须有坚忍不拔的精神。最要紧的，还是我们自己要有信心。我们必须相信，我们对每一件事情都是有天赋的才能，并且，无论付出任何代价，都要把这件事情完成。——（法）居里夫人

项 目 实 训

一、阅读思考

就自己感兴趣的研究领域，在中国知网（www.cnki.net）或万方数据库（www.wanfangdata.com.cn）查找同选题的两篇学术论文或实验报告，分析其写法，评判其优劣，说说给你有哪些启示。

二、情景写作

假设你现在即将面临毕业，请结合自己的专业和工作实际，提交一份毕业论文或毕业设计。

项目十　网络交流

PROJECT

项目导言

　　20世纪后期，以互联网为代表的新媒体出现在人们的生活中，改变了人们的思维模式和生活方式，同时也改变了人们的交流方式。网络加快了人们交流的频率，改变了信息传播的方式及速度，为人们提供了新的交往空间。电子邮件、BBS帖子、博客等已经当代人的现实生活紧密联系在一起。作为一个严格意义上的文体概念，网络文书虽然还不是很成熟，其写作也呈现出纷繁芜杂、良莠不齐的状况，譬如写作语言的鲜活丰富和过分俚俗，写作模式的自由随心和缺乏规范等现象并存，但这样一种文体现象已经明明白白地摆在了我们面前，并在我们的工作与生活中扮演着越来越重要的角色。因此，要跟上时代的步伐，就必须掌握常见网络文书的写法，学会运用网络这种新的交流方式。

　　本项目选取了网络交流最常用的三种文书来学习：电子邮件、BBS帖子和博客。

学习目标

　　1. 掌握电子邮件、BBS帖子、博客的写作要求，会正确写作电子邮件，会发帖、回帖，会发表博客。

　　2. 培养信息安全意识与责任意识，处理好自由表达与社会规范的关系。

任务一　电子邮件

情景导入

　　1971 年，美国国防部资助的阿帕网（ARPANET）正在如火如荼地工作。其间，一个非常尖锐的问题出现了：参加此项目的科学家们在不同的地方做着不同的工作，但是不能很好地分享各自的研究成果。原因很简单，因为大家使用的是不同的计算机。他们迫切需要一种能够借助于网络在不同的计算机之间传送数据的方法。为阿帕网工作的麻省理工学院博士汤姆·林森把一个可以在不同的电脑网络之间进行复制的软件和一个仅用于单机的通信软件进行了功能合并，命名为 SNDMSG（Send Message）。为了测试，他使用这个软件在阿帕网上发送了第一封电子邮件，收件人是另外一台电脑上的自己。尽管这封邮件的内容连汤姆林森本人也记不起来了，但那一刻仍然具备了十足的历史意义：电子邮件诞生了。

　　　　　　　　　　　　　　［牟晓隆：《电邮使沟通更顺畅》，载《通信世界》，2008（48），43 页］

　　如今互联网每天传送的电子邮件已达数百亿封，但有一半是垃圾邮件或不必要的。如果你是发信人，你是否明确写电子邮件的最终目的？你觉得一封令人舒服的电子邮件需要什么？

知识聚焦

一、电子邮件的含义

　　电子邮件（E-mail），又称电子函件或电子信函，昵称伊妹儿，也简称电邮。它是通过网络电子邮局为网络客户提供的网络交流电子信息空间，是互联网上最早出现和应用最广的服务之一。电子邮件使用简易，投递迅速，收费低廉，易于保存，全球畅通无阻，因此被广泛地应用。它使人们的交流方式发生了极大的改变。

二、电子邮件的写作格式

（一）信头
电子邮件的信头包括发件人、收件人、抄送和主题四部分。

1. 发件人
发件人不是发送邮件人的姓名或单位名称，而是指发送邮件人使用的电子邮箱名称，一般由电子信箱自动生成。

2．收件人

收件人也不是对方的名字，而是对方的电子邮箱名称，其格式为：用户名＠域名。

3．抄送

抄送是指邮件的发送范围，一般分为抄送、密送和分别发送三种形式。抄送是指发送给收件人的同时，也让其他一人或多人收到该邮件，并且也让收件人知道这种情况。密送的功能类似，区别是收件人并不知道发件人把该邮件发送给了其他人。分别发送是指对多人一对一发送。多人抄送的电子邮件地址使用分号分隔。

4．主题

主题是收件人了解邮件的第一信息，是邮件中最重要的部分，它决定了收件人是否会打开邮件并阅读邮件的正文部分。因此，写作时要提纲挈领，使用有意义的主题行。

（二）邮件正文

电子邮件正文的基本格式和传统信件大致相同。

（1）称谓，在邮件正文第一行顶格写，后面加冒号。

（2）开头，可以是问候语，也可以是一般的寒暄语，起引入话题的作用。

（3）主体，通常交代发件人的主要意图，阐释主题涉及的具体内容，表达要明确清晰、简洁得体。

（4）结尾，是正文结束之后的致敬语或者祝贺语。

（5）署名，可以写上自己的名字或单位名称，位置在正文右下角。

（6）日期，即标明写信时的年、月、日，显得比较正式庄重。在公务电子邮件中，此项不可或缺。

（三）附件

附件不是电子邮件的必备结构，只在需要时采用。如果邮件带有附件，应在正文里提示收件人查看附件。

此外，电子邮件编辑页面下端还有"紧急""需要回执""定时发信""保存草稿"等选项，供发件人视情况选用。

三、电子邮件的写作要领

第一，必要。

（1）写必要的信息。一般不要通过电子邮件传送以下信息：公司或个人的秘密信息，敏感的话题和复杂的信息；在非敏感的、复杂的、机密的情况下，要再三考虑电子邮件是否是传递信息的最好方式。（2）发给必要的人。收件人是邮件的主送人，抄送人是需要告知的其他相关人员。将抄送人数降至最低，确认收信对象是否需要收到这封信，以免造成不必要的困扰和"垃圾"。

第二，简短。

电子邮件内容一般以不超过一屏为宜。如果具体内容确实很多，正文应只作摘要介绍，然后单独新建一个文件进行详细描述，作为附件发送。

第三，清晰。

（1）一定要注明主题。

（2）如果事情复杂，最好列几个段落清晰准确地说明，每个段落宜简短。

（3）可用改变字体、颜色、字号等手段合理提示重要信息，但过多的提示则会让人抓不住重点，影响阅读。

第四，完整。

（1）最好在一封邮件中把相关信息全部表述清楚、准确。不要过两分钟之后再发一封"补充"或者"更正"之类的邮件，这会让人很反感。

（2）回复邮件也要完整，可以先对相关问题进行陈述或概括，然后再论及要点。

第五，礼貌。

（1）多用"请""谢谢"之类的词语，避免语气不得体或使用不恰当的网络俚语。

（2）发信前仔细检查邮件文本是否有错别字或语法错误。

（3）及时回复邮件。

第六，安全。

（1）对于机密邮件，如有必要，可以采用邮件加密功能，防止邮件泄密。

（2）在单击"发送"之前，须核实收件人信箱地址，以免误投。

> **温馨提示**
>
> 电子邮件是否完整，可以用"5W1H"来检验，即上文所述 Who、When、Where、What、Why 和 How。

> **温馨提示**
>
> 理想的回复时间是2小时内，但一般不要超过24小时；如果事情复杂，你无法及时确切回复，那至少应该及时地回复"收到，我正在处理，一旦有结果就会及时回复"，等等；如果你正在出差或休假，应设定自动回复功能。

（3）使用邮箱要公私分明，避免利用工作邮箱发送私人邮件。

（4）谨慎使用电子邮件的转发、抄送和群发功能。

（5）谨慎打开不请自来的附件。

（6）谨慎单击电子邮件中的链接。

（7）警惕电子邮件中号称"扫描病毒"的恶意软件。

（8）尽量避免使用公共 Wi-Fi 网络。

（9）建立电子邮件保存系统。

👍 范文借鉴

收件人：（略）

主题：请查收《2013 年 12 月各部门培训计划表》

附件：1 个（《2013 年 12 月各部门培训计划表》）

各部门负责人：

大家好！

现将《2013 年 12 月各部门培训计划表》以附件形式发给大家，请大家查收一下，并做好相关工作安排。

祝大家工作顺利！

林 ××

2013 年 11 月 20 日

【评析】这是一份规范的公务电子邮件。格式规范，简明扼要，礼貌得体，表现了较好的职业素养。

💬 病文诊断

发件人：（略）

主题：我们的执行报告及相关材料

米勒先生：您好！

我是纽约 ABC 互动传媒的销售助理迈克。通过对贵公司和我公司共同的潜在客户群进行仔细研究，我公司创建了一份评估及执行报告。这份报告有多种不同的格式，希望您有时间看一下。贵公司是个很大的零部件生产商，在我们的客户群中，也有许多零部件厂商及相关企业，我公司为他们提供零部件装配服务（Century Manufacturing 就是其中之一，该公司也是贵公司的供应商，他们的业务经理肯·斯坦内建议我与您联系）。我公司的网址是……您在网站上能找到更详细的信息。登录该网站，单击"客户列表"菜单栏，浏览第 16 个项目——曾经合作过的零部件企业。单击此图标，可以看到我将要和您讨论的公司的列表。关于这些公司，我希望能有机会和您讨论一下。我希望您能尽快与我电话联系，也希望能有机会就这些公司的情况与您交流意见。我的电话是 606-555-5555。

另外和您说一下，我们的客户参考资料质量很高，如果您能尽快联系我，我相信您肯定不会失望的。

迈克·康韦

【评析】上面这封邮件，如果你单击了"发送"按钮，收件人此生大概就不会再打开你发送的其他邮件了。进一步说，假设他通过你发送的这封冗长的邮件记住了你的名字，也就再不会与你打交道了。另外，在这封邮件中，你是否注意到一条重要的信息"肯·斯坦内"——这是最有可能使收信人做出积极回应的信息——被深埋在了最不可能被繁忙的执行总裁发现的地方。

相关链接

邮件回复技巧

（1）及时回复。

（2）进行针对性回复。当回件答复问题的时候，最好把相关的问题抄到回件中，然后附上答案。

（3）回复不得少于 10 个字。对方给你发来一大段邮件内容，你若只回复"是的""对""谢谢""已知道"等词语，这是非常不礼貌的。

（4）不要就同一问题多次回复讨论。如果收发双方就同一问题的交流回复超过三次，这只能说明交流不畅，应采用电话沟通等其他方式进行交流，之后再做判断。

（5）要区分单个回复和全部回复。单击"回复全部"前，请三思而后行！

（6）主动控制邮件的往来。

（7）发送邮件时要冷静理性。永远不要在愤怒时给客户发邮件。

智慧分享

如果错过互联网，与你擦肩而过的不仅仅是机会，而是整整一个时代。——王俊涛

任务二 BBS 帖子

情景导入

1997 年，当中国队在世界杯外围赛十强赛中败给卡塔尔队之后，老榕将一篇文章发在了四通利方体育沙龙（现新浪网体育沙龙）上。短短两天之中，该帖点击超过两万——这在今天看来实在不算什么，在那时却是一个惊人的数字。根据互联网发展统计，截至 1997 年

10 月 31 日，我国上网用户数为 62 万，也就是说当时全中国有将近 1/30 的网民看到了这篇文章。①

1998 年被称为中国互联网元年。也正是从这一年开始，论坛的影响力逐渐凸显出来。有人曾经说过：你想到哪里去玩，看看别人发的帖，因为有人把那里形容天堂；你不想到哪里去玩也可以看看别人发的帖，因为有人把那里形容成地狱。

据《第三十三次中国互联网络发展状况统计报告》，截至 2013 年 12 月底，我国网民规模达 5.91 亿，其中手机网民规模达 4.64 亿，互联网普及率为 45.8%。

互联网上，你通常是发帖人还是看帖人？你喜欢什么样的帖子？

🔍 知识聚焦

一、BBS 帖子的含义

"BBS"是英文"Bulletin Board System"的缩写，翻译成中文为"电子公告栏系统"。BBS 是一种电子信息服务系统，它向用户提供一块公共电子白板，每个用户都可以在上面发布信息或提出看法。这样，BBS 就成为大众发表观点，进行自由讨论和信息交流的公共电子空间，因此也叫网络论坛。

帖子，也叫帖文，指的是在网络论坛里就某一话题发表的文章或语段。最短的帖子可以是一个字。帖子是 BBS 中信息的最小单位。

二、BBS 帖子的种类

根据其所在 BBS 论坛的性质、内容，BBS 帖子可分为新闻类 BBS 帖子、社会生活类 BBS 帖子、商业类 BBS 帖子、专业类 BBS 帖子和校园 BBS 帖子五类。

根据帖子的发布与回复情况，BBS 帖子可分为主帖和回帖。回帖是对主帖的回复，即在发表的帖子后面，写上自己的意见，也称跟帖。所谓的"沙发"、"板凳"、"地板"、"灌水"等都是跟帖的形式。

根据帖子的重要程度，BBS 帖子分为普通帖和精华帖。精华帖是被版主或管理员加为精华的帖子，由普通帖晋升而来。

---

① 《南方都市报》，2008-12-20，GB02 版。

三、BBS 帖子的写作要领

网络的虚拟性以及接受者的不确定性，使得 BBS 帖子的写作具有随意性和个性化的特征。尽管帖子种类繁多，内容驳杂，写法各异，不过结构比较简单，主帖通常由标题和内容两部分组成，回帖则只有内容这一部分。这里主要介绍主帖的写作要求。

第一，有吸引人的标题。

一个好的标题是引发兴趣，吸引点击，增加流量，活跃论坛的第一步。标题要生动醒目，不落俗套，当然前提是标题与内容相符。

第二，有价值的内容。

有价值的前提是真实。由于网络传播速度快、影响大，帖子内容的真实显得尤为重要。一个有价值的帖子，应该对人有启发，有帮助。

第三，有活力的语言。

好的帖子要有好的表达方式。BBS 产生了大量有活力的语言，很多网络新词汇是建立在 BBS 帖子语言的基础上，其以简洁生动的形式从一诞生就受到许多网民的喜爱。

第四，有"好看"的排版。

这里所说的"好看"，主要指便于阅读。不论是文字还是图片，良好的排版可以让大家拥有舒适的阅读体验。虽然现在是读图时代，但是文字依然是人们重要的信息来源。所以，重视文字排版，帖子就已经成功了一半。

要使文字排版"好看"，需要选择适合的字体，舒适的颜色，恰当的空格和提行。正文采用默认字体或者五号字体，颜色使用黑色，这是最接近常人阅读习惯的。而一些引用或者重点突出部分可以改变字体、颜色（常用红色），加粗，但是千万注意，别用太过于亮丽的颜色，也别用过多的色彩。

> **温馨提示**
>
> 　　网站论坛为网民自由发表言论提供了广阔的平台，但是在这虚拟的社区里，言论自由并不是毫无限制的。网站论坛发帖要文明、守法。

👍 **范文借鉴**

这样的"通缉令"合适吗？

ddhujch　2012-02-20 11：48

2011 年 11 月 8 日，山东省烟台市公安局在其新浪微博上发出了一条通缉令。其文如下：

各位在逃的兄弟姐妹，亲！立冬了，天冷了，回家吧，今年过年早，主动投案有政策，私信过来吧。

此通缉令因采用"淘宝体",故被称为"淘宝体通缉令"。在微博上发通缉令,烟台公安并非首创,此前,上海、广东、浙江、武汉等地公安局均已行动在先。

今年7月28日,互动百科网站公布了7月份互联网十大热词,其一为"卖萌通缉令",措辞比烟台公安更发嗲、搞笑。请看:

亲,被通缉的逃犯们,徐汇公安"清网行动"大优惠开始啦!亲,现在拨打24小时客服热线021-64860697或110,就可预订"包运输、包食宿、包就医"优惠套餐,在徐汇自首还可获赠夏季冰饮、清真伙食、编号制服……!亲,告别日日逃、分分慌、秒秒惊的痛苦吧,赶紧预订喔!

亲,记得粉我、转发哦!

这是2011年7月8日下午上海市徐汇区公安分局在微博上发出的一则通缉令,其时正值小暑,天气炎热,所以自首者除享用"优惠套餐"外,尚可"获赠夏季冰饮、清真伙食、编号制服"。

这样的语言表达方式,用在严肃的通缉令里面是不是合适?欢迎各位朋友发表意见!

部分回帖:

2楼(甘肃,胡×):

我认为不合适,通缉令应该很严肃,让人看了就会不由自主重视,而上面两则写得的确很有创意,也能吸引人的眼球,却违背了通缉令的本意。

3楼(ddhujch)

胡×同学的认识正合我意!

如果通缉犯人都可以使用这种轻松戏谑的风格,那也太不严肃了,降低了法制机关的威信和威慑力!

5楼(甘肃,赵××):

这个正说明了语言的趣味!

6楼(新疆,袁××):

不合适,通缉令又不是打广告!警察这是怎么了,很严肃的事情,搞得法律很没有力度!

8楼(安徽,李×):

我认为:(1)如果用于官方网站或官方通告不太合适;(2)如果是警方通过其他渠道发给群众的可以试行,这样可以给大家一种亲切感,去掉了以往警察的那种冷冰冰。

10楼(湖北,蒋××):

我认为不大合适,因为"通缉令"是一种政府部门发布的公告性质公文,应是严肃、庄重的,而官网微博上发布这种"淘宝体"式的公告,对政府部门的公信力是一种挑战。亲民不应是通过这种形式体现,"通缉令"的亲民不一定有劝阻作用。

11楼(ddhujch):

蒋××同学的分析很深刻，而且表达很到位！节日还来学习，好样的！祝你五一节快乐！欢迎常来！

91楼（陕西，张××）：

我认为合适，语言亲切，体现了人性与关怀。

103楼（四川，赵××）：

很有创意，但我觉得不合适，通缉令是何等严肃庄严的命令，法律的神圣是不可侵犯的！必须要有法律的威严，不然犯罪分子觉得犯罪是儿戏了哦！

（国开在线论坛，http://bbs.openedu.com.cn/showtopic−1944269.aspx，略有改动）

【评析】这是国家开放大学胡吉成老师主持的"现代汉语专题"课程论坛上的一个帖子，虽然涉及的是有关专业学习的问题，但与当下的生活密切相关。主帖发布不久，各地学子纷纷点击，参与讨论，其原因就在于作者设计了一个有吸引力的标题，提供了一些有话题感的内容，将比较抽象、比较枯燥的语言理论问题融入具体鲜活的社会生活中，引导、激发同学们关注语言现象，思考解决语言问题。

相关链接

网 络 礼 节

常见网络礼节主要有：

(1) 记住别人的存在。

(2) 网上网下行为一致。

(3) 入乡随俗。

(4) 尊重别人的时间和带宽。

(5) 给自己网上留个好印象。

(6) 分享你的知识。

(7) 平心静气地争论。

(8) 尊重他人的隐私。

(9) 不要滥用权力。

(10) 宽容。

智慧分享

生活的全部意义在于无穷地探索尚未知道的东西，在于不断地增加更多的知识。——（法）左拉

任务三　博　客

情景导入

　　1998 年 1 月 18 日，美国人马特·德拉杰发布了一个震惊世界的消息：克林顿总统与白宫助理莱温斯基发生性丑闻。一时德拉杰网站的访问量由 900 人次激增到 12 300 人次。对于马特·德拉杰，全球历史最悠久的新闻机构之一法新社将他列为"20 世纪最具推动力和影响力的十大人物之一"，而他所有的武器，仅仅是他自己的一个个人博客网站"德拉吉报道"（Drudgereport）。

　　对"9·11 事件"最真实、最生动的描述不在《纽约时报》，而在那些幸存者的博客日志中；对事情最深刻的反思与讨论，也不是出自哪一个著名记者，而是在诸多博主笔下。

　　博客，始于 1998 年，2000 年开始流行，数年间便风靡互联网世界，备受网民青睐，被形象地比喻认为"信息时代的麦哲伦"、"网络中的信息雷达系统"，被认为是继电子邮件、BBS、ICQ 之后出现的第四种网络交流方式。

（人民网：http://theory.people.com.cn/GB/40557/ 51611/ 51614/ 3609642.html，有删改）

　　今天，你博客了吗？

知识聚焦

一、博客的含义

　　博客的英文名词就是"Blog"或"Weblog"（指人时对应"Blogger"），是"Web Log"（网络日志）的缩写。它最初是网民们记录和存放自己在畅游网络时积累的下载资料、个人体会的地方，后来逐渐发展成为网民们展示个性、发表个人言论的场所，成为记载个人生活点滴的网络日志。

二、博客的种类

　　按功能分，博客分为基本博客和微型博客（简称微博）。基本博客是博客中最简单的形式。单个的博客作者对于特定的话题提供相关的资源，发表简短的评论。这些话题几乎可以涉及人类的所有领域。微型博客目前是全球最受欢迎的博客形式，博客作者不需要撰写很复杂的文章，而只需要书写 140 字（这是大部分微型博客的字数限制）。

　　按用户分，博客分为个人博客和单位博客。

三、博客的特点

（1）开放性。因为没有准入限制，博客写作被称为"零门槛写作"：零编辑、零技术、零成本。在各大博客网站，任何人都可以免费注册博客账户进行写作。

（2）个人性。由于没有编辑出版的限制，博客发稿的自由性使博客成为一种非常个人化的写作。博客的吸引力在很大程度上取决于作者的个性、人格与思想，博客文章可以最真实地反映博客作者的性情、爱好、品位，所以博客也被称为"公开的私人日记"。

（3）互动性。博客为读者提供了评论、留言和讨论的空间，读者可以通过跟帖评论的形式与作者进行交流沟通，表达读者对创作的意见和反馈。由此，博客造就了私人空间公共化、公共空间私人化的双重特征。

（4）超文本性。博客文体打破了传统媒体的局限，由单一文本转为立体化的超文本结构，多媒体技术和网络链接技术使文体的呈现方式突破时间和空间线性轨道的限制。

四、博客的写作要领

第一，有一个好标题。

没有一个好标题，你的文章将没人去看。但你的文章内容应该和标题相符。

第二，内容有用。

人们经常浏览你博客的主要原因是你的内容对他们的日常生活或学习、工作有用。

第三，便于快速浏览。

就一个博客网页而言，便于快速浏览的最好方法是列表，使人们一目了然地了解你的主要观点；就一篇博客文章而言，便于快速浏览的最好方法是凸显你的主要观点。

第四，文章里有你自己。

网上有上百万博客，你很难做到很特别，除非你表现出独一无二的东西——你自己。

第五，有优秀的链接。

出版物中的文章，惯例是独立并自成体系。但博客是互联网的一部分，应充分利用这个优势，让其他文章为你的作品提供知识背景，让读者通过链接继续深入阅读。

第六，时时更新。

更新是博客吸引人阅读的动力之一。一个时时更新的博客，才是具有活力的"活博客"。一个具有活力的博客，才会有稳定的读者群。当一个博客拥有稳定的读者群的时候，博客作者就会受到他们的激励，更新的动力也会更大。

🔥 范文借鉴

幸 运

2006-05-05 21：48：45

徐博客这两天心情很好。先是昨天，得到了同行黑脸张的表扬，他看完我的新电影的剪接版后，对我说的第一句话就是："你又进步了。"这是我最最爱听的一句表扬了，😎从来不期望自己一下子就把电影拍得怎么样，只希望每次都能有一点点进步，上来笨点儿没关系——天才毕竟是少数，能进步，就说明是一个会学习的人，这很关键，也是我对自己最大的要求。

然后是今天，一起床就得到了一个超级好消息，徐博客居然得了博客世界排名第一😄😄，这在半年前是怎么也想不到的，居然？居然！这得好好谢谢当初力劝我写博客的新浪和博学小姐，当然还有一直来看我博和留言评论的朋友，没有你们也没有我徐博客的今天，谢了，同志们！敬礼！

我想我真是挺幸运的。因为我的幸运，也要更加努力才行。

恕我贪心：如果电影在未来也能有那么多人关注就好了，😐毕竟那才是我的本行。下半年，如果没有意外，再拍一个！下面有点想拍一个青春片……谁知道呢，先把眼前这个电影的事情弄好吧。

（徐静蕾新浪博客：http://blog.sina.com.cn/s/blog_46f37fb50100031n.html）

【评析】2005 年 10 月 25 日凌晨 00：10，徐静蕾在她的新浪博客上发表第一篇博文"难道我的博客生涯也要开始啦？"由此开始了她的写博生涯。仅用了一百多天，她的"老徐博客"就突破了千万流量。2006 年 5 月，国际博客专业搜索引擎 Technorati 将徐静蕾的博客列为世界排名第一，本博文即记叙了她自己的"幸运"。徐静蕾用自己的文字，真实地记录她自己，文字干净、亲切，让大众看到了明星光环下更全面、更真实的她。

🔘 相关链接

微 信

微信，是腾讯公司于 2011 年 1 月 21 日推出的一个为智能手机提供即时通信服务的免费应用程序。微信支持跨通信运营商、跨操作系统平台通过网络快速发送免费（需消耗少量网络流量）语音短信、视频、图片和文字，同时，用户也可以使用共享流媒体内容的资料和基于位置的社交插件"摇一摇""漂流瓶""朋友圈""公众平台""语音记事本"等服务插件。

智慧分享

人们常觉得准备的阶段是在浪费时间，只有当真正机会来临，而自己没有能力把握的时候，才能觉悟自己平时没有准备才是浪费了时间。——（法）罗曼·罗兰

项 目 实 训

一、阅读思考

1. 下面一段文字是是关于"EMC邮件门事件"的简要说明，请从电子邮件写作的角度谈谈你的看法（有关这一事件的具体信息，包括当事人的电子邮件原文等，请上网查阅）。

2006年4月7日晚上，EMC（全球最大的网络信息存储商）大中华区总裁陆纯初回办公室取东西，到门口才发现自己没带钥匙。此时他的私人秘书瑞贝卡已经下班。陆纯初试图联系后者未果。数小时后，陆纯初还是难抑怒火，于是在凌晨01：13通过内部电子邮件系统给瑞贝卡发了一封措辞严厉且语气生硬的"谴责信"，并同时传给了公司几位高管。

面对总裁的责备，瑞贝卡没有像常规做法那样用英文写一封回信，解释当天的原委，坦承自己的错误并道歉，而是用中文回了封措辞同样咄咄逼人的邮件，并且，她回信的对象选择了EMC中国各分部。这样，EMC中国公司的所有人都收到了这封邮件。"邮件门事件"由此传遍全国外企圈。

结果是：秘书瑞贝卡和总裁陆纯初先后被迫离职。

2. 阅读下面两则电子邮件，你发现有何不同？你更愿意读哪一封信？为什么？

收件人：肖克，客户	收件人：肖克，客户
发件人：赵明，销售人员	发件人：赵明，销售人员
主题：陈述	**主题：即将来临的陈述**

肖克先生：

我打算在5月3日给您所在地区的副总裁做当面陈述，就您的要求，我谈一下此次陈述的意义。首先，他可以加深对我的了解，熟悉我的个人风格。其次，我将以我25年的经验讲述这个项目的核心原则。最后，我可以当场回答提问，如果副总裁有什么问题，我可以当面给予解答。肖先生，我觉得这种做法是可行的。我想把此次活动安排在5月3日，您觉得如何？

赵明

肖克先生：

我打算在5月3日给您所在地区的副总裁做当面陈述，就您的要求，我谈一下此次陈述的意义。

◆ 首先，您所在地区的副总裁可以加深对我的了解，熟悉我的个人风格。

◆ 其次，我可以展示一下电话销售培训所需的设备，这是此培训项目的一个重要部分。

◆ 最后，我可以当场回答提问，如果副总裁有什么问题，我可以当面给予解答。

肖先生，我觉得这种做法是可行的。我想把此次活动安排在5月3日，您觉得如何？

赵明

二、情景写作

1．关于本课程的学习，你有何建议和意见？请你给任课教师 × 老师发封电子邮件。

2．请围绕当下一则网络热点事件，在本课程论坛发表一则帖子，要求有标题，有内容，争取成为精华帖。

3．请建立或更新自己的博客（或微博）。

参 考 文 献

[1] 张建. 应用写作. 2 版. 北京：高等教育出版社，2010.

[2] 张江艳. 应用写作案例与训练. 2 版. 北京：北京师范大学出版社，2013.

[3] 杨文丰. 现代应用文书写作. 4 版. 北京：中国人民大学出版社，2011.

[4] 杨文丰. 高职应用写作. 2 版. 北京：高等教育出版社，2010.

[5] 竹潜民. 应用写作案例实训教程. 杭州：浙江大学出版社，2004.

[6] 张德实. 应用写作. 2 版. 北京：高等教育出版社，2003.

[7] 朱悦雄，杨桐. 应用文写作案例：关于不应该那么写与应该这么写. 广州：暨南大学出版社，2012.

[8] 朱悦雄. 应用写作病文评析与修改. 2 版. 广州：广东高等教育出版社，2010.

[9] 钱立静，郑晓明. 新概念高职应用写作. 北京：高等教育出版社，2012.

[10] 黄泽才. 新编应用写作. 北京：北京理工大学出版社，2007.

[11] 黄丽清，胡赛阳. 应用文写作. 北京：教育科学出版社，2012.

[12] 张波. 应用文案写作. 北京：机械工业出版社，2011.

[13] 张文英. 新编应用文写作教程. 天津：南开大学出版社，2010.

[14] 程芳银，范钦林，马启俊. 新编应用文写作教程. 北京：外语教学与研究出版社，2008.

[15] 朱全福. 应用文写作与例文剖析. 广州：暨南大学出版社，2012.

[16] 方有林. 商务应用文写作. 上海：同济大学出版社，2007.

[17] 崔晓文，李连璧. 广告文案. 北京：清华大学出版社，2011.

跋

　　职业核心能力培养是当今世界职业教育和人力资源开发的热点，在发达国家、地区受到普遍重视。但对于我国高等职业院校和广播电视大学大多数学生而言，职业核心能力既是其能力链上较为薄弱的一环，又是认识的一个盲区。怎么办？

　　信息时代的今天，可能没有人会置疑应用写作的重要性，但不少大学生应用写作能力不容乐观也是不争的事实。怎么办？

　　我们认为，"应用写作"就是一门旨在培养"与人交流"这一职业核心能力的课程。本教材既是我们近年来基于职业核心能力培养的应用写作课程改革的一点儿探索，也可以说是我们对上述自问所作的一点儿自答。

　　本教材按照工学结合、职岗提高型人才培养的要求，以职场工作活动为背景，以岗位工作项目为导向，以典型工作任务为驱动，以完成职场写作任务所需文种为重点，构建内容体系，形成求职创业、公文沟通、事务管理、调查研究、洽谈合作、礼仪交际、信息传播、法律诉讼、科学研究、网络交流10个与学生专业、职业密切相关的项目，每一个项目下选取2～6个常见应用文种，全书共设计39个任务，从而构筑了基于行动导向的项目化课程。每个项目前设有"项目导言"、"学习目标"，每个项目后设有"项目实训"。每个任务一般包括以下几个部分：（1）情景导入，一般是以有启发性的故事或以贴近职场、生活的任务为内容设计情景，以此引发学习者兴趣，明确学习任务。（2）知识聚焦，精要介绍文种知识，一般包括该文种的含义、写作格式、写作要领等内容。中间穿插有"文种辨析"、"温馨提示"、"请你思考"等小板块，旨在增强与学习者的互动，避免单向传递知识的枯燥性，增强可读性，调动学习者的积极性。（3）范文借鉴，全书遴选了56则典型的正例，逐一评析可借鉴之处，旨在让学习者明白应用文应该怎么写，从中开拓思路、掌握技法。（4）病文诊断，全书遴选了40则典型的反例，逐一评析其错误之处，旨在让学习者明白应用文不能这样写，从中吸取教训，总结经验。（5）相关链接，主要介绍与该任务相关的文种知识或能力拓展的内容。（6）智慧分享，精选与该任务相关的名人名言，旨在传递职业态度、情感、方法等方面的正能量，培养学习者良好的情商。

　　本教材由武汉市广播电视大学（武汉软件工程职业学院）邹莉担任主编，设计、统一体例；由叶蓉、黄俊亮、孙延洲担任副主编。具体编撰分工如下：邹莉编写项目综述、项目三、项目七、项目八；朱德琳编写项目一；叶蓉编写项目二、项目五；马蜂编写项目四；

黄俊亮编写项目六；孙延洲编写项目九；郭晗、黄俊亮编写项目十。叶蓉、朱德琳、黄俊亮等参与部分项目的审校。朱元珍参与了前期有关工作。最后由邹莉统编与定稿。

　　本书是政、企、校合作的结晶，有四位来自政府、企事业单位的专家参与了相关项目的编写指导和审稿：中共中央办公厅秘书局办公室副主任殷会峰指导、审订了项目二；中国海洋石油总公司新闻中心综合部主任张莉指导、审订了项目一；湖北广播电视台教育频道副总监、主任记者孙旸指导、审订了项目七；湖北立丰律师事务所资深律师李德安指导、审订了项目五、项目七。

　　启动编写工作一年多以来，编者参阅了前辈时贤的丰富著述，融会了自己的教学实践和心得，形成了前述的文本。其间，中国应用写作研究会会长、湖北大学教授洪威雷先生予以多次指导，他渊博的知识、开阔的视野、敏锐的思维和严谨的治学态度给了编者深深的启迪，在此对洪威雷教授的指导和赐序深表谢意。本教材也特邀武汉市广播电视大学（武汉软件工程职业学院）胡良琼教授、李春芳教授、万国邦副教授指导，他们提出了诸多宝贵意见，在此致以衷心的感谢！中央广播电视大学出版社责任编辑宋莹老师的负责与专业，令人动容，在此亦表示诚挚的谢意！

　　由于时间和视野局限，本教材肯定存在不少值得完善之处，期待广大读者和专家的批评和指教。

编者

2013 年 12 月